徐小跃　南京大学博士，教授，博士生导师。南京大学哲学系原主任，南京图书馆原馆长，现任南京图书馆名誉馆长。曾任江苏省省政府参事，现任江苏省文史研究馆馆员。国家社会科学基金学科评审组专家（哲学）。中央"马工程"（宗教学）首席专家，"核心价值观百场讲坛"演讲专家。国务院政府特殊津贴专家。国家精品课程首席专家。国家高层次特殊人才支持计划暨"万人计划"哲学社会科学领军人才，全国宣传文化系统"四个一批人才"（理论界）。全国一级学会"老子道学文化研究会"会长。出版有《禅与老庄》《禅林宝训释译》《罗教·佛教·禅学》《什么是中华传统美德》《中国传统文化与儒道佛》等专著。

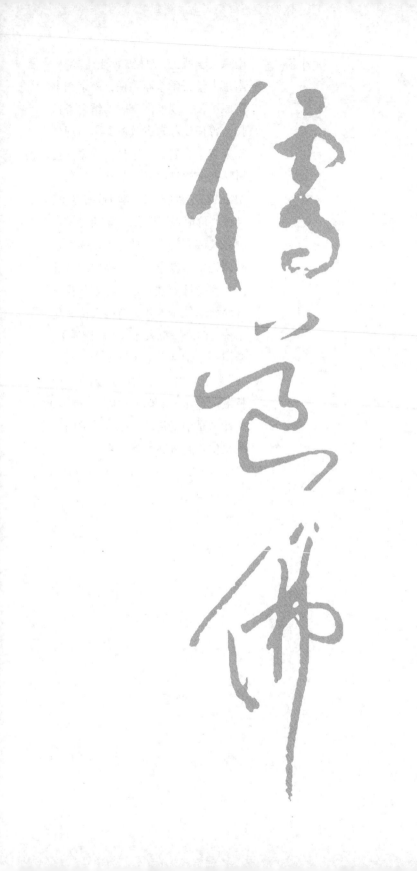

中国传统文化与儒道佛

徐小跃 著

江苏人民出版社

图书在版编目 （CIP） 数据

中国传统文化与儒道佛 / 徐小跃著. —— 南京：江
苏人民出版社, 2024.5
ISBN　978-7-214-29067-0

Ⅰ.①中… Ⅱ.①徐… Ⅲ.①中华文化－关系－儒家
②中华文化－关系－佛教③中华文化－关系－道家 Ⅳ.
①K203②B222③B948④B958

中国国家版本馆CIP数据核字（2024）第074550号

书　　名	中国传统文化与儒道佛
著　　者	徐小跃
责任编辑	汪意云
责任监制	王　娟
出版发行	江苏人民出版社（南京市湖南路1号A楼，邮编：210009）
照　　排	江苏凤凰制版有限公司
印刷者	苏州市越洋印刷有限公司
开　　本	652毫米×960毫米　1/16
印　　张	20　插页4
字　　数	264千字
版　　次	2024年5月第1版　2024年5月第1次印刷
标准书号	ISBN　978-7-214-29067-0
总定价	88.00元（精装）

（江苏人民出版社图书凡印装错误可向承印厂调换）

目录

C ONTENTS

1. 漫谈中国传统文化

1.1 中国传统文化丢不得

世界各国现代化的实践已经表明，一国现代化的过程中的特殊性根植于该国的传统之中。传统文化与现代化的关系问题是一个国家和民族在进行现代化过程中必须要解决的问题。对这一问题反思程度的深浅，反映着一个民族的成熟程度和国民素质的高下。"以传统透视现代，以现代反观传统"正成为当今研究者的深刻共识。但令人遗憾的是，中国传统文化在现实社会中已经处在"无子无孙"的状态，而一种文化、一种哲学是提供人安身立命的最重要的精神食粮。人失去了精神家园，丧失了安身立命之所，就会出现焦虑、彷徨、不安的症状。这是一种"上不在天，下不在地，外不在人，内不在己"的"无处状态"——即不知道终极的追求和关怀；没有现实的关注；把自己作为完全独立的绝缘的个体；丧失本我和本真的状态。

更有甚者，现代与中国传统文化隔绝以后所带来的负面影响也正在突显，以至现代许多中国人处在"三没有""三不了"的状态。"三没有"是指现代许多中国人没有思想，没有精神，没有信仰，而思想、精神和信仰又是"道"的三种表现形式。也就是说，如果一个社会和人没有了思想、精神和信仰的话，也就"无道"了。道之不存，对于一个民族和国家来说，后果是多么严重啊。"三不了"是指现代许多中国人不忧患了、不向善了、不敬畏了。而我们所要强调指出的是，忧患意识乃是中华古代文明之所以产生和延续的文化基因，向善之心乃是构成中国古人的信仰标志，敬畏之感乃是确保这一基因和标志长存的因缘。大家可以设想，当一个民族和国家的许多人没有了思想，没有了精神，没有了信仰，他们不忧患了，不向善了，不敬畏了，其后果是十分可怕和令人担忧的。早在两千多年前，孔子就呈现了他的这种忧患。他说："德之不修，学之不讲，闻义不能徙，见不善不能改，是

孔子讲学图

吾忧也。"（《论语·述而》）也就是说，在孔子看来，如果一个社会形成如下局面，即人们不修德，不学道，不行义，不向善，那将是最为堪忧的事啊！惟其如此，孔子才将"志于道，据于德，依于仁，游于艺"（《论语·述而》），作为他的一生精神价值追求。

继承中国传统文化是振兴中华民族的需要，是实现中国现代化的需要。中华文明源远流长，中华文化博大精深，她以其丰富的营养滋润着一代又一代的中国人，奠定着中国社会几千年的发展基础，乃至深深影响着世界文化。中华民族的任何一次振兴都伴随着中华文化的振兴。认清这一点，在当下显得十分必要。这个道理被我们的习近平总书记以"四个讲清楚"而深刻揭示出来。他说："宣传阐释中国特色，要讲清楚每个国家和民族的历史传统、文化积淀、基本国情不同，其发展道路必然有着自己的特色；讲清楚中华文化积淀着中华民族最深沉的精神追求，是中华民族生生不息、发展壮大的丰厚滋养；讲清楚中华优秀传统文化是中华民族的突出优势，是我们最深厚的文化软实力；讲清楚中国特色社会主义植根于中华文化沃土，反映中国人民意愿、适应中国和时代发展进步要求，有着深厚历史渊源和广泛现实基础。"

1.2 如何认识中国传统文化？

现在每个中国人都应该对自己的优秀传统文化给予更多的观照和汲取，

这是对历史的尊重，更是对现实的担当。但在认识中国传统文化中又需要我们弄清许多问题。一是正本清源。无论是对中国传统文化之根的《周易》文化的研究，还是对先秦诸子之学的研究，抑或是对儒道佛三家思想的研究，都要力求将其本来的观念、价值和精神客观全面地呈现出来。在此基础上，再从历史的发展过程中发掘和总结中国传统文化变化的规律。二是条分缕析。总结概括出作为中国传统文化的核心和基础的思想文化的价值取向和思维方式，尤其对构成中国传统思想文化主体的儒道佛三家文化的核心价值观要加以非常细致地分析和阐释，要使人明白中国传统文化的核心价值观的本义、通义和新义究竟所指。在对各家各派及其主要代表人物思想的揭示时，既要注意他们的各自特色，又要注意他们的共同特征。三是创造转换。对中国传统文化的揭示和研究，绝对不能离开现实的社会基础和现实的文化环境。如何在新时代的视野下来重新把握和认识并最终实现对中国传统文化的创造性转换，是对待传统文化的一种不变的态度和精神。

我们应契时契机地抓住振兴中国传统文化的机缘，共同承担起弘扬中国传统文化的重任。"为往圣继绝学"（北宋张载语），"六经责我开生面"（清王夫之语），这是古人的教诲；"对我国传统文化，对国外的东西，要坚持古为今用，洋为中用，去粗取精，去伪存真。经过科学的扬弃后使之为我所用"（习近平语），这是伟人的教导。我们应该站在中华民族伟大复兴的高度来重新审视中国传统文化或说国学的价值，使全体中国人民都对蕴含在中国传统文化即国学中的精神和价值有高度自觉，只有具有了这种自觉，才能树立起对中国文化的高度自信。《国学季刊》发刊宣言中指出："我们深信，国学的将来，定能远胜国学的过去，过去的成绩虽然未可厚非，但将来的成绩一定还要更好无数倍。"

《国学季刊》

《周礼》

《礼记》

《国粹学报》

民国二十一年泰东图书馆藏章太炎《国学概论》

1.3　中国传统文化即"国学"

中国传统文化就是所谓的"国学"，那么何谓"国学"？国学在哪里？对此及其相关的问题，应该给以必要和重点的讨论。

1.3.1　何谓国学？

国学就是"国故之学"的简称，指中国过去的学术思想，所以又可称为中国传统文化。

作为汉字古典词，"国学"本谓周朝设于王城及诸侯国都的贵族学校。《周礼》就有"乐师掌国学之政"的话。《礼记》也云："古之教者，家有塾，党有庠，国有学。"可见，"国学"一词最早就是学校的专有名词，其本身不指学术、思想、文化。

作为表征中国传统学问，指称中国传统文化的"国学"概念则始自清末，产生于中西文化、新旧文化转型的历史时期，至20世纪20年代被学界广泛讨论和使用。对"国学"明确给出过定义的学者以如下几位最为著名。邓实1906年在载于第19期《国粹学报》的《国学讲习记》一文中指出："国学者何？一国所有之学也。有地而人生其上，因以成国焉，有其国者有其学。学也者，学其一国之学以为国用，而自治其一国也。"章太炎在其《国学概论》中称："国学之本体是经史而非神话，经典诸子非宗教，历史非小说传奇；治国学之方法为辨书籍的真伪，通小学、明地理、知古今人性的变迁及辨文学应用。"胡适对"国学"的定义是：国学就是国故学的简称。所谓"国故"，举凡中国历史上的人物、典籍、制度、语言、风物、民俗都包括其中。胡适等人并提出"研究问题，输入学理，整理国故，再造文明"的主张。后学界在此基础上，又将"国学"定义为中国的固有学术文化。如果综合上述几种定义，我们似乎可以这样简单地来理解"国学"这个概念，即所谓"国学"就是中国固有的古代学术文化，或简称中国传统学术文化。实际上此一意义上的"国学"概念所强调就是两点：一点是"中国"；一点是"传统"。其要表明的是对中国传统学术文化，乃至整个中国传统文化的一种态度、意识和精神，从而表征的是一个时代的精神呼唤——那就是理性地对待中国传统文化，历史地认识中国传统文化，自信地再造中国传统文化，并以此振兴中华民族。

　　我们应从学术性和思想性两方面来确定和理解国学所包含的范围。从学术的角度来看，国学所包含的内容是极其广泛的。这些内容如按中国古代图书分类来说，先有所谓《七略》，后有所谓《四库》或《四部》。我们从"经、史、子、集"四库或四部看可分别形成"经学""史学""子学""文学"。而对最重要著作所做的版本校勘、文字音韵、考据训诂等形成一个专门的学，被称为"小学"。所以国学大师章太炎在其《国学讲演录》将"国学"分为小学、经学、史学、子学和文学。如果用现代学科分类法的话，国学应包括哲学、史学、文学、

《训诂学》尔雅补注

伦理学、宗教学、礼俗学、考据学、版本学、文字学、训诂学、音韵学等。由此可见，按学术的标准来确定国学的范围是极其庞大的，它涵盖了中国传统所有的学问。惟其如此，有许多学者非常不赞成这样来定义国学，认为所谓国学应该专指儒家的"六艺之学"，即诗、书、礼、易、乐、春秋。持这一观点的主要代表人物就是国学大师马一浮。也正因为如此，在他看来，作

为学术性的国学是无从把握的，要谈国学就只能谈儒家的六艺之学，谈儒家的精神。

马一浮先生的观点虽然是值得重视的，但我认为绝不能将儒家以外的文化都排除在国学的范围之外，也并不能因为范围庞杂而就此局限国学的范围，从而否定有所谓国学。我的观点是，国学虽然涵盖了传统文化的方方面面，所以非一人或一个学科所能穷尽，与此相连，无法想象有哪一个人能配得上"国学大师"的称号，然而，毕竟有不同的学科学者在从事某些领域的研究，这种研究成为国学的一个部分，而每个部分的整合就是国学的研究。具体说来，从事中国古代哲学、中国古代历史、中国古代文学、中国古代文字训诂学等的研究都可被视为对国学的研究。

结论是：从学术文化角度来看，国学所包含的内容主要是指先秦子学、两汉经学、魏晋玄学、南北朝隋唐道教与佛学、宋明理学、清代朴学。从思想文化的角度来看，国学所包含的内容主要是指秦汉以前的儒、墨、道、法等诸子之学和唐宋以后的儒、道、佛三家之学。之所以作出这样的判断，是基于对"文化"概念的理解以及中国传统文化对中国人影响的实际状况等考量。

一般来说，文化的范围极其广泛，物质的、非物质的、精神的、制度的以及深层的民族心理结构等都可被称为"文化"。所以"文化"的定义也是杂而多端、众说纷纭、莫衷一是。但如要问文化的核心和基础是什么，那回答一定是思想。思想包括价值取向和思维方式两个方面。或说，只有具体探讨和回答价值取向和思维方式的文化，才能被称为思想文化。按此说法，"国学"或中国传统文化，其核心和基础当然是具有着价值取向和思维方式内容的中国传统思想文化了。说得再具体点，这个部分的国学，或说中国传统文化，是专指对中国人的精神、人的心性、人生价值、生命意义、存在方式、生存样态、行为方式、思维方式以及深层的民族心理结构产生持久影响，以及探讨人与神灵、人与自然、人与社会、人与他人、人与自身之间关系的思想文化。用中国哲学的概念来说，就是关于"心性之学"的"真学问"和"天人之学"的"大学问"。

1.3.2　国学在哪里？

或者说，我们从哪里去学习中国传统文化？

如果将国学理解为是中国传统文化的总称的话，那么，它所存在的地方太多了，举凡中国古代的物质形态中、非物质形态中、制度中、思想中以及百姓伦常日用中无不渗透和反映着中国传统文化的因素和气息。然而，如果将国学仅理解为中国传统学术思想的话，那么它就有其专门存在的地方了。

能记载和寄寓学术思想的当推由文字写成的典籍了。中国古代书籍总汇之地莫过于为大家非常熟知的、由清人编写的我国现存最大的一部官修丛书——《四库全书》了。它分经、史、子、集四部，分藏于四个库中，故名"四库全书"。通俗地说，中国古人将不同内容、不同性质以及不同重要程度的书籍加以归类，分放在四个不同的地方，就叫四库或四部。它共计汇集图书一万余部，十七万余卷，约十亿字，历代重要典籍均收入其中。

《四库全书》原版

经　"经部"典藏的是儒家的典籍和研究儒家经典的名著，"经"有《六经》（实存《诗》《书》《礼》《易》《春秋》"五经"。由孔子删修的六部经典中的《乐经》，在汉代已经失传了）、《七经》《九经》《十三经》之说。十三经包括《周易》《尚书》《诗经》《周礼》《仪礼》《礼记》（《礼经》所成的"三礼"）、《春秋左氏传》《春秋公羊传》《春秋谷梁传》（《春秋》所成的"三传"）、《论语》《孝经》《尔雅》《孟子》。汉立《诗》《书》《易》《礼》《春秋》为五经；唐增《周礼》《仪礼》《公羊》《谷梁》为九经，又加《孝经》《论语》《尔雅》为十二经；

十三经注疏 明崇祯元年
（1628）至十二年（1639）
古虞毛氏汲古阁刻本

宋复增《孟子》，成为十三经。而为大家经常挂在嘴边的"四书五经"则是儒家经典中的经典。"四书"是宋人对《大学》《中庸》（是从"三礼"之一的《礼记》一书中抽出并加以修订的两本书，确切地说是两篇文章。《大学》总共只有1700多字，《中庸》总共只有3500多字）、《论语》《孟子》四本书的称谓，可略称为《学》《庸》《语》《孟》。它与《易》《书》《诗》《礼》《春秋》一起，就合称为"四书五经"。古人将最基本的和

《四书五经》

不变的思想原理和法则称为"常道"或"经"。将儒家的书称为"经"，而研究"经"的学问就被称为"经学"。由此可见，儒家思想在汉代（确切地说是在西汉汉武帝时期）就成为统治思想和主流文化了。而这一情况在中国一直沿续了两千多年。

　　史　"史部"典藏的是各种体裁的历史著作。具体包括"正史类"（正统史书）、"编年类"（按年月编著的史书）、"纪事本末类"（以事件为标题改编的史书）、"别史类"（既不入正史，又不入杂史的史书）、"杂史类"（有关历史事件与人物的各种杂书）、"传记类"（记载历史人

物的谱系、碑志、纪传的史书）、
"史抄类"（集辑精华史籍而另成
的史书）、"载记类"（各朝偏方
割据，称霸一方者所著的史书）、
"史评类"（专门对历代史籍考
证、鉴评的史书）、"诏令奏议
类"（记录皇帝生活，记载皇帝的
诏书、圣旨、圣喻、密令以及王公

司马迁　　　《史记》

大臣奏折、议事的书）等。如《二十四史》《资治通鉴》《宋元明史记事本
末》《国语》《战国策》《史通》《历代名臣奏议》等。说中国是史书、史
籍最多、最丰富的国家，说中华民族是世界上最重历史的民族，那是一点不
为过的，也是符合历史实际的。在各种体裁的史籍中，有两部堪称最伟大的
不朽巨著，一部是《史记》，另一部是《资治通鉴》。《史记》是西汉司马
迁所著，它是中国第一部纪传体的通史，此体裁规范了之后两千年正史的基
本格局。从《史记》到《明史》的正史《二十四史》都是按《史记》的纪传
体例修成。所谓纪传体，就是用本记、表、书、世家、列传共五种文体共
同记载历史的一种史书体裁。《史记》记事起于传说时期的黄帝，终于汉
武帝刘彻，共时三千余年。《资
治通鉴》是北宋司马光所著，它
是中国第一部编年体的通史。记
载了上起公元前403年（周威烈
王二十三年），下止于公元959年
（五代后周世宗显德六年）1362
年的史事。司马迁和司马光两人
被并称为"史学两司马"。欲
"究天人之际，通古今之变"不
可不读此两书也。

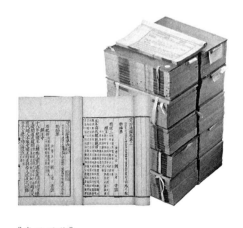

《资治通鉴》

子 　"子部"典藏的是诸子百家及道教、佛教等方面的著作，以及农学、天文算法、医学、术数、艺术、谱录、类书等方面书籍。诸子百家是后世对中国春秋战国时学术思想人物和流派的总称。"子"既是人物的尊称，又是学术著作的名称。例如，墨家的代表人物是墨子，道家的代表人物是老子、庄子，孔孟以外的儒家另一位代表人物荀子，法家的代表人物是韩非子，而他们的著作分别为《墨子》《老子》《庄子》《荀子》《韩非子》。其实"百家"只是形象说法，根据史籍记载实际上有十家左右。具体指儒、墨、道、法、名、阴阳、杂、农、纵横、小说十家。因为小说家既无著作流传后世，又无学术主张，所以《汉书·艺文志·诸子略》说："诸子十家，其可观者九家而已。"由此形成"诸子九流"之说。在子部中收录儒家类的著作是十三经以外的其他儒家人物的著作。道教与佛教的书也被收录于子部，但这里值得强调指出的是，在庞大的《四库全书》中被列入《子部·道家类》仅44种430卷，列入《子部·释家类》仅13种312卷。由此可见，构成国学非常重要内容的道教与佛教并未受到足够的重视。所以，要全面掌握

《汉书》

《道藏》

《大藏经》

和学习二教思想，有必要知道他们藏书的地方。道教有一部很大的书，名叫《道藏》，它把历代道教的经卷、典籍都汇集其中，共520函，5485册。佛教也有一部很大的书，名叫《大藏经》，它由经、律、论三部分构成，所以也称做"三藏"，例如《中华大藏经》共收入经论4200余种，23000余卷，分装220册。

　　集　"集部"典藏的是历代诗、文、赋、词、曲等各种体裁的作品，也收录对各种作品进行评论及文学理论的著作。具体分为"楚辞类""别集类""总集类""诗文评类""词曲类"等，像《楚辞》《李太白诗集》《韩昌黎集》《柳河东集》《白香山集》《文选》《乐府诗集》《全唐诗》《文心雕龙》《花间集》《全宋词》《古今杂剧》等。

《楚骚序》

屈原《离骚》

　　读懂经史子集要有一个条件，那就是你要识字。中国古人有句名言，读书首先要识字。而关于识字方面，中国古代又形成一种特殊的学问，名叫"小学"。所谓"小学"，包括音韵学、训诂学、文字学等。所以我们现在可以清楚地概括"国学"的内容了。所谓国学就是由经而形成的经学，由史而形成的史学，由子而形成的子学，由集而形成的文学，再加上小学，于是国学就是由经学、史学、子学、文学、小学"五学"所组成。

　　综上所述，作为学术思想的国学有大量的典籍，我们了解、学习和研究国学就需要知道国学所包括的不同方面的内容以及它们在什么地方。不但如此，还应该明白，学习国学一定要读些有代表性的经典著作。当然，我们从阅读经典中最应该把握的是蕴含在经典中的思想、精神和信仰——中国古人称之为"道"。那么，"经史子集""诸子百家""三教九流"表征的究竟

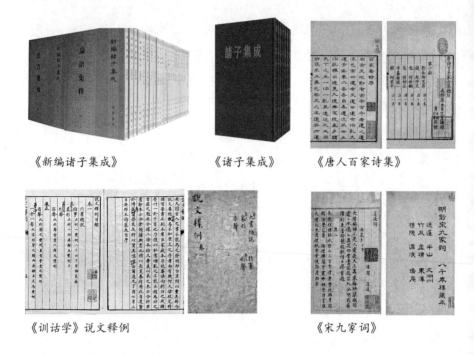

《新编诸子集成》　　　　《诸子集成》　　　　《唐人百家诗集》

《训诂学》说文释例　　　　　　　　《宋九家词》

是一种什么样的思想、精神和信仰之道呢？此乃任何一位学习国学的人最应知道的。

1.3.3　中国传统学术思想的历史进程

对于中国传统学术思想的历史进程的把握应该成为研究国学的任务之一。中国传统学术思想的发展进程一般可分为以下几个阶段：先秦子学；两汉经学；魏晋玄学；南北朝隋唐道教与佛学；宋明理学；清代朴学。

先秦子学　春秋末期到战国初期，中国古代社会由奴隶制向封建制过渡，进入了一个急剧变革时代。社会关系的大变动，进一步打破了奴隶主贵族对学术文化的垄断，促进了人们思想的解放。社会大变动必然会有许多问题被提出，不同阶级和阶层的知识分子对问题自然有不同的回答，于是形成了"百家争鸣"的局面。作为春秋末期战国初期兴起的"百家争鸣"，虽是当时的历史事实，但提出这一术语并对诸学派进行归纳分类却出现在汉代。汉初，司马谈在《论六家要旨》中第一次较系统地将先秦各学派划分为六家，即阴阳、儒、墨、名、法、道德，并对各家的长短作了若干品评。其后，东汉班固在《汉书·艺文志》中说："诸子百八十九家"，取其成数叫"诸子百家"。在这里有必要对"诸子百家"这一概念再稍作解释和说明。在先秦，"子"与"家"有时可以互用。"诸子百家"中的"诸子"实际上指的是"诸家"，而"百家"实际上指的是"诸子"。例如，儒家中就有所谓"五十三家"之说，而此处的"家"是指53个代表人物。由此，我认为将"诸子百家"改成"诸家百子"更容易理解。"诸家"主要指的是十家，即在司马谈所提六家之外加上纵横、杂、农、小说四家。有时略去小说家，认为"其可观者九家而已"。而"百子"就是指这十家中的"一百八十九"个代表人物。

那时最有影响的有四家：儒家、墨家、道家和法家。根据汉代学者的研究，认为这四家各有所重。道家侧重宇宙观、人生观，儒、墨、法三家侧重于治国王天下。其中，儒家主张以德政教化以治国；墨家主张以兼爱交利、尚贤尚同以治国；法家主张以法治暴政以治国。墨家至汉以后就成为绝学而不传；法家在以后的两千多年的社会政治中被统治者所利用，从而与儒家思想形成"内法外儒"（阴法阳儒）的格局；儒家在西汉汉武帝以后就长期成为中国封建社会的统治思想，其学术思想在不同时期都得到改造和发展。道家思想只是在西汉初年几十年的时期内成为统治思想，当时被称为"黄老之学"，在以后的历史发展中，道家只是提供了玄学、宋明理学和道教的思想基础，而没有独立作为学派而得到传承和发展。当然，所有这一切并不表明道家思想对中国社会和中国人的价值观和生活方式的影响是可以低估，甚至可以忽视的，恰恰相反，道家在中国的影响不会小于儒家。因此才有了以下评价，认为作为思想文化的中国传统文化是呈现"内道外儒"（阴道阳儒）的格局。

两汉经学　公元前221年，秦灭六国，建立了我国历史上第一个统一的中央集权封建政权。但秦王朝实行暴政，15年后就灭亡了。代秦而兴的是汉王朝。汉王朝的统治者以及统治阶级中的有识之士接受了秦覆灭的教训，感

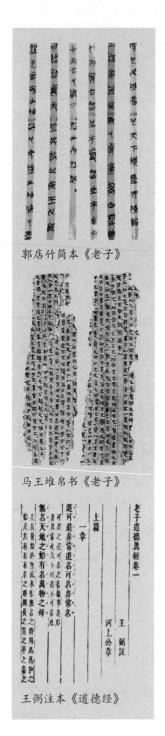

郭店竹简本《老子》

马王堆帛书《老子》

王弼注本《道德经》

到有建立新的统治思想的必要。一度被秦始皇罢黜的儒术开始受到人们的重视，但是，作为汉初统治思想的却不是儒术，而是黄老之学。西汉王朝经过"文景之治"，到了汉武帝时达到极盛阶段。汉武帝即位后，接受董仲舒所提的"罢黜百家，独尊儒术"的主张，大力提倡儒学，设太学，置五经博士，表彰六经，确立儒学的至尊地位。先秦儒学是诸子百家中的一家之言，儒学与墨学并称"显学"，儒墨道法等各家的地位是平等的。"百家争鸣"是春秋战国思想文化的特点。在先秦虽有"儒家六经"之称，但经并非儒家所专有，《庄子·天下篇》也谈到墨家学派的《墨经》。而儒学取得独尊地位以后，遂开始了经学化的进程。中国的学术思想也就由先秦子学转入了两汉经学。所谓"经学"就是专指解释、阐发、研究儒家经典的学问。西汉推崇今文经学，所设五经博士均为今文经学家。而民间献的经书是秦统一前的籀文，故称"古文经"。今文经学注重发挥其中的"微言大义"，而东汉古文经学的特点是"通训诂，明大义，不为章句"，即讲文字训诂，明典章制度，研究经文本身的涵义，不讲"非常疑义可怪之论"及"阴阳灾异"。从方法上讲，今文经学主张"六经注我"，而古文经学主张"我注六经"。今文经学与古文经学虽有所区别，但同属儒学。汉代儒学以经学的形式发展，后人多以经学代表汉代儒学。儒家至此登上了统治思想的地位，并对中国以后社会产生了深远而又重大的影响。

魏晋玄学 魏晋玄学是在汉代儒学衰落的基础上，为了弥补儒学不足而产生的。两汉数百年独尊儒术，在学术上造成了很坏的后果：其一是谶纬迷信盛行，儒学成了神学；其二是形成一种繁琐的学风。解释五经章句，动辄几万乃至几十万言，使经学失去了生命力。魏晋时期的统治阶级深感有必要对已经失去维系人心作用的经学化和神学化的儒学加以抛弃，并建立一种新的理论来取而代之。魏晋玄学是指魏晋时期以先秦老庄道家思想为骨架，试图调和儒道"名教"和"自然"的一种特定的学术思潮。玄学亦称"形而上学"，是研究幽深玄远问题的学说。其学术是以《老子》《庄子》《周易》"三玄"为主要研究对象，以"儒道兼综"去改变先前的"儒道互黜"的思想格局，多方面去论证道家"自然"和儒家"名教"二者的一致性，从而弥补汉代儒学的不足。玄学是一种思辨性很强的哲学，注重探讨抽象的理论问题。由于抽象的理论问题需要通过概念和范畴来表达，所以玄学提出了不少新概念和范畴，如"有无""一多""本末""体用""动静""言意""独化相因"等等。就此而论，魏晋玄学大大推动了中国哲学理论思维的发展。魏晋玄学有四个发展阶段。以何晏、王弼为代表建立"贵无论"，他

《周易》王弼注、孔颖达正义

朱熹《周易本义》

程氏易传

们强调"名教本于自然",即名教是自然的必然表现,两者是统一不二的体用关系,这是魏晋玄学发展的第一阶段。以阮籍、嵇康为代表强调"越名教而任自然",即摆脱名教的束缚以纯任自然,这是玄学的第二个阶段。而以裴頠为代表建立"崇有论",强调现实的名教不应超越而应坚决维护,这是玄学发展的第三个阶段。以郭象为代表建立了"独化论",所谓"独化",指不与任何其他事物相联系而绝对独立自足地存在和变化着的状态。他强调"自然就是名教,名教就是自然",以此调和自然与名教,并实现了儒道兼综,这是玄学发展的第四个阶段,也是它的终结。就此而论,魏晋玄学大大推动了中国哲学理论思维的发展。

南北朝隋唐道教与佛学 南北朝是道教和佛教盛行的时期,隋唐则是二教发展的鼎盛时期。道教是中国本土宗教,中华民族固有的传统宗教。道

《抱朴子》

教创立时间是汉末,其组织形式是民间结社性的。东晋葛洪撰《抱朴子》一书,整理并阐述战国以来神仙方术理论,丰富了道教的思想内容。北魏嵩山道士寇谦之自称奉太上老君意旨,"清整道教,除去三张伪法",制订乐章诵诫新法,刻召鬼神之法,制作符箓以召神驱鬼、除灾治病,是为北天师道。在南朝宋末则有庐山道士陆修静"祖述三张,弘衍二葛",整理三洞经书,编著斋戒仪范,道教的理论和组织形式因而更加完备,这就是南天师道。齐梁时,茅山道士陶弘景吸收儒佛两家的思想以发展道教的神仙学说和修练理论。经过葛洪、寇谦之、陆修静、陶弘景等人对道教的改造和充实,道教逐步改变了早期的原始状态和民间性质,并最终成为官方及上层信奉的宗教。正因为如此,道教在以后的发展中便一直受到封建统治者扶植和支持。隋文帝灭陈统一中国后,开国年号"开皇"便取自道经。唐朝建国以后,李氏的皇族自认为是老子之后,更加推动了道教的发展,尤其是对老子的崇拜。并将《老子》《庄子》《列

子》《文子》分别号为《道德真经》《南华真经》《冲虚至德真经》《通玄真经》，这是唐代官方指定的四大道教经典。到了唐玄宗开元年间，唐玄宗下令搜访道经，加以校刊，汇编为《开元道藏》，这是中国历史上第一次编辑《道藏》。

佛教是外来宗教，于两汉之际传入中土。东晋、十六国时代佛典的大量翻译，中国僧侣佛学论著的纷纷问世，般若学不同学派的相继出现，因果报应和神不灭论民间信仰的日益广泛和深入，从而汇合成中国佛教的第一个高潮。南北朝时代，从佛教风气的转变、佛学潮流的变化来说，此时最重要的是涅槃学。"涅槃佛性"的问题是南北朝时代佛教理论的中心问题。佛教在隋唐时期达到鼎盛，其标志就是形成了许多佛教宗派，如天台宗、三论宗、法相唯识宗、律宗、华严宗、密宗、净土宗和禅宗。而在这些宗派中，天台宗、华严宗，特别是禅宗是已中国化了的佛教宗派。道教，尤其是佛教对唐以降的中国文化思想产生了极其深远的影响。甚至流行这样一个观点，不懂佛教就无法懂唐宋以后的中国文化。

宋明理学　宋明理学是封建社会后期的统治思想。从11世纪到17世纪，历时700年之久，比历史上的经学、玄学、佛学统治时期都长。宋明理学是以儒家思想的内容为主，同时也吸收了佛教和道教思想，可视为是儒道佛三家思想长期融合的产物，又被称为"哲学化的新儒学"。理学中有不同的学派，各派之间既有相同之处，又互相区别，使理学思潮呈现出复杂的情况。理学中最著名的学派有：北宋中期周敦颐的"濂学"，程颢、程颐的"洛学"，张载的"关学"，南宋时有朱熹的"闽学"，史称"濂洛关闽"。另还有南宋的陆九渊兄弟的"江西之学"，明中期则有王守仁的"阳明学"。有的学者主张称理学为"道学"，认为道学中主要有两大派，一为"程朱理学"，因为他们都以"理"为最高范畴。一为"陆王心学"，因为他们都以"心"为最高范畴。

程颢　　　　*程颐*

性理、心理、天人以及天地之性与气质之性、理一与分殊、天理与人欲等构成宋明理学探讨的主要问题。

清代朴学 清代朴学是清朝乾隆、嘉庆年间兴起的一种以考据为主要治学内容的学术思潮，因为它注重朴实无华的治学风格，故称"朴学"，又由于朴学大都采用汉儒考据训诂的方法，故又被称为"汉学"或"考据学"。清代朴学虽有以惠栋为代表的"吴派"，以戴震为代表的"皖派"和稍后的与上述两派关系紧密的以段玉裁、王念孙、王引之为代表的"扬州学派"之分，但其有着共同的治学方法和目标，这就是重汉学、考音韵、识文字、通训诂、精考证。小学的功夫就是音韵学、文字学、训诂学、考据学。说得通俗一点，在清人看来，读书要把字音读准，读书要把字认识，读书要把字义词义弄懂，读书要把真书和伪书分清。清人都帮我们做到了，由此可见，他们的功绩是多么巨大。

2. 中国传统文化的特征

    学术界对什么是中国传统文化的特征有许多概括，有从价值取向、思维方式、心理结构、审美情趣等视角，应该说所有以往这些论述都在一个比较广泛和深入的范围内对中国传统文化的基本特征作出了概括总结。本人试图从最简单的问题入手来讨论一下中国传统文化的特征问题。我认为，中国传统文化的特征就是"以人为本"与"以德为要"。换句话说，"以人为本""以德为要"构成中国传统文化的两大基本特征。

2.1 以人为本

    要弄清楚中国传统文化的特征问题，一定先要知晓中国传统文化的价值取向问题。所谓"价值取向，就是指一定主体在面对和处理关系对象时所表现出来的基本价值倾向、价值选择。通俗地说，当确定了有价值的对象以后，一切都朝着这个方向去用力。有"对象"就一定有"观"它的"主体"。能承担这一主体角色的正是我们人类。而构成人所"观"的对象当有人处其中的"自然天地"与"社会人间"，还有超越其外的"上帝天国"。在世界古代几种文明中，古希腊文明确定了有价值的"天地自然"作为对象并加以热忱地追求，从而形成"以自然为本"的价值取向。古希伯来文明确定了有价值的"上帝天国"作为对象并加以热忱地追求，从而形成"以神为本"的价值取向。古中华文明确定了有价值的"社会人间"作为对象并加以热忱地追求，从而形成"以人为本"的价值取向。由上可知，前两种文明的价值取向一个是向外的，一个是向上的，如果给它们一个统一的概念，那就是"外在的"。而中华文明的价值取向既不向外，也不向上，而是向内的，如果给它一个概念，那就是"内在的"。

    "思以其道易天下"是中国传统文化的价值追求。作为"群经之首"的《周易》就将文化和文明的不同层次规定为"道"与"器"，指出"形而上者谓之道，形而下者谓之器"。思想、精神和信仰构成"道"的具体内涵。中国传统文化一以贯之地"闻于道""立于道""志于道""合于道"。对"道"的追求，无疑是中国传统文化最具特色的价值取向，从而也形成中国传统文化的优秀品质。而对"道"的追求又具体通过中国哲学的重人的心性、人的价值和意义、人的生活和生命等问题得到呈现。所以我们常常以"人生哲学"来确证中国哲学的特征。作为思想文化的中国传统文化几千年来形成了它特定的价值取向，这就是"社会人生"。中国先哲先贤皆"思以其道易天下"，并欲通过"观乎人文，以化成天下"（《周易》语），由此形成独特的文明形态。而欲了解这种文明，则必须知道这一文明的中心是谁？并进而能认知由这一中心所创造的思想及其意义和价值。

说中国传统文化的价值取向是"以人为本"，并不是说中国传统文化中就不谈"天地自然"和"上帝神灵"，相反，构成中国传统文化另一个基础的被称为"天人合一"的思维方式恰是将天地自然与人、上帝神灵与人统合起来加以探究的。天地自然与人的关系以"天地人三才并立"与"天（自然）人合德"来表述；上帝神灵与人的关系以"天听自我民听，天视自我民视"与"天（神）人合德"来表述。探究这样的关系是中国传统文化长期的历史任务，所以才有了司马迁的"究天人之际，通古今之变"的归纳。值得强调指出的是，无论是自然意味下的天（自然）人合一，还是神灵意味下的天（神）人合一，其最终都是要以"人"为根本和终的。诚如北宋哲学家张载所言："得天而未始遗人。"换言之，中国传统文化之思维方式的天人合一所要申论的不是以自然天地为本，更不是以上帝神灵为本，而是以人为本。

以人为本以及以伦理为本位的文化的建设同样不能忽视"形上"地观

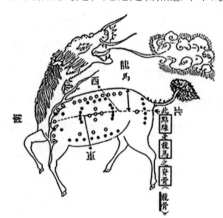

反映"天人合一"观念图

照和哲学地论证。由此，心性、人性、生命、人生遂成为中国传统哲学所最为关注的问题，从而形成发达的人生哲学。以人生哲学为核心的中国传统文化有一个非常明晰的观念，认为一个社会的文明和谐，其根本前提当是"心性文明"。所以作为四书之一的《大学》所提出的"三纲八条目"，即"明明德，亲民，止于至善"（"三纲"）与"格物、致知、诚意、正心、修身、齐家、治国、平天下"（"八条目"）正是这一逻辑关系的具体展现。这一观念又被称为"内圣外王"之道。

上面已经说过，对"道"的追求是中国传统文化中最具特色的价值取向，而对"道"的追求又具体通过中国哲学的重人的心性、人的价值和意义、人的生活和生命等问题得到呈现，由此也决定了中国传统文化是要将重点落在对"人之为人"的德性的光明和安止之上。"以伦理为本位""以人为本"遂成为中国传统文化的重要特征。

对于中国传统文化价值取向的"以人为本"思想的认识，实际上还涉及对一个特别的概念"天下"的正确理解。我们已知，中国传统文化选择了与古希腊将外在的"天地自然"作为其价值取向以及与希伯来将在上的"天国上帝"作为其价值取向不同的"社会人生"。中国古人提出"思以其道易天下"的主张。"易天下"所包含的内容是极其丰富的，而对这一丰富内容的揭示其前提则是要对"天下"这一概念给予准确的界定。一般说来，在中国古代有许多场合并不是在地理空间意义上来使用"天下"这个概念的，而是将"天下"理解成一个国家和民族最深层的思想、精神以及信仰，或者说成是一种最深层的文化，亦称其为"道"。如果从反面讲，"亡天下"则指仁义充塞、人人相食、人人相仇、世道沦落、人心不古、世风不存、道之不存、文化泯灭等等。正解了"天下"概念，我们再来看"易天下"命题所蕴之义就会清晰很多。我对它们概括了五点，即第一协和自然，第二和谐社会，第三净化人心，第四安顿生命，第五培植人格。

社会求安定，人身求安康，人心求安宁，而它们分别又是儒道佛三家的价值取向。儒家治世求安定，道家治身求安康，佛家治心求安宁。这就是我对儒道佛三家思想及其价值取向所谓"三安"的概括。三家虽然有别，但都注重对人之本质的关注，从而形成中国传统文化的重心性、人性、生命、人生的价值取向。这四个问题应该说表达的是同一个意思，选择哪一项都是正确答案。而这四者又都是关乎同一个对象，那就是"人"。所以，我们可以得出最后的结论，中国传统文化的价值取向就是"人"。

在中国传统文化中，特别是在哲学与宗教中，都是将"人""人事"作为它们的最终目的来观照和重视。所以中国哲学就形成了无神的特点，而中国的宗教也就形成了无神的特点。如果说在哲学形态中具有无神的特点，那是一件非常正常的事情，也是合乎逻辑的，但是如果说在宗教形态中具有无神的特点，那就是一件非常奇特的事情了。中国传统文化重人的思想特点，可能也正是体现在这个方面。说得通俗些，以讲神灵为主的宗教思想，却确立了以人为本、以人事为本的价值取向。"天视自我民视，天听自我民听""天命靡常，惟德是辅""民之所欲，天必从之""夫民，神之主也""神聪明正直而壹者也，依人而行"，此之谓也。而中国哲学与中国宗教这一重人重人事的无神特点，又集中体现在中国伦理之中。中国的伦理思想就是要解决人与人的关系问题，就是要解决道心与人心的关系问题，就是要解决社会与人生的归止和安止问题，如此也决定了中国哲学与中国宗教都深深带上了伦理的色彩。换句话说，中国哲学与伦理交融，中国宗教与伦理也交融。从以上分析中可以得出，由哲学、宗教、伦理等主要思想构成的中国传统文化，如果给它一个"无神"的总特点，那是非常名副其实的。

2.1.1 从中国传统宗教思想的特点来确证

中国传统宗教思想是中国传统文化最早的文化形态。我们所指的中国传统宗教当指主要产生于三代秦汉时期的宗教思想和观念，作为教派而存在的道教、佛教以及其他宗教不在此论述范围。

中国传统宗教虽然也以"神"为其崇拜的对象，但神的属性及其功能却是由人和人事决定的。这可视为中国传统宗教区别于世界上任何一种宗教思想的一个非常显著的特征。当然，这一特征又通过一些具体问题体现出来。

中国宗教的历史悠久漫长、绵延不绝，它与其他文化形态一起同共构成了中国传统文化的绚丽画卷。中国传统宗教的源头是中国原始宗教。中国原始宗教是以自然崇拜、灵魂崇拜、图腾崇拜、祖先崇拜等为自发宗教的信仰形式。由于中国在进入私有制社会后形成了它的独特性，致使在中国传统宗教信仰的形成时期的宗教，即夏商周三代及秦汉宗教中，仍然大量保存和延续着这种自发性，或说原生型宗教的信仰对象和形式。中国宗教是在中国特殊的自然、社会环境下和特殊的文化传统中形成和发展的，从而形成了诸多富有中国特点的宗教观念及其信仰方式。

2.1.1.1　多元通和[①]

用"多元通和"来概括中国宗教的第一个特点，是要交待和说明中国宗教原生型宗教的多样性和待续性，以及中国人如何对待不同的宗教神灵和宗教派别的态度。简言之，中国宗教的多神崇拜和多神互容是中国宗教的多元通和特点的具体表现。

第一，原生型宗教的多样性及其持续性。

原生型宗教就是指自发的、非人为所创造的宗教。中国原始宗教当属这一类型。一般来说，当人类进入私有制的阶级社会以后，与氏族社会相伴的原始宗教也随之消亡，代之而起的是古代国家创生型宗教。但中国则没有遵循这一普遍人类社会的发展和宗教发展的轨迹，而是表现出原生型宗教长期在阶级社会保存和延续的状况。

中国原生型宗教，即中国原始宗教，它有许多崇拜的对象和形式，包括自然崇拜、灵魂崇拜、图腾崇拜、祖先崇拜。原始宗教除了原生性、自发性特点以外，就是它的多神崇拜的特点。这是世界各民族都曾出现过的现象，当然，中国原始宗教也不例外。至于国家和人为的宗教产生以后，尤其是统

---

① "多元通和"与后面的"宗法性国家宗教"这两个概念，在牟钟鉴先生所著《中国宗教通史》使用过。

一的至上神产生以后，还仍然保存着这一特点，则是中国宗教所独具的现象了。原生型的天神崇拜和祖先崇拜与王权紧密结合，形成宗法性国家宗教。换句话说，在宗法性国家宗教观念和形式中还保留着原生型宗教的痕迹。具体来说，当中国社会进入阶级社会以后，这种以日月星辰、山河大地等为崇拜对象的原始自然崇拜逐渐发展为统一的天神崇拜，并最终成为中国古代宗教信仰的核心之一。根据殷虚卜辞可靠地证明，商代已经完成了天上最高权威神上帝的创造，并将上帝视为管理自然与社会的主宰。商代的至上神"帝"从字源学上分析是由焚柴仪式演化而来，"帝"字像焚柴，而焚柴是祭祀各种天神（如日神、风神）和被认为生活在天上的祖先神的仪式，久而久之，仪式本身变成了神。又据卜辞记载，商代的"帝"或"上帝"有一个以日月风雨为其臣正使者的帝廷，上帝具有"令风""令雨""令雷""降祸""降堇""授我佑"等威力。除此之外，商代的上帝崇拜，较之夏代的天神崇拜，增加了以上帝为中心的神统。

另外，从祭祀这一宗教仪式中也可看到宗法性国家宗教中所存留的原生型宗教特点。周以前的殷人以"尊神而畏鬼"著称，所以就非常重视各种宗教祭祀仪式。在对日月星辰、风云雷雨、土地山川等自然神的祭祀中主要采取下列几种形式。一、燎（寮、燔）祭。主要适用于天空诸神，即将牺牲投于烈火之中，使之焚化的青烟上达天庭。孔颖达注疏《礼记·郊特牲》时说："天神在上，非燔柴不足以达之。"燔燎时腥臭的青烟直达高空，表明这份礼品已经被天神接受了。二、瘞祭。主要用于祭祀山神和地神。孔颖达注疏《礼记·郊特牲》时说："地示在下，非瘞埋不足以达也。"将牛、马、羊、豕、鸡等牲畜直接埋于地下，表示山神、地神接纳了这份礼物。三、沉祭。用于祭诸水神。郑玄注释《周礼·大宗伯》时说："祭山林曰埋，祭泽曰沉。"把祭品投入水中，便于水神接受。随着周代各项礼仪制度的完备化，较之于殷商时期，周人祭祀上帝的形式多样化和规范化起来。祭祀天（上帝）是国之大事，是周天子的专权，它共有三种形式：一是郊祭，二是庙祭，三是封禅大典。郊祭主要是每年春冬两次的例祭。在大祭的时候，天子要到设在都城郊区的祭坛亲祭，这种祭礼被称为"郊"。《史记·封禅书》说："古者天子夏亲郊，祀上帝于郊，故曰郊。"西周以后，天子每年要举行隆重的郊祭上帝的仪式，已形成为定例。天子亲自到供奉上帝的寺庙祭祀，已是较后的记录。根据《史记·封禅书》记载，东周以前可能已经有天帝庙。封禅是古代封建帝王在泰山和它下面的小山祭祀天地，以夸耀自己受命于天（上帝）的一种礼仪。《史记·封禅书》说："自古受命帝王，曷尝不封禅？"《史记正义》对"封禅"作了说明："此泰山上筑土为坛以祭天，报天之功，故曰封；此泰山下小山上除地，报地之功，故曰禅。言禅者，神之也。"夏商周三代对社稷百神的祭祀，同样典型地反映出了原生型宗教的色彩。如前所述，自然崇拜围绕农业祭祀的中心进行，祭祀各种自然神灵，主要是为了祈求农业丰收和免除自然灾害。而农业祭祀的核心则是祭社稷。所谓"社稷"，就是土神和谷神。《白虎通·社稷》说："王者所以有社稷何？为天下求福报功。人非土不立，非谷不食。土地广博，不可遍敬也；五谷众多，不可一一祭也。故封土立社示有土尊；稷，五谷之长，故立稷而祭之也。"在立社祭祀时还以最适宜其土质树，种于各社之旁，当作社神崇拜。如《论语·宰我》说："夏后氏以松，殷人以柏，周人以栗。"稷神是社神的另一看法，在农业社会文化中兴起。《礼记·祭法》说："是故厉山氏之有天下也，其曰农，能殖百谷，夏之衰也，周弃继之，故祀以为稷。"《左传·昭公二十九年》说："稷，田正也。有烈山氏之子曰柱，为稷，自夏以上祀之。周弃亦为稷，自商以来祀之。"由此可知，夏商周三代都以社稷为神，并崇而拜之。起初社稷不过是自然崇拜中的

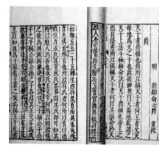

《白虎通》

一种，但随着社稷配神的出现，社稷之神完成了人格化过程，也就是说，祭祀社稷便变为祭祀已死的人灵了。如禹死而为社，后稷死而稷。到了周朝，就有右社稷左宗庙的祭祀，把句龙配社，而为后土之神，把弃配稷，而为农业之神。社稷是由对自然力的崇拜而起，中国进入私有制社会以后，继续以农业为立国之本，社稷就成为国家政权的象征和同义语，社稷与国家往往同时并用。在中国古代，将祭祀社稷与祭祀宗庙看成是同等重要的事情。

《春秋左传》

中国宗教的这一特点在周代以后一再表现出来。到了战国时代，王权下移，诸侯争霸，在五行思想的流行中，原先统一的天神分化成东、南、西、北、中五帝。战国末年，吕不韦集《吕氏春秋》，其中阴阳家的著作进一步将五行、五德、五方、五色、五帝统一起来，制造了完整的"五帝崇拜"宗教，成为秦王朝的国家宗教。战国时期的五帝崇拜，从宗教角度反映了东周以来王权崩溃、诸侯纷争的事实。由于强大的秦王朝的推崇，五帝崇拜在秦、汉年间风行一时，到了汉武帝时代，国家统一，中央集权加强，统治者便感到五帝崇拜有"政出多门"之嫌，于是有人献策，奉"太一"神为至上神，五帝则降为太一之佐，五帝之说影响渐少。不管是天神崇拜，还是五帝崇拜，抑或太一崇拜，它们都在原生型的宗教的基础上增添些东西，并紧紧与君权相联。这一特殊的宗教思想宣扬的都是"君权神授""天（神）人感应""奉天承运"等思想。从中我们可以清楚地认识到，原生型宗教之所以在中国社会长期存在，一个根本的原因是，它找到了一个现实的载体，即王权政治。反过来说，中国的王权政治将原生型宗教作为论证其神圣性和合法性的最高根据。这也就是为什么天神崇拜在中国持续存在的原因之所在。

与天神崇拜一起构成中国宗法传统宗教核心的祖先崇拜也是原生型宗教的一种，作为一种宗教信仰，祖先崇拜在中国传统社会的影响面和持续性方面较之天神崇拜要广得多、久得多，它是中国人的普遍信仰。从中国宗教的发展历史来看，祖先崇拜有着比部落联盟时期的天神崇拜更为古老的历史。最原始的祖先崇拜包括在图腾崇拜之内，后在鬼魂崇拜的基础上产生了认为先祖的亡灵可以庇荫子孙后代的祖先崇拜。而最初的祀祖，是以功德为标准，即所谓"祖有功，宗有德"。这

周公

种原生型的宗教，不但没有随着氏族社会的消亡而消亡，而且，经过改造后成为中国特殊社会制度的一个有机组成部分而得到充分的发展。三代以降，祀祖开始以血缘为标准。夏后氏"郊鲧而宗禹"，即是祖宗血统。殷人也"禘喾而郊冥，祖契而宗汤"（《礼记·祭法》）。到了周代，更形成了一套以血缘关系为基础的宗法制度，并把这种本来只是根据血缘关系确立父权的宗法制度改造成为国家机构和政治制度的基本体制。祖先崇拜发展到周代已经十分成熟了，这主要体现在周人建立了与其宗法制相适应的祭祖制度上。周人建立了一套以血缘为基础、以嫡长子继承为秩序的宗法制。为了保证大宗嫡长子的在国家和宗族中的特殊地位，周人建立了宗教性的祭祀祖先的等级制度。而将"敬天法祖"两种宗教信仰有机结合在一起的也是到了周代才明确起来。周人宣称只有他们的祖先能够"配天"。《史记·封禅书》说："周公既相成王，郊祀后稷以配天，宗祀文王于明堂以配上帝。"如此，祭祀祖先而配享上帝的"敬天法祖"宗教信仰就成了直接论证和宣扬王权至上性和神圣性的工具。所以说，这一意义的祖先崇拜受到中国古代社会历代最高统治者的崇拜也就成为当然之事了。

尽管中国古代统治者都是把建立在血缘关系基础之上的祖先崇拜和天神崇拜结合起来，为自己的统治提供王权乃"天授祖与"的理论根据，但是这并不表示祖先崇拜只是统治者独享的权力。我们已知，由于宗法制的特点是按照亲疏长幼的差别来分配财产与权利，血缘关系成为社会其他关系的纽带，宗族和家族是最重要的社会组织形式。这就决定了与宗法制有着融通关

系的祖先崇拜是一种能适应于全社会不同阶层和层次人的宗教信仰。所以，尊祖敬宗的祖先崇拜能够成为中国古代宗法社会意识形态的一个重要组成部分，从而成为全社会的一种普遍的宗教意识观念以及信仰形式。国有太庙，族有宗祠，家有祖龛。问题还在于，祖先崇拜的最大用意和作用就是伦理意义上的教孝。中国人把祭祀祖先看作是追养继孝、慎终追远的需要，即所谓"孝恩"，最终目的是通过"神道设教"而使民德归厚，民风纯化。

由于祖先崇拜是一种反映了中国宗法社会内容的宗教，使得它得以在中国长期存在和深入人心。任何宗教所崇拜的神和教义都不能消弱、代替祖先崇拜。相反，中国其他宗教都不同程度地受到它的影响。佛教就一再声称他们的学道拔宗是间接行大孝，甚而《喻道论》就直说"佛有十二经，其四部专以孝为事"。慧远正是在吸取了中国传统的灵魂不灭，并将祖先崇拜和天帝崇拜加以神圣化的基础上建立了他的神不灭论的。道教更是把积孝道与其教义直接联系起来，宣扬如果不积孝道，不管实行多少方术和服饵也是枉然，不得长生。基督教在其传播过程中与中国发生的礼仪之争，主要是围绕着祭孔和祭祖问题而展开的。事实证明，利玛窦等人尽量承认和尊重中国传统宗教习俗，允许中国教徒祭拜孔子和祭祀祖先。这就是传教获得成功的秘诀所在。而后来的传教士龙华民等人放弃了利玛窦的做法，并认为利玛窦的做法是对中国传统礼俗的妥协，因而提出基督教徒应禁止祭祖祭天。由于罗马教廷终于否定了利玛窦的政策而导致中国朝廷和罗马教廷之间关系的决裂，因而也就导致第三次基督教传播受挫。同样，在整个民族伊斯兰化的漫长过程中，中国传统宗教的祖先崇拜也溶进到伊斯兰教的信仰之中。正反两

方面的结果表明，一切外来宗教要想在中国生存，则必须适应中国宗法社会的各种关系以及反映这一社会的传统宗教观念和仪式。

中国宗教的多神崇拜仅就内容来说，不惟表现在祭天地、敬祖宗等献祭崇拜中，而且也表现为源远流长、杂而多端的巫术信仰的盛行和充斥。散见

阴阳图

在《易》的阴阳，《书》的五行，《礼》的明堂，《诗》的五际，《二十四史》中的五行、方技、术数，《子》《集》中的鬼神因果，附会《七经》的谶纬，以及蓍龟、杂占等等，不一而足，真的使人眼花缭乱。这些杂乱的巫术信仰融合着中国古老的传统文化，以其独有的形式存在于中国大地之上。

第二，中国宗教的互容性。

多神崇拜能够同时并存本身就说明了在中国宗教中各种神灵是可以同时共存、互容的，所以说多神的互容性构成了中国宗教的一个非常突出的特点。中国宗教的神灵崇拜与中国各层次人的不同的现实需求紧紧相联。自然神崇拜、天神崇拜、鬼魂崇拜、祖先崇拜、天命崇拜以及巫术信仰中的神灵的属性和功用是不同的。自然神崇拜的对象是自然物，它们虽然以神灵的形式出现，但尚是直观的、朴素的，以满足人们最初的信仰的需要。天神崇拜所虚设的上帝、天神具有了超然的性质，它是无形无象的，上帝、天神的崇拜，实质上是适应了统治阶级的需求。鬼魂崇拜、祖先崇拜敬奉的神灵则与每个人直接关联，人们通过祭奉先人的亡灵，以期慎终追远、庇荫后代。这里更多是伦理教化的需求。巫术信仰宣扬有一种超验的力量能左右人们的兴衰祸福、贵贱寿夭，它纯粹以满足每个人的现实功利的需求。所有这些神灵，在中国人的思想观念中以及实际崇奉过程中都可以相互共存共容。而且不会因为某一种崇拜具有了广泛性和普遍性，而去排斥、消灭另外的宗教崇拜，也不会以传统的宗教去吞噬新产生的宗教，反之亦然。这种多神并存、崇拜众神的情况，从未在中国这块大地上发生过变化。

更重要的是，中国宗教的这种多神互容的特点的形成，直接影响和决定着中国人对一切其他外来宗教的态度。佛教、伊斯兰教、基督教等外来宗教在中国的传播和发展，无一不是在中国传统宗教这一兼容性的氛围中得以实现的。理论上的相互攻讦，并不妨碍实践中的相互补充。不同的宗教的神灵能共处一堂受人崇拜，恐怕只有在中国才能出现。在中国长期的历史发展中，没有发生过因为不同宗教教义和信仰的冲突而导致战争流血的事情。也就是说，在中国历史上，从未发生过西方史学界所说的以一个宗教的名义去攻击另一个宗教的所谓宗教战争。这一历史事实充分证明了中国宗教多神互容的显著特点。当然，在这几种外来宗教中实现与中国传统文化内在融合的最成功的当推佛教。佛教不但完成了它的中国化进程，还成功地与儒道两家相融合而产生了一个新的学说流派和文化思潮，即宋明理学。三教同源、三教归一、三教合流、天有三光、人有三教等观念已成为宋明以后中国人普遍的文化理念并深入人们的生活方式之中。中国宗教多神崇拜和互容的特点也从一个方面体现了整个中国传统文化的"厚德载物""有容乃大""和而不同""和为贵"等和合文明的精神特质。

2.1.1.2 政主教从

中国传统信仰与宗教，一切外来宗教可以在中国这块大地上共存，并不是说它们各自可以游离中国具体社会的条件而成独立状态，恰恰相反，它们要深深受制于中国社会基础，尤其是中国的社会政治制度。世界上任何一种宗教，都没有像中国宗教那样与其政治结合得那样紧密，以至于难以将中国宗教与政治作出截然断分。中国宗教浓厚的政治性构成中国宗教的又一重要特点。当然，这一特点又是具体通过官方宗教的政教一体和教派宗教的政主教从两个方面表现来的。

第一，官方宗教的政教一体。

就中国古代社会政治结构而言，是一种以宗法制为基础，以宗族伦理为本位，以君权至上为核心的宗法专制结构。"普天之下莫非王土，率土之滨莫非王臣""天无二日，国无二君"这一君道至尊、皇权至上以及家天下的观念正是中国古代王权政治的典型反映。为了给这一绝对专制制度罩上一层神圣的光圈，中国的统治阶级从一开始就处心积虑地去建立一种完全是为自己服务的宗教神学，并将这种宗教作为权力的象征，从而形成一种与专制社会等级政权结构相适应的神权。这一宗教内容和形式最大的特点之一就是为最高统治者服务，为王权的合法性和神圣性论证，我们将此称作"官方宗教"。

　　我们所说的官方宗教的政教一体主要的意思是要说明在以"敬天"与"法祖"为主要内容和形式的中国传统宗教信仰中，王权和教权都是只为最高统治者所拥有的特权。敬天的独拜权和法祖的主祭权正是这一特权的具体表现。也就是说，只有有了最高的王权才有了这种独享宗教祭祀上的神权，其他任何人，包括任何宗教教派人士都被排除在这一祭祀的活动之外，否则就是僭越，就是大逆不道，就是冒犯神灵。从这个意义上说，政权与神权是合一的、一体的，它们无所谓高下之分。在天神崇拜中，只有天子有祭天地、郊上帝、祀百神、封泰山、禅梁父的权力。中国古代宗教，从形式到理论的全面官方化，是以东汉《白虎通》的钦定为其标志的。在《白虎通》里，把天子、皇帝独享的宗教内容，诸如君权神授、天人感应、符命祥瑞、阴阳五行、天命三正统统加以系统和理论论证，并使之"法典化""国典化"，从而成为统治者的宗教意识和宗教祭祀的准则。在祖先崇拜中，专属于皇祖崇拜的祭祀制度中所反映出的特权，同样在证明着祭政合一、王权神权不分的特点。殷人把自己的祖宗神视为有"宾于帝"的资格和权力。周人也以自己的祖宗神去配享上帝。在周代，就有"郊祀后稷以配天"的礼仪。周人又根据庙数之制确立大宗小宗的隶属关系，有次序地排列了祖宗神的地位和祭祀的等级。据《礼记·王制》记载，周代有所谓"天子七庙，三昭三穆，与大祖之庙而三，士一庙，庶人祭于寝"的规定。天子之所以重视这一意义上的祖先崇拜，其目的还是要证明王权乃天授祖与，为其统治的合法性寻求宗教神学上的依据。

　　第二，教派宗教的政主教从。

　　由上可知，三代秦汉宗教与国家政治直接相联，呈现出政教一体的格局。秦汉以后，除宗法性传统宗教仍然被直接纳入国家政治制度与政治生活以外，其他有独立教团的宗教，如佛教、道教等，都不再是政治形态的宗教，而是社会形态的宗教。这种作为社会形态的教派宗教与国家政治的关系就必然呈现出政主教从的格局。在这一格局下，中国宗教一直具有了王权（皇权）始终高于（支配）教权的特点。尽管政主教从的格局有别于政教一体的格局，但它仍然从其他方面体现着中国宗教与政治紧密联系的总体特征。

政主教从格局本身强调的是政治与教派宗教的关系的定位，一是主导的方面，一是依从的方面。具体说来，各宗教和各教派都要为王权服务，都要受到官方的制约，都要服从政府的管理。在中国古代，社会的最高统治者会选择宗教及其教义来为其统治服务，作为教派宗教的领袖们也会主动为统治集团出谋划策。尤其是佛道二教在中国古代社会就扮演了这一角色。南北朝帝王大都崇佛，因为他们懂得，"若使率土之滨皆纯此化，则吾坐致太平，夫复何事？"（《何尚之答宋文帝赞扬佛教事》，载《弘明集》卷十一）唐朝皇帝姓李，借老子李耳神化李氏王朝，所以崇奉道教。武则天甚至把她的称帝说成是佛意。宋真宗尊奉道教赵姓天尊，以此神化赵氏政权。并直谓："释道二门，有助世教。"佛道二教皆竭力申明他们的教义与忠君不违，有助于教化人心，其活动能直接或间接为巩固国家统治服务。东晋慧远表示佛教"助王化于治道"（《沙门不敬王者论》），北魏僧官法果主张"沙门宜应尽礼"（《魏书·释老志》）。中国本土道教在其发展过程中更是积极主动去改造和剔除存在于早期道教中那些不适合统治者的地方，葛洪、陶弘景、寇谦之等就提出"清理道教，除去三张伪法"（同上）的主张。葛洪就宣称"君，天也，父也"（《良规》）。寇谦之也宣称新天师道"专以礼度为首"（《释老志》）。佛道二教都深深懂得教权服从皇权的现实性和必要性。东晋道安说："不依国主，则法事难立。"（《高僧传·道安传》）北魏法果说："能鸿道者人主也。"（《魏书·释老志》）僧人慧琳被南朝宋孝武帝重用，时称"黑衣宰相"，道士陶弘景被南朝梁武帝重用，时称"山中宰相"。于是他们成为中国历史上宗教人士涉足政治的典型范例。但无论怎样，宗教及其人士在政治上都不能起主导作用，相反，处处要以统治阶级的利益和最高统治者的兴趣为转移。中国历史上只有皇帝，没有教皇。所有宗教教派的教主在皇帝面前都要俯首称臣。在中国历史上，每当宗教与皇权统治发生矛盾和冲突时，朝廷就要下令精简、限制，有时候使用暴力镇压，著名的"三武一宗"灭佛就是最典型的例子。

与佛教同为外来宗教的基督教和伊斯兰教，虽然其对中国宗教的影响规模远不如佛教，但是他们每一次的发展沉浮又直接与政治统治者的支持与否紧密关联。就拿基督教来说，它早在唐代就传入我国，宋以后寂然无闻，在元代传播也不广，明末基督教的天主教又传入中国。明末耶稣会士历经曲折，终于取得皇帝信任，得以留居京师，广开其教。基督教之所以能在这一时期得到一定发展，这与包括利玛窦等人极力适应和糅合中国传统习俗，特别是中国的儒家学说有很大的关系。但是，首要的、起决定因素的还是政治。利玛窦就力图从政治上说明基督教有利于中国的政治体系，他说："这个民族有一天会乐于接受基督教的，假使他们看到对于他们的政治体系，基督教可以作为一种帮助而非一种损害的话。"（《利玛窦札记》第142页）中国的天主教教徒、明朝官吏、著名科学家徐光启也认为基督教可以"补益王化"。从反面说，后来接替利玛窦的龙华民放弃了利玛窦的做法，试图以罗马教廷来胁迫朝廷，从而最终导致中国朝廷和罗马教廷之间关系的决裂，基督教的第三次传播就此受挫。伊斯兰教与中国政治的关系较之于其他宗教有些不同，它是通过民族问题而体现的。中国有十个少数民族信仰伊斯兰教，其信仰的特点是民族内部全民信仰，而不像汉族民众可以同时信仰不同的宗教。元明两代统治集团为了团结和控制穆斯林民族和维护国家统一，对伊斯兰教采取一定的保护政策。而清代对它进行压制，并对其反抗行为实行残酷镇压。所以说伊斯兰教的命运也与社会政治和最高统治阶级的集团利益紧密相关。

由上可知，无论是本土的道教，还是外来宗教，他们与中国皇权政治的结合都有别于中国宗法性传统宗教。为最高统治者独享的天神崇拜和祖先（皇祖）崇拜是其政治权力的象征，这里王权（皇权）与教权是合而为一的，无分高下、强弱。而作为社会形态的教派宗教，则依附于王权（皇权）而存在，接受政府的监督和管理。在这个层次内，王权（皇权）始终高于和支配教权。然而，不管是政教一体，还是政主教从，这两种情形都表明了中国宗教是一种具有浓厚政治色彩的宗教。

2.1.1.3 入世崇德

关注现实，入世有为，经世济民，重此岸，轻彼岸，崇德性，远神灵，这些是整个中国传统文化的价值取向和思想特征，而它们的形成时期正是中国传统宗法性宗教创立时期，尤其是周代所建立的系统"敬天法祖"的天命崇拜中已深深铸成了这一品格，以后的中国宗教都是沿着这一路径发展的。

第一，中国宗教的入世情怀。

一般来说，宗教应该更强调超世、离世情怀，要求人们追求彼岸的生活，由此必然非常重视人们对神的虔诚崇拜以及对来世的终极关怀。然而，在中国宗教观念中，包括传统的宗法性宗教，中国本土道教，中国民间宗教以及中国化的佛教等则把人们的信仰最终是要引向现实的社会和人生，归属现实的民生和利益。

在三代盛行的日月、星辰、山水、社稷等崇拜，所要解决的乃是人们现实的物质生活需要。也就是说，对这些神灵的崇拜是为了让它们能保障人们的生存需求。《礼记·祭义》说："郊之祭，大报天而主日，配以月。夏后氏祭其暗，殷人祭其阳，周人祭日以朝及暗。"祭日配月是三代通行的信仰。祭礼的时间在夏正，就是春分伊始，因为春天生养万物，其功甚大，所以行郊祭以报答之。关于社稷崇拜更是直接与农业生产以及国家政治紧密地相联。《白虎通·社稷》说："王者所以有社稷何？为天下求福报功。人非土不立，非谷不食。土地广博，不可遍敬也，五谷众多，不可一一祭也。故封土立社示有土尊；稷，五谷之长，故立稷而祭之也。"民以社土为居住，又以食谷为生活，所以后来在政治上把这种祭祀看得非常重要，因为它被视为国家的代名词，故将其祭坛设在王宫之右，与宗庙相对。上述信仰已完全没有了宗教情感，而完全赋予了现实生活和政治的意义。这一崇拜当然也没有了超世的意味。

我们在论述中国传统宗法性宗教的政治性特点的时候已经指出，在三代，尤其是周代的天神崇拜中，因为它紧紧地与王及其王朝相联，从而使得这一信仰不是指向高高在上的神灵世界，而是关注现实社会王朝的盛衰兴替。周人创造的"天命"概念，欲回答和解决的是王朝获得以及更迭的根据问题。创造的"天子"概念，要说明和证明君王是天（上帝）的儿子，君权是神授的问题。《尚书·周书·大诰》说："其有能格知天命。"《诗经·时迈》说："时迈其邦，昊天其子之，实右序有周。"由周人完善的天（上帝）崇拜，尤其是反映在天命观里的君权神授思想，被以后的历代封建皇帝所信奉。他们把自己说成是真龙天子，王朝由天而授。而且，他们将这一信仰纳入政治制度的范围加以巩固和发展。

如果说这种中国传统宗法性宗教的价值取向对中国宗教的入世情怀有着重大影响的话，那么以孔子为代表的儒家所培植的现实的理性和人文精神对中国人的宗教信仰的入世导向则产生了更大和更直接的影响。孔子明确主张："务民之义，敬鬼神而远之，可谓知矣。"（《论语·雍也》）"季路问事鬼神。子曰：'未能事人，焉能事鬼？'曰：'敢问死。'子曰：'未知生，焉知死？'"（《论语·先进》）由此可见，孔子的态度非常明确，他力主远鬼神，重人事；轻死亡，重人生。也就是说，致力于老百姓当务之急的事情是为他们多做些实事，所以对超现实的鬼神问题不能采取亲近的态度，对待鬼神只存有敬重之情就够了，而在从事实际的事务中则要尽量回避它，孔子认为果能做到这些就是明智之举。《周易》以"观乎人文，以化成天下"的召唤更加集中体现了孔子的这种入世的人文情怀。也就是说，中国传统文化的主要价值取向一直是改变天下、和谐社会、净化人心、安顿生命。这种价值取向决定了中国人重此岸而轻彼岸的现实品格。中国宗教信仰体系中虽然具有神灵崇拜的内容及其形式，但是，所有的神灵最终所要发挥的就是这种对世俗社会和人生的"教化"功能。这就是中国宗教所特有的"神道设教"思想。中国本土的道教除了与政治联系而表现出它的入世倾向外，就它的信仰体系及其实质来说，也充满着入世的情怀。道教的基本教义和核心信仰是长生不死，得道成仙。长生成仙，就是肉体不死，精神长存，以至成为长生不死的神仙。这是人在此生、在现世完成的目标，它不是死后的愿景，不是来生的境界。为了达到和实现长生不死和得道成仙的目的，道教提出了一系列道功、道术，即修道之法。道教修练的具体方法有服食、导引、行气、房中、辟谷、内丹、外丹、符箓等等，以后更有"性命双修"之说。所有这些都没有离开个体养生、当下健身、现世修道的途径。尽管原始佛教的厌世出世色彩比较浓厚，其宗教信仰中也不乏死后、来世、三期生命说，六道轮回说，因果报应说等内容，但中国佛教的历史发展中，佛教始终不忘时刻在调和与中国政治和伦理的关系，着力强调佛教的忠孝功能，有助世教功能。大乘佛教也正是大力宣扬"庄严国土，利乐有情"的济世度人而能在中国得到广泛传播并受到普遍信仰。最具中国化的佛教禅宗更是汲取儒家的心性说和道家的自然说而实现佛教革命化的转向，自称即心即佛、心外无佛、明心见性、见性成佛。所以禅宗又自称为佛心宗。它史强调担水劈柴不无妙道，行住坐卧尽是道场。可见他们把成佛的地方已非常明确地认定在当下的心悟、现实的世间。所有这些观念都在禅宗六祖慧能的话中得到最集中的表达。他说："直心是净土。"（敦煌本《坛经》第14节）"佛法在世

敦煌本《坛经》
（伦敦大英图书馆藏55475号）

敦煌本《坛经》

间，不离世间觉。"（宗宝本《坛经·般若品第二》）而中国近现代的人生佛教、人间佛教的建设更是把佛教的入世情怀发展到极至。

中国宗教所具有的入世、现实、世俗等特点还具体表现在中国人的信仰与自身的现实功利需求紧密相依。出于中国人重现实的急功近利的需要，形形色色的神被创造出来。在古代中国，每一个村庄、乡镇和城市，建有供奉着各种神的庙宇。佛祖、观音、玉帝、关帝、龙王、妈祖、财神、农神、医神、文神、土地神，还有各行各业的缔造者和庇护者之神充斥着中国大地。在中国人的观念中，不管什么神，只要对己有利、有用、有所寄托，他们就会祈拜、供奉它们。而且，这种祈拜和供奉又是不拘形式的。有事则拜，无事则罢。"无事不登三宝殿""平时不烧香，临时抱佛脚"正是这一情形的典型概括和真实写照。

第二，中国宗教的天（神）人合德。

中国传统文化的思维方式是天人合一。由于"天"这一概念在中国文化中是有多含义的，其中一个含义就是"神"，或说是"上帝"。以"天"表示"神""上帝"的是在周代。周人所说的"天命"就是神、上帝的命令和意旨。"天子"就是神、上帝的儿子。天（神）人合一的思维方式表明的是天（神）人是相关的，天（神）性是体现人性的，或说天（神）德以人德为转移。只是周人将只有人具有的道德之性赋予给了天（神），后又倒过来说天（神）是政治和道德的确立者，是人的道德的根源性存在。由此可见，原来只是一个纯粹的自然神转而有了道德的意味，这样一来，神灵之天和道德之天就合而为一了。这是中国宗教的一个很特殊的现象，所以当然地构成了中国宗教的一个显著特点。周人的天命（上帝）崇拜是中国宗教天（神）人合德的滥觞。周人的天命观是由以下几个命题构成，即"天命靡常""惟德是辅""以德配天""敬德保民"。这一宗教观念强调的是王者必须"明德""崇德""敬德""敏德""顾德""用德"，才能长期保持统治权。《周书》篇篇不离"德"，主要内容就是讲天意、天命、德、王者之间的关系。所以，德与天（神、上帝）信仰的结合是周代宗教突出的特点。这种宗教信仰实质上是一种天人感应论，天（神、上帝）可以根据人世间的君王是否敬德而顺天意来决定是否授于天命，君王也可以通过天（神、上帝）这一属性，努力尽人事而感应天（神、上帝），从而获得天命。这一思想的重心与其说是在神，毋宁说是在人。"天视之我民视，天听之我民听"正是对这一思想的最好诠释。这一思维方式决定着以后的中国传统宗教的基本走向。

应该说，宣扬天德与人德合一、人德来源于天、人道取法乎天最系统化的当推汉代大儒董仲舒，他有两段很经典的话是这样说的："是故仁义制度之数，尽取于天……王道之三纲，可求于天。"（《春秋繁露·基义》）"仁之美者在于天。天，仁也……人之受命于天也，取仁于天而仁也。"（《春秋繁露·王道通三》）具有社会意义的仁义、三纲都可从董仲舒谓之的"百神之大君也"的"天者"（《春秋繁露·郊语》）处求取。

中国宗教的天（神）人合德的特点还通过与中国传统宗法性宗教二元崇拜的另一元崇拜，即祖先崇拜体现出来。如前所述，祖先崇拜与天神崇拜是两种有着内在关联性的宗教信仰。而且因为有了这种配合才使得中国宗教的伦理味更浓了，人文味更浓了，神灵味自然就更淡了。在殷人那里就有了其帝王祖先"宾于帝"的说法，到了周代更明确了皇祖与天（上帝）相配的关系。《诗经》说："文王陟降，在帝左右。"《史记·封禅书》说："郊祀后稷以配天，宗祀文王于明堂以配上帝。"这一与上帝配享的祖先崇拜在道德上更强调"孝"的功用。诚如王国维所说："周之制度典礼，实皆为道德而设。"（《观堂集林·殷周制度论》）如果在郊天的天神崇拜中更侧重"德"的话，那么在祭祖的祖先崇拜中就更侧重"孝"了。祖先崇拜所重视的伦理意义上的孝道，在周以后的中国社会中普遍信奉的每个家族的祖先崇拜中同样被强化着。关于祭祀祖先、祭祀鬼神这一"神道"的最终目的性，经过孔子等儒家强调以后就更深

文王之后天八卦图

入中国文化之中以及中国人的心中。孔子主张"祭如在，祭神如神在"（《论语·八佾》）。孔子重视祭祀，不是基于迷信鬼神可以祸福于人的认识，而是在他看来，通过祭祀可以推崇孝道，可以使祭祀者道德归厚。"慎终追远，民德归厚矣"（《论语·学而》）。也就是说，是要借助祭祀祖先、祭祀鬼神去实行对百姓的教化，即所谓"以神辅教""神道设教"。这种孝道的伦理和祭祀的宗教相互融合而很难作出截然的断分。由此可见，这种将政治、伦理、宗教三者合一，将天（神）与人合德的观念和模式构成了中国传统宗教的一个很大特点，这一特点也对中国传统文化的方方面面产生了重大而深远的影响。

吴道子《孔子行教图》

中国宗教的天（神）人合德强调的是天（神）与人可以共处相通，仅从彼此的关系上来说，它没有西方宗教那样将上帝、神灵与人绝对对立的倾向。也就是说，在西方宗教那里，上帝、神灵是高高在上的，它与人形成上下的垂直关系。在这种方式下，人对上帝、神灵必然产生更多的虔诚感和敬畏感，而在中国宗教这种方式中是绝不能产生出这种情感和情绪。我们无意去对这种中西宗教差异性的现象和特点作什么价值上的高下、好坏等判分。但有一点还是值得指出的，并不因为在中国传统宗教里相对缺乏精神和心灵层面的净化功能，而就此否定在中国传统文化中也缺乏这种功能。恰恰相反，构成中国传统文化三大主干的儒道佛三家思想宣扬的价值取向，正是要实现和达到这一目的。三家思想的中心都是人，都有心性之学。"心性说"在儒，"内丹说"在道，"佛性说"在佛。他们具体是要通过"敬诚仁爱之德""清静慈柔之德""中道慈悲之德"来提高人们的精神境界，净化人们的心灵世界，升华人们的生命层次的。总之，中国传统宗教有其自身的特点和功用，中国传统文化有其自身的特点和功用。中国传统宗教所形成的特点对中国的政治文化、伦理思想以及深层的民族心理结构都产生了重大而深远的影响，中国传统宗教是中国传统文化的一部分，对它的研究和学习其意义是十分重大的。

通过对中国传统宗教的探讨和论述，我们发现了一个不能不说、非常奇特的现象，那就是宗教思想中的无神论因素。大家可以想象，连一种被称为宗教思想的文化中都具有了无神的价值取向，那就更不要说宗教思想文化以外的其他意识形态了。尽管可以从不同方面去概括中国传统文化的特征，但是应当承认，中国传统文化最重要的特征就是"无神"。所以，对中国无神论思想的研究，是呈现中国传统文化的一个十分重要的途径。

2.1.2　从中国无神论思想来确证

从中国古代宗教所呈现的特点，也能反证出中国传统文化重人、重心性与重自然的特点，而这一特点又是通过中国传统文化另一个重大的思想特征而体现出来的，这就是它的无神特征。

中国传统文化重"明心性"的价值取向和主"一天人"的思维方式皆是以"无神"为其本质特征的。构成中国传统文化主体的儒道佛，尤其是儒道两家对"上帝"与"鬼神"所采取的态度以及儒家的"人事为本"与道家的"自然为本"的思想，其实质也皆是取向"无神"的。中国无神论所昭示的"人文""有为""创造""自由"诸精神是中国传统文化的优秀精神，并最终成为中华民族千古以来一以贯之的精神追求。无神的人文精神终将能够成为中华文化新的辉煌再造的基础。

甄别中国传统文化的精华与糟粕，概括中国传统文化的重要特征，弘扬中国传统文化的优秀内容，凝练中华民族最深沉的精神追求，是所有从事研究中国传统文化的学者都要关注的问题。因为这既是出于对历史之尊重的需要，更是出于对现实之观照的需要。

但如何客观准确地概括出中国传统文化的重要特征，如何确定这一特征的优秀性并对已成为中华民族最深沉的精神追求的这一优秀传统文化作出积极的评价，则又需要深入地进行理论探究。

2.1.2.1 中国传统文化特征的确证

中国无神论思想源远流长，无神论思想文化遗产丰富。中国无神论史曾作为中国哲学史的一个分支得到学界的承认和研究。然而，仅仅指出和承认中国无神论思想是中国传统文化或中国传统哲学思想的一个有机组成部分，那是远远不够的，只有确证和阐明"无神"是中国传统文化的重要特征，进而明确中国无神论思想是整个中国传统文化和中国传统哲学最精华的表征以及最深沉的精神追求，那才算真正确立了它的地位。也就是说，我们现在似乎应站在更高、更深、更广的角度来重新审视、发掘中国无神论思想的意义和价值。也就是说，不是就中国无神论史来谈中国无神论思想的意义和价值，而是要将其直接放入中国传统文化本身来加以认识。也就是说，应该从中国传统文化的体用一如的方式来把握中国传统文化的本质特征。中国传统文化，或说"国学"的核心和精华究竟体现在什么地方？这一核心和精华由什么样的价值观和理念以及思维方式所构成？通过它们如何积淀为中华民族的精神追求的？这些问题的澄清和解决是中国传统文化研究的目的。由此，我们可以将问题讨论的视角转向对中国传统文化的定位和定性上。

我们知道，尽管文化的外延极其广泛，文化的定义杂而多端、众说纷纭、莫衷一是，但确定文化的基础和核心是思想这一点是毋庸置疑的。思想又包括两个方面，一是价值取向，一是思维方式。同理，中国传统文化的基础和核心也是由价值取向和思维方式两部分所组成。我们是这样认为的，真正要进入国学的殿堂，真正要了解中国传统文化的精华，真正要揭示中国传统文化精华的表征以及中华民族的精神追求，就一定要对它的价值取向和思维方式进行深入的探讨。

2.1.2.2　中国传统文化的价值取向和思维方式及其无神特征

中国古代的先贤圣哲们具有不同于西方文明和西方文化的价值选择和判断。如果说希腊文明是起源于对自然界的"惊奇感"，希伯来文明是起源于对上帝的"敬畏感"，那么，中华文明则是起源于对人之为人的心性丧失的"忧患感"。也就是说，中国圣贤最关注的不是外在的自然，不是高高在上的天国，也不是纯粹的思辨领域，而是与每个人息息相关的心性、人性、生命、社会人生。通俗地说，中国人不把他们的注意力朝向人的"外面"或"上面"，而是朝向人的"里面"。用中国哲学界喜用的一句话说就是，西方文化注重"外在超越"，而中华文化注重"内在超越"。古人云："思以其道易天下。"就是说，中国古人思考着用他们的思想、观念，也即"道"来改变天下。说白了就是，他们建立学说、提出思想的目的乃是：改变天下、和谐社会、净化人心、安顿生命，培植人格。群经之首的《周易》有这么一句话："观乎人文，以化成天下。"（《周易·贲卦·彖辞》）它强调的是通过关注"人文"，以达到变化和成就天下以及天下人之心的目的。我们说，所谓"人文"是专就人的本性来言的。"文明以止，人文也"，此之谓也。无论是文明，还是人文，都是在强调呈现人之为人的本性是它们的最终目的。这一人之为人的本性是反映着人朝着他应该朝的"方向"的价值选择和意义追求。"文明以止，人文也"（《周易·贲卦·彖辞》）是对《周易》贲卦的解释。此卦的卦象是下离上艮（☲☶）。离（☲）为火，表示光明和美丽；艮（☶）为山，表示安止和归宿。意思是指，人应该朝着和安止于光明和美丽之境也。这一符合人性对待的境界和状态即是儒家《大学》所设定的"止于至善"。我常常说，构成中国传统文化主体的儒道佛三家文化，都以其不同的概念和名相来表达这一问题的。儒家是用"至善"，道家是用"上善"，佛家是用"般若"，而它们的共同意旨皆是指人之为人的本来状态。这是超越具体的是非善恶美丑的"无善无恶"的状态。这是人之为人的"心性"。这一"心性"会因为后天环境的影响而发生"跑

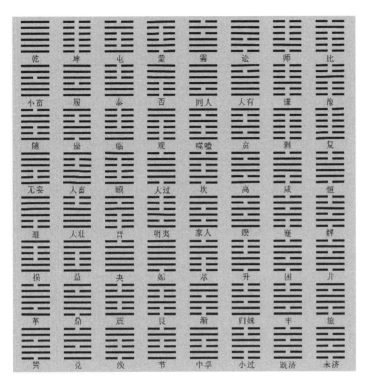

六十四卦

掉""丧失""污染或遮蔽"的情况。以上是儒道佛三家对"心性"在后天可能发生情况的不同表述，但其旨一也，目的是让人们知晓"人之初""人之本""人之本来面目"的重要性，由此，让人对"它"的可能"不在"而常怀担心忧虑之忧患意识。于是，我们可以发现，"复其初""返本归真""恢复本来面目"遂分别成为儒道佛三家思想的修行目标和价值归宿。如何使人保持和安止于"此境"，当然也就成为三家思想的终的。所以，"明心性"成为中国传统文化儒道佛三家共同的价值取向。儒家强调"明明德""存心养性""存理复性""止于至善"；道家强调"心斋坐忘""复归于朴""反于大通""上善若水"；佛家强调"即心即佛""明心见性""行深般若波罗蜜多时""不思善，不思恶，正与么时，那个是明上本来面目"（慧能语，宗宝本《坛经·行由品第一》）。

"心性之学"在中国古代又被称为"真学问"，它所强调的是与人的生命直接打通，是关乎"成圣""成道""成佛"，一句话，是关乎"成人"的问题，除此之外别无他求。诚如孟子所说："学问之道无他，求其放心而已矣。"（《孟子·告子上》）

而中国传统文化的思维方式是天人合一，因此对中国天人之学的研究是揭示中国传统文化特征必须要做的工作。

与"心性之学"被称为"真学问"相连的是，"天人之学"在中国古代被称为"大学问"。所谓"大"，就是指谓它是一个无所不包的学问。之所以如此，是因为中国天人之学中的"天"的涵义是多样的，主要有"神灵""命运""义理""本然""自然"诸义，并由此形成"神灵之天""命运之天""义理之天""本然之天""自然之天"等诸天之说。因此，中国哲学的天人关系实际上就构成了人与神灵、人与自然、人与社会、人与他人以及人与自身之间的多重关系问题，而这些关系则涵盖了中国传统文化的不同方面和不同层次。举凡宗教、哲学、伦理、政治、文学、艺术等意识形态以及深层的民族文化心理结构都包含其中。正是基于中国天人之学能够表征中国传统文化的内容及其特征，也才有了中国古代著名思想家的那些名言，如西汉思想家司马迁说："究天人之际，通古今之变"，北宋思想家邵雍说："学不究天人，不足以谓之学。"中国天人之学的这一丰富性与复杂性，决定了我们在研究探讨这一学问时不能局限化和简单化。

指出这一点，也是对我们学界先前在研究中国无神论过程中有过这种现象的一个反思。具体说来，过去主要集中于"天命"与反"天命"问题上来展开中国天人关系的探讨，并认为此两者的斗争构成了"天人"关系的斗争史。更需要修正这样一种观点，即将那些主张"天人相分"的思想归属于无神论行列，而将那些主张"天人合一"的思想统统归属于有神论或神秘主义行列。然而，中国天人之学的实际情况远没有这么简单。非但如此，如果将"天人合一"思维方式都视为有神论或神秘主义的话，就意味着将儒道两家大部分思想家都排除在无神论的行列之外了。因为就其整个儒道两家哲学的思维方式来说，其主体都是主张"天人合一"的。为了将中国无神论研究引向深入，同时也是为了将中国传统文化研究引向深入，更是为了揭示和证明"无神"是中国优秀传统文化的重要特征和中华民族最深沉的精神追求这一实质，我们非常有必要对能够表征中国传统文化思维方式和中国传统文化特征的"天人合一"论进行具体而又深入地探讨。

我们已知，"天"有神灵之天、命运之天、义理之天、本然之天、自然之天诸义，在中国传统文化长期的历史发展过程中，有不同的学派及其思想家展开着对不同意义的天人之学的探究。在这多种意义的天人之学中，只有在现实性、物质性、客观性之自然界与人的关系下呈现的天人之学，存在着主张"天人相分"的思维方式。例如为我们非常熟知的春秋时期的子产，他明确指出："天道远，人道迩，非所及也。"（《左传昭公十八年》）战国时期的荀子明确主张"明于天人之分"（《荀子·天论》）。还有唐代的柳宗元提倡"天人"是"二之而已。其事各行不相预"（《柳河东集·答刘禹锡天论书》），刘禹锡区分了"天之能"与"人之能"并强调"天人交相胜，还相用"（《刘宾客文集·天论》）等等。当然在这里我们没必要对包括子产和荀子在内的这些主张天人相分的思想家有所诟病，实际上他们的天人之学的最终落脚点还是落在了天人合一之上。我们只是想强调，在其他几种意义上建立的天人之学都是一致主张天人合一的。而由不同涵义的"天"与人所构成的"天人之学"，具体地说，由神灵之天、命运之天、义理之天、本然之天而与人构成的天人之学，它们的思维方式最后都是天人合一的。现在的问题就可以这样追问了：在中国"天人合一"的思想中是否也是主张无神的？如果是，我们所提出的在反映中国传统文化的"明心性"的价值取向和"一天人"的思维方式两方面都鲜明地表征着无神的这一结论才能成立，否则就不能成立。换句话说，只有将主张"天人合一"的思想确证为无神论性质，才能在价值取向和思维方式两方面完整体现中国传统文化的"无神"特征。

神灵之天及其天（神）人合一论首先在夏商周三代的周代建立。由于"天"这一概念在中国文化中是有多含义的，其中一个含义就是"神"或说是"上帝"。以"天"表示"神""上帝"的是在周代。

如前所述，周人所说的"天命"就是神、上帝的命令和意旨。"天子"就是神、上帝的儿子。天（神）人合一的思维方式表明的是天（神）人是相关的。也正是这一"相关性""合德性"才体现出周人的天（神）人之学的独特的价值取向——那就是"人"。具体说来，天（神）性是体现人性的，或说天（神）德以人德为转移。只是周人将只有人具有的道德之性赋予给了天（神），后又倒过来说天（神）是政治和道德的确立者，是人的道德的根源性存在。由此可见，原来只是一个纯粹的自然神转而有了道德的意味，这样一来，神灵之天和道德之天就合而为一了。这是中国宗教的一个很特殊的现象，所以当然地构成了中国宗教的一个显著特点。周人的天命（上帝）崇拜是中国宗教天（神）人合德的滥觞。周人的天命观是由以下几个命题构成，即"天命靡常""惟德是辅""以德配天""敬德保民"。这一宗教观念强调的是王者必须"明德""崇德""敬德""敏德""顾德""用德"，才能长期保持统治权。《周书》篇篇不离"德"，主要内容就是讲天意、天命、德、王者之间的关系。所以，德与天（神、上帝）信仰的结合是周代宗教突出的特点，这种宗教信仰实质上是一种天人感应论，天（神、上帝）可以根据人世间的君王是否敬德而顺天意来决定是否授于天命，君王也可以通过天（神、上帝）这一属性，努力尽人事而感应天（神、上帝），从而获得天命。这一思想的重心与其说是在神，毋宁说是在人。看似是"天"（上帝）的所作所为，但实际上它是根据民意而为的。"天视之我民视，天听之我民听"（《尚书·泰誓》）正是对这一思想的最好诠释。这一思维方式决定着以后的中国传统宗教的基本走向。

中国宗教的天（神）人合德的特点还通过与中国传统宗法性宗教二元崇拜的另一元崇拜，即祖先崇拜体现出来。我们知道，祖先崇拜与天神崇拜是两种有着内在关联性的宗教信仰，而且因为有了这种配合才使得中国宗教的伦理味更加浓了，人文味更加浓了，神灵味自然就淡了。在殷人那里就有了其帝王祖先"宾于帝"的说法，到了周代更明确了皇祖与天（上帝）相配的关系。《诗经》说："文王陟降，在帝左右。"《史记·封禅书》说："郊祀后稷以配天，宗祀文王于明堂以配上帝。"这一与上帝配享的祖先崇拜在道德上更强调"孝"的功用。诚如王国维所说："周之制度典礼，实皆为道德而设。"（《观堂集林·殷周制度论》）如果在郊天的天神崇拜中更侧重"德"的话，那么在祭祖的祖先崇拜中就更侧重"孝"了。祖先崇拜所重视的伦理意义上的孝道，在周以后的中国社会中普遍信奉的每个家族的祖先崇拜同样被强化着。关于祭祀祖先、祭祀鬼神这一"神道"的最终目的性，经过孔子等儒家强调以后就更深入中华文化之中以及中国人的心中。孔子主张"祭如在，祭神如神在"（《论语·八佾》）。孔子重视祭祀，不是基于迷信鬼神可以祸福于人的认识，而是在他看来，通过祭祀可以推崇孝道，可以使祭祀者道德归厚。"慎终追远，民德归厚矣"（《论语·学而》）。也就是说，是要借助祭祀祖先，祭祀鬼神去实行对百姓的教化，即所谓"以神辅教""神道设教"。这种孝道的伦理和祭祀的宗教相互融合而很难作出截然的断分。也就是说，此时的"神"，与其说是"神灵"，不如说是"文化"了。荀子早就指出了这一点。他说："故君子以为文，而百姓以为神。以为文则吉，以为神则凶也。"（《荀子·天论》）由此可见，这种将政治、伦理、宗教三者合一，将天（神）与人合德以及以"化人"的观念和模式构成了中国传统宗教的一个很大的特点，这一特点也对中国传统文化的方方面面产生了重大而深远的影响。

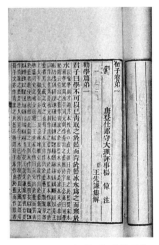

杨倞注《荀子》

在对天（神）人合德这一中国宗教思想的基本特征探讨中，值得我们关注的问题是，在周人的这种宗教思想中，实际上存在着非常明显的无神论倾向。这一倾向最重要的标志就是"重人""重德""重现世"，从而与以"重神""重鬼""重来世"为特征的宗教以及有神论思想产生了差异性。

朱熹《孟子章句》

也可以这么说，由周人创立的天（神）人合一的宗教观是"以人为本"而非"以神为本"，从而具有了无神倾向的人文宗教观，并由此形成中国宗教的一个非常重要的特征。

在"命运之天"的意义下的天人之学，其意蕴也不是有神论的，就其实质来说，仍然将最后的决定权交由人来决定。儒家的孔子和孟子都谈论过这个意义上的"天命"思想。但在他们看来，"天命"只是代表一种不以人的主观意志为转移的并能够对人有着一定制约作用的力量。孟子说："莫之为而为者，天也。莫之致而至者，命也。"（《孟子·万章上》）对于这一"存在"，儒家提醒人们要给予充分尊重，乃至敬畏。所以才有了孔子那样的忠告："君子有三畏：畏天命，畏大人，畏圣人之言。"（《论语·季氏》）实际上，我们可以将儒家这一"天命"思想看成是要对人可能出现的盲目自大行为的一种限制性告诫。当然，儒家毕竟要正面回答和处理"天命"与"人事"的关系问题。他们的结论正是为中国人非常熟知的一句话，即"谋事在人，成事在天"。也就是说，儒家从来没有放弃对重人事的基本无神论的立场。

将"天"视为一种具有义理或说伦理性的存在，这是中国天人之学的主体部分。这一意义下的天人之学，在群经之首的《周易》中就有反映，《周易》明确提出"天地之大德曰生"（《周易·系辞》下）的命题，并将"大人"的标准定为"天人合德"："大人者，与天地合其德，与日月合其明，与四时合其序，与鬼神合其吉凶。"（《周易·文言》）其实儒道两家思想都是沿着这一思维道路发展的。

关于这一点被宋明理学家阐述得最为精当。北宋的张载在他著名的《西铭》中明确指出："天地之塞吾其体，天地之帅吾其性。"在张载看来，"人之体""人之性"，也即"人之德"皆与"天地合"。这是儒家"天人合德"论最典型的表述。在儒家那里，将"帅吾其性"的"天地"之德视为"仁爱真诚"。

而由道家老庄所建立的"本然之天"意义下的天人之学以及以荀子为代表的主张"自然之天"的天人之学，更是在"自然"的意味下申论和彰显着鲜明的无神论思想。具体说来，道家老庄的"天""自然"的概念，表征着一

楷书《西铭》残本

切万物本来存在的状态，先天原始的而非后天人为的状态，这当然包括了物理意义上的天地自然界。庄子说："牛马四足，是谓天；络马首，穿牛鼻，是谓人"（《庄子·秋水》），"无为为之之谓天"（《庄子·天地》）。由此可见，在老庄那里，这一"天"（自然）是无为的存在，是没有意识和目的性的存在，而且就是最高存在之"道"的本性，所以也是最高的存在。所有这些观念都集中表现在"道法自然"这一命题之中。道家这一独特的天人之学，其无神论意味是浓厚又彻底的。唯其如此，道家的这一"以自然为本"与儒家的"以人事为本"一道才能成为并构成中国无神论发展历史中两条根本性主线。

以荀子为代表的以现实的自然之天为基础而建立起来的天人之学，更是直接而明快地承认自然之天的物质性、客观性和自然性。"天行有常，不为尧存，不为桀亡"（《荀子·天论》）以及"明于天人之分"（同上）之论都是建立在现实的自然之天的意义之上的。而且，荀子所建立的天人之学也是直接对着有神论而去的，从而表明自己鲜明的无神论立场。应该说，这一形态的无神论充当着中国无神论队伍中的生力军。

我们从上述对中国天人之学全景式探讨中发现，在过去不甚被重视，甚而被排除在无神论之列的"天人合一"或说"天人合德"的价值观和思维方式中，其实透露的都是无神论的气息。而惟有在这种价值观和思维方式下

的天人合一思想被定性为无神论，才能真正支撑起中国无神论这座大厦。当然，这是一个问题的两种表述而已。如前面所强调的那样，中国传统文化的特征要通过两个方面表现出来，一是价值取向，一是思维方式。当我们确定了在价值取向方面的无神论倾向和性质后，只有在思维方式方面确定其无神论倾向和性质，才能全面表征中国传统文化的特征。换句话说，无神是中国传统文化的重要特征这一结论的得出，必然要在价值取向和思维方式两方面得到完整体现才是有说服力的。所以，关于对"天人合一"及"天人之学"无神性质的确证，应该引起中国传统文化研究者的高度重视。

当然，在此我们还应该指出的是，尽管在不同含义下的"天"及其"天人之学"都透露出无神论的气息，但也正是因为存在不同意旨的"天"及其"天人之学"，从而使其无神论的气息存在着浓淡之别。具体来说，周人的天人之学，只能说它具有了某种无神论的因素，而不能将其归类为彻底的无神论行列。儒家在"天命"与"人事"有关问题上形成的天人之学，虽较之于周人的天人之学有了某种巨大的进步，但其无神论气息浓烈的程度，是不及道家和荀子无神论的。也就是说，道家的以自然为本的天人之学以及以荀子为代表的以现实自然界为本的天人之学，具有了非常鲜明和彻底的无神论性质。

2.1.2.3 "一天人"即是"明心性"

如果再将问题深入一步的话，我们还应指出，不仅在不同意义的"天"及其"天人之学"具有了无神的意味，而且随着这一思维方式最终又落实到价值观上，这一无神的意味就更加突出和浓烈了。这一论点的提出是基于对中国哲学本体论、价值论、境界论与方法论统一这一特点的体认和把握。也就是说，在中国哲学中，往往表现出本体论、价值论、方法论（功夫论）、境界论诸者统一的特点。所以说，实际上，中国传统哲学思维方式的"天人合一"最后还是要回溯到"人"性之上，所要指向的仍是符合人性的存在方式。具体来说，作为文化基础的思想的两个方面（维度），即价值取向和思维方式，最后要落实到"价值取向"上，也就是说，落实到"人性"上，落实到"心性处"，落实到"生命中"。因此，我们才会说，中国古人所称赞的学问乃是关乎人的"心性的学问""生命的学问""为己的学问""真学问""大学问"。在中国传统文化中，关乎人之心性的"真学问"与关乎天人之学的"大学问"是一而二、二而一的关系，它们的汇合点和凝结处就是"人"。如果我们用中国无神论的概念来加以表述的话，即刻可以发现足以使人非常兴奋的观点，这就是：中国传统文化的价值取向和思维方式皆是以"无神"为其本质特征的。"高高在上之神"不构成中国传统文化的取向，"远远彼岸之神"不在中国传统文化的视域。

　　而就中国无神论自身而言，是有其自身的研究范围和具体问题的。在中国无神论史的发展历程中，无神论与有神论一直是相伴而行的。无神论与有神论主要围绕几个"有无"的问题展开论辩与斗争，即有神还是无神？有鬼还是无鬼？有来世还是无来世？有超验和神秘的力量还是无超验和神秘的力量？中国无神论明确主张"四个没有"：第一，没有创造一切、决定一切的人格神。第二，没有可以祸福于现实之人的鬼。第三，没有人死以后的未来世界。第四，没有可以支配现实之人命运的超验和神秘的力量。第三个"没有"，又可表述为"没有彼岸的世界以及没有死后的生活"。简言之，中国无神论否认在人的"这个世界"以外还存在着"另外一个世界"。可见，中国无神论明确主张的无神论和无鬼论，其实质正是要否定一切超自然、超社会的主宰者、决定者、驾驭者。这包括实体性的存在，如"上帝"等，非实体性存在，如"命"（专指神秘性的存在）。而无鬼论是要否定人死以后还存在于某个地方，并能以特殊的方式影响和作用于"活人"。由此可见，无神论所要肯定和坚持的就是现世性、现实性、现存性、此岸性、人间性、入世性、人文性、生命性、人性、理性等。至此可以发现，"无神"的理念实际上是中国传统文化诸多价值观的集中体现。唯其如此，才能得出结论："无神"是中国优秀传统文化的重要特征，"无神"是中国传统文化一以贯之的时代精神的精华。由此也就可以说，"无神"是中华民族精神追求的表征。大家知道，鲁迅曾言，"道教是中国文化的根底"，更直言，"不读《老子》一书，不知中国文化。"在这里我们可以有根据地提出这样一种观点：不懂中国无神论就不懂中国传统文化，不懂得无神论是中国文化精华的表征，就没有真正了解中国哲学的精神实质。

所以说，重视中国传统文化的研究，进而说重视"国学"的研究，必须同时重视中国无神论的研究。道理很简单，如对一种文化的基础、核心、特征及其精神追求都没有客观、清晰、准确地呈现和揭示的话，那你怎么能说这是在研究一种思想文化呢？

2.1.2.4 儒道两家的"两无"立场

我们知道，构成中国传统文化两大主干的儒道两家思想明确"两无"立场，即无神与无鬼。孔子以"子不语怪力乱神"（《论语·述而》）宣称着他的"无神"立场。老子以对"象帝之先"（《老子》4章）之"道"的本根性的高扬宣称着他的"无神"立场。孔子以"务民之义，敬鬼神而远之"（《论语·雍也》）以及"未能事人，焉能事鬼？"（《论语·先进》）的方式表达着他对鬼神存疑的态度。老子以"以道莅天下，其鬼不神"（《老子》60章），庄子以"夫道……神鬼神帝"（《庄子·大宗师》）的方式表达着他对鬼神轻视的态度。在"道"面前，在"民"面前，上帝和神灵都失去了以往的崇高和绝对的地位，儒道这一"无上帝、无神灵"的立场，最充分反映和体现着他们的"人文"精神。

如果我们能仔细分析孔子和老子的上述思想，会发现他们对待"神"与"鬼神"是存在不同态度的。也就是说，他们是将"神"与"鬼神"视为两种存在，因而表现出对它们的不同立场和态度。换句话说，他们对主宰性的"神"是持否定立场的，而对能祸福于人的"鬼"是持怀疑和轻视态度的。我们认为，对他们这一思想作出这样的区分是有意义的。通过对"神"的否定而显示出其鲜明的无神论立场；通过对"鬼"的怀疑和轻视转而突显出其重视现实人事的态度。前者直接表现出无神论的性质，后者间接表现出

孔子问礼于老聃

无神论的性质。问题的关键还在于，判断一种思想是无神论还是有神论，不是简单地看它对"神"对"鬼"的立场和态度，而要把握其思想实质和灵魂。实际上无论是儒家还是道家，他们所主张的无神论的实质和灵魂就在于要肯定现实的世界，以及生活在这个现实世界中的人的意义和价值。关于这一点，我们再可以通过对孔子的"生死观"的剖析而得到进一步的证明。

人有没有死后的"生活"？这是一切宗教和哲学都要关心和回答的问题，而宗教和哲学却作出了不同的回答。然而不管存在多大的不同，宗教与哲学都是试图解决人的"生"的需要，或者说，都是要帮助人超越自身的有限性而实现所谓人生的意义和价值。具体说来，宗教是通过消灭死亡来实现这一目标，而哲学则是通过对抗死亡来实现这一目标。而孔子的无神论思想正是通过对生与死的哲学性思考得到体现的。最能代表孔子这一思想的正是那句为中国人非常熟知的名言："未知生，焉知死？"（《论语·先进》）这是孔子对其弟子子路问死是怎么回事时所作的回答。意思是，在没有弄明白"生"的道理和意义的情况下，怎么知道死亡呢？孔子正是通过对"生"

的丰富性和复杂性的陈述，将"死亡"问题悬置起来。孔子不但没有正面谈论死亡，更没有涉及死亡以后的问题。从子路的问题来看，他一定是想知道如何面对和对抗死亡给人所带来的恐惧的方法，或者更想知道人死以后是否还存在着。面对这样的问题，孔子想告诉人们一个道理，那就是只有通过将每个人的现实人事和现实生命充分展开，尽量完成和实现人的价值和意义，并在历史中成就生命的永恒性。也就是说，孔子是为了避免人们对死亡的必然性对人类造成的恐惧，有必要对"生"的意义和价值作出最充分的肯定和高扬。换句话说，包括孔子在内的儒家学说，他们之所以重视现实，重视人生，重视生命，重视人文等，都是基于对死亡会给人造成恐惧而作出的超越与避免的方式和途径，也是解决人类如何超越有限而获得意义和价值的无限需求。这也是为大家非常熟知的"立德、立功、立言"这一为儒家所坚守的"人生三不朽"思想所要实现的目的。孔子重生轻死以及他的"祭如在，祭神如神在"（《论语·八佾》）的思想，无不是在强调人们应该看重的是现实的伦常关系和现实的日常生活。也就是说，通过对现实的关照与对现实人生意义和价值的承认来对抗和超越因为死亡给人所带来的恐惧和不安。

由此可见，孔子及儒家是通过重现实、人事、有为、情感、生命等这种"执着"性或说"偏执"性的方式来满足人本存的追求无限性的需求，儒家不是通过宗教与有神论的方式达到这一目的的，这也成为其思想的重大特征。哲学的与无神论的价值取向决定了孔子及整个儒家逻辑地强调每个人是能够掌握自己命运的。因此，他们不崇拜这个世界以外的什么存在，不信仰这个世界以外的什么力量，不相信这个世界以外还有什么其他的世界。唯一能相信和依靠的世界就是人所生活的世界，而为人们崇拜的天地、自然、天道、天命等也是这个世界范围的存在。在孔子和儒家的视域中没有玄远的东西，看似超越性的存在，那也一定与一个特定的存在紧密相关，那就是"人"。所以，天（神、命运、义理、本然、天道等）人总是合一而不相分离的。在这个意义来说，在中国哲学中是不存在脱离这个现实的世界及其生活在这个世界上的"人"而另有一个什么"形上者""其他者""别有一物"等。所以说，中国的无神论之范围及其意义，应该说是有其独特所指，那就是除了强调没有神灵和鬼神以外，还强调没有"玄远者"和"形上者"。如此，中国传统文化才有可能堵住一切宗教化和神秘化的趋向。由此也提醒我们，在申论无神是中国传统文化主要特征及其优秀性的时候，要扩大其认知范围，如此才能突显或说才能真正确证无神是中国优秀文化的特征。

2.1.2.5 儒家"人事为本"与道家"自然为本"的人性意义

长期以来，我们都将儒家的"人事为本"和道家的"自然为本"作为中国无神论研究的两条主线来给予足够的关注和研究。但在以前的研究中可能更多强调：在人和神的地位上，谁为本；宇宙天地、大道自然与神相比较，哪个为本。应当承认，从这样的角度也能表现和反映出儒道两家思想的无神论特色，但这还没有深入他们思想的实质之处。实际上，儒道两家所形成的"人本""自然为本"最终要表达的是现实的人性和生命问题，解决的是人之所以为人的根性问题。儒家认为人的根性即在于与禽兽相差无几的"几希"，即"良心""明德"。而要呈现它，必须要在现实的境遇中，在真实的生命中，所以，才有了儒家的"明明德，亲民，止于至善"和"格、致、诚、正、修、齐、治、平"的"发明本心，存心养性"的现实的价值取向。道家认为人的根性表现为人的自然性。道家所谓"自然"不是与文化世界相对的那个纯粹物理化的自然界，而是表征一种原始的、本然的、未经人为污染的状态。道家自然观的高明之处就在于，他们探明了造成外在自然界和人类社会丧失其本性的真正原因是在人类自身，在于人的本性的丧失，在于人类受到物之役、情之累、心之滞、意之染，即人欲的横流，理性的膨胀，私意的泛滥，一言以蔽之，人为的造作。因此我们可以看到《庄子》一书到处充满着对"失其性""易其性""伤其性""淫其性""迁其性""苦其性""乐其性""离其性""反其性""灭其情""亡其神"等"遁其天"的情形的淋漓尽致的揭露和深刻无情的批判。所以，只有摒弃和破除它们，方可显现真性，复归素朴，并最终达到天人合一。老子说："见素抱朴"（《老子》19章），"复归于婴儿……复归于无极……复归于朴"（《老子》28章）。庄子说："安排而去化，乃入于寥天一"（《庄子·大宗师》），"无以反其性情而复其初"（《庄子·缮性》）。这就是道家对人的存在方式以及人与自然的关系所作的哲学反思。反思所要得出的结论是：自然万物能否按其本性存在着，其决定因素是人类能否按其本性生活着。人类的生活方式决定着自然万物的生存方式。换句话说，如果人心良善，人性自然，人情恬淡，清静无为，那么人类所面对的一切对象就会呈现出它们本来的真实面目。正因为如此，道家才有针对性地提出人要"心斋坐忘，回真返朴"的现实的价值取向。我们的结论是，道家的"以自然为本"的思想落脚点还是"人文"。即人性的复归，人情的纯朴，人生的宁静，社会的纯正。而这一"人文"的本质特性所要突显的则是"无神"的。

概而言之，儒道两家都是从现实而不是从非现实，从此岸而不是从彼岸，从人文而不是从鬼神，还是一句话，从无神的立场上申论着他们的价值取向。

以思想文化为代表的中国传统文化当是儒道佛三家思想，以上实际上已论证了儒道两家思想的无神特征，而如果无法论证作为中国传统文化有机组成部分的佛教思想不具有无神的性质，那么也是无法得出中国传统文化的思想的重大特征在于无神以及重人这样一个结论的。所以，确证佛教思想实质是无神的，就成为确证中国传统文化特征的一个绕不过去的理论问题。

2.1.2.6　无神论与中国佛学

"无神论与中国佛学"是一个理论难题，也是一个有价值的理论难题。正因为如此，我们把它作为一个问题专门提出来，并就一些理论问题进行必要的探讨，但所有问题都紧紧围绕无神论展开。

佛教产生于印度，后传入中国。我们有将佛教称为印度佛教与中国佛教的习惯，之所以如此，是试图从不同历史发展形态与不同理论发展形态上来呈现作为一种文化现象的佛教发展的实际状况及其复杂性。无论在印度佛教的发展历史中，还是中国佛教的历史发展中，佛教是有神论的还是无神论的都始终成为争论的焦点问题之一。因为问题本身的复杂性，促使我们不能简单地去对待它，而必须在一个动态的历史过程中去把握包括佛陀、佛教以及各佛教派别等问题。

相传佛教为公元前6世纪到前5世纪古北印度迦毗罗卫国净饭王的儿子悉达多·乔答摩（即释迦牟尼）所创立。释迦牟尼成道后，又被称为"佛陀"，或简称"佛"，意译为"觉"或"觉者"，指圆满觉悟了宇宙人生真相从而获得彻底解脱的人或境界。所以，就其这一解释来说，佛陀不存在一点有神的意味。然而，在印度佛教发展的早期阶段就有释迦佛陀由人到神的转化过程。佛教在中国初传时期也经历了这样的过程。佛教在两汉之际传入中国，当时的中国社会被名目多样的宗教以及迷信所笼罩。当时的统治者以"神"的眼光去看待佛陀本人，把原本是人的佛陀转变为神，并将其与黄帝、老子一起合祭和祠祀。这种从宗教上去审视和接受佛教的情况，或更具体地说是从方仙道、黄老道意义上去解释佛教的情况，那种为方仙道、黄老道所竭力宣扬和追求的长生不死、修身成仙以及实现这些目的所需要的道功道术，随着本土道教的产生以及形成，就更全面、更系统地纳入了道教思想的体系中，从而为佛教进一步比附中国传统宗教思想提供了更大的空间和可能性。而在中国下层社会的传播过程中，佛教又以其生死轮回之说与中土本有的灵魂、鬼神等观念相融合，并在中国普通民众中产生很大影响。只是随着佛教的发展，尤其是随着佛教学者对佛教教义理解的逐渐深入与准确，这种有神色彩的佛教受到越来越多的佛教学者的批评与排斥。佛教在中国以后的发展过程中，虽然在民间信仰领域还保留和

释迦牟尼像

宣扬着这种以有神论为特征的佛教思想，但是占主导地位的佛教思想是大乘般若学和涅槃佛性论，以及在隋唐建立起来的中国的佛教各宗各派，他们都在思想性上阐述和发展着佛教的基本教义。也正是佛教的基本教义本身显现出无神论的性质。

缘起论是佛教一切教义的理论基石。"缘起"是指宇宙间的一切存在都是依据一定的原因和条件而生起变化的，即所谓宇宙万有皆"因缘和合"而成。原因是因，条件是缘。缘起法则在佛经《阿含经》中被这样表述："此有故彼有，此生故彼生，此无故彼无，此灭故彼灭。"佛经说到缘起，多指十二因缘。"十二因缘"是从三世两重因果来谈人生种种痛苦及其最终的原因。即是由过去之惑业感现在之苦果，由现在世之惑业感未来世之苦果。具体说来，就是从果求因、由因观果，将心受污染而导致苦果的因缘分为十二支连环：无明、行、名色、六入、触、受、爱、取、有、生、老死。佛教将人的无明，即不明白真理视为造成生死苦恼的总根源。

以上是我们对原始佛教的基本教义所作出的非常概括性的论述，是想通过这样的论述来展现其无神论的属性。佛教的所有理论皆是以缘起论为其理论基石的，这是为一切信奉佛教和研究佛教的人所共同承认的观点。赵朴初先生曾非常准确而又精当地总结和概括出佛教所谓缘起论具有的以下意义：无作者义、有因生义、离有情义、依他起义、无动作义、性无常义、刹那灭义、因果相续无间断义、种种因果品类别义、因果更互相符顺义、因果决定无杂乱义（赵朴初：《佛教常识答问》，江苏古籍出版社1988年版，第41-45页）。这十一意义归纳起来有四个重要的论点：无造物主、无我、无常、因果相续。也就是说，宇宙间没有固定的实体存在，恒常不变的"我"是不存在的。此论即是对宇宙万物的创造者和主宰者的否定。总体上说，佛教是一种人本宗教，把握人生是佛学的第一要义。释迦牟尼由人生而体悟缘起之理，由缘起而说人生的真谛，这就是佛教无我论的人生哲学。随着佛教的发展，缘起论解释意域由人生现象拓展而及宇宙现象，表达了佛教缘起论的世界观。佛教基于缘起论把握人生、解释世界，否定了宇宙中至上的创世主和主宰神的存在，无神论的倾向是显而易见的。

除此之外，佛教在中国长期的历史发展中，虽然在早期有被神化的情况以及在民间佛教中长期存有有神论的思想，但是，如果我们将眼光落实到具有理论性的中国化佛教发展历史上及其思想倾向、特征上，那么，表现在中国佛学中的无神论色彩还是比较明显的。佛教在隋唐时期进入了自主发展阶段，中国佛教通过确立心性论的核心主题，创宗立派。佛性、心性、解脱共同构成中国化佛教诸派的理论中心。一句话，佛教作为宗教所体现的最大特色的"慧解脱"，在中国佛学中得到了最充分的发展。而在这一理论建构中，最具中国化的佛教宗派又当推禅宗。禅宗所建立的中国化佛教的心性化、世俗化、人间化的价值取向和心佛不二、此岸即彼岸的思维方式对今后中国佛学的无神论走向起到了直接作用。

禅宗，尤其是慧能禅的中国化更具体的表述应是儒家的心性化。因为我们已述，儒家的心性论是专就人之心、人之性而谈的。儒家将天所赋予人的"几希"之性看做是人之为人的"明德"。儒家都是围绕如何呈现和存养这一"天命之谓性"（《中庸》）来构筑和展开其理论的。《大学》开篇即言："大学之道，在明明德。"作为"三纲"之首纲的"明明德"就揭开和说明了儒家思想的宗旨和本义。"明明德""存心养性""存理复性"，其承担的主体是"人"，其发明的本体是"人之心性"。正是在这个意义上我们说儒学就是人学。尽管我们也说儒学是一种天人之学，但是，儒家所主张

达摩至慧能六代祖师图

敦煌本《坛经》原本
（伦敦大英图书馆藏）

敦煌本《坛经》原本
（北京图书馆藏冈字
四八号卷子）

的天人合一的天人之学，其开端和终端都是落实到"人"。也就是说，儒家谈"天"，是为了解决人的价值和意义的来源问题。论"与天地合其德"，最终是为了高扬人的尊严性和神圣性，总之，是对人的境界的规定。这也是儒家心性论的特色所在。慧能禅受儒家这一心性论影响的深刻性就是表现在他对抽象、玄远、奥妙、普化的真性、佛性实施了人性化、伦理化的转向和突显。大家皆言"六祖革命"。所谓"革命"，就是要对一种对象（"命"）的否定性批判，反映在慧能禅中的正是对佛教人性化、人道化、伦理化、人本性、世俗性、现实性，一句话，人间性的弘扬。

慧能禅提出即心即佛、即性即佛、明心见性、见性成佛等命题，目的是要强调心（性）佛不二，心（性）佛不离，佛在心（性）中，心（性）外无佛等观念。《坛经》云："自心是佛。"它告诫人们："菩提只向心觅，何劳向外求玄？"明示人们："佛法在世间，不离世间觉。"慧能在这里是解决作为主体性的人的心性与佛的关系以及成佛的场所问题。既然佛在身内，所以不需外寻。既然佛在世间，所以不必离世。这表明向内的功夫和内在超越性以及世俗性已构成慧能禅的最重大的特征。具体来说，在慧能看来，"佛"是关乎"人"的事，而不是其他。换句话说，慧能禅的价值取向是人，是人的本性，是人的存在方式，是人的生命境界。我们所以称慧能禅为"智慧禅""生活禅""生命禅"的答案也在此找到。"成人成佛"这一命题尽管非慧能所提，但从他的论述中显然含有此义。近代佛学大师太虚法师所谓的"人成则佛成"应该说确实深及禅义的。也就是说，在近代兴起的佛教人间化思潮和运动，都是沿着由慧能禅建立的这一无神化的价值取向展开的。

2.1.2.7　佛教的中国化包括了无神化

在我们以往研究佛教中国化的过程中，无论作多少具体历史动态式的展开，如神秘的方术化、思辨的玄学化、儒家的心性化、道家的自然化以及世俗化、人间化等，在所有这些"化"中，都忽视了一种"化"，那就是"无神化"。如果看不到佛教在中国化的过程中无神化在其中起到的重要作用的话，那么就没有呈现出"中国化"的全貌及其主要特征。因为这既是符合历史的事实，又是契合理论的实际。在佛教整个"中国化"的进程中，除了神秘的方术化具有了一定的有神论色彩外，其他诸"化"，即思辨的玄学化、儒家的心性化、道家的自然化以及世俗化、人间化，其价值取向和思想实质皆是表征无神的。如果将论述的问题再回归到对整个中国传统文化基本特征的确证和论述上，我们自然会提出这样的问题，即一种文化的基本特征的形成，一定是由构成这一文化的主体思想文化共同提供。也就是说，当我们说到中国传统文化的主要组成部分是儒道佛三家文化，那就意味着，它们一定对中国传统文化的特征的形成共同承担着任务。否则，得出的特征就不能完整地得到表征。

综上所述，对佛教与无神论关系的探讨，是中国无神论史研究的一项重要课题。几十年来，我们一直在思考，但并没充分展开。而正是有思考，我们深感如果将这一问题纳入整个中国无神论史来加以考量的话，会大大深化中国无神论史的研究，同时也能展现佛教其本身思想实质以及中国化佛教的重要特点。对佛教本身思想的研究，应首先区分出不同类型的佛教。在此基础上，明确指出原始佛教思想中哪些属于宗教有神论的，哪些类型的佛教主要就是以宣扬宗教有神论为主的。从原始佛教的产生的原因及其基本教义中呈现其无神论的内容，再从佛教传入中国以后的历史发展过程中，具体揭示出哪些阶段具有宗教有神论的倾向，哪些阶段以及哪些宗教派别的思想具有无神论倾向的。特别联系佛教中国化的具体结合和转化对象来阐述包括儒道两家思想在内的中国传统文化所表征的无神化对佛教中国化所产生的直接影响。总之，我们应从佛教发展的不同阶段、佛教发展的不同派别以及佛教发展的不同类型上具体区分出哪些属于有神论的，哪些属于无神论的。当我们能够确证在佛教思想中存在着无神论的因素，这就使得我们所提出的无神是中国传统文化的重要特征这一结论具有了更大的说服力。因为道理很简单，佛教思想是中国传统文化的一个组成部分。

明心性、一天人、崇道德、倡伦理、尽人事、贵自然、重人生的中国传统文化的本质特征，似乎或缺了文化中一个非常重要的意识感，那就是对绝对与神圣对象的敬畏感。因为这是关涉到对中国传统正确的认知问题和价值判断问题，所以，不能不辩也。

2.1.2.8　中国无神论与敬畏感

但如果我们将理论的视角再伸展些，是否能发现无神论可能反映出某些反面和消极的精神和心理？就像许多人指出的那样，认为正是因为中国无神论思想的发达，才造成了中国人没有多少敬畏感。而无敬畏感又使中国人出现了什么事都敢做的极端表现。也可以这么说，在许多中国学者看来，可能因为两种因素造成了中国人敬畏感和畏惧感的淡漠，那就是无神论思想和没有像样的宗教思想。对于这个问题我们非常有必要给予讨论，因为这在很大程度上影响着人们对中国无神论乃至中国传统文化的看法。说得通俗些，许多人，这里不乏很多学者，也是从这些方面来给予中国无神论以及整个中国传统文化以负面性评价。

我们认为，要回答和解决这一问题，首先应该将几个问题清楚地作出区分。第一，无神论是否与无敬畏感有着内在的理论关联性，或说有无逻辑上的必然性？第二，敬畏感是否一定要通过宗教思想来培养？第三，宣扬无神论的思想家是否都正面宣扬不要敬畏感？

我们如果认真研究中国无神论的历史以及无神论者的思想，即刻会发现，其实许多无神论者都通过其他方式来提倡人们应该建立敬畏感。例如，孔子和老子，他们一面明确主张无神与无鬼，一面明确主张人要有敬畏之心。如果我们在这个问题上得到充分的说明，那么对于无神论这一思想及其精神就会自然作出更正面和积极的肯定，从而给予大力提倡。

当然，如果在孔子和老子思想中挖掘不出"敬畏"的思想观念，就会使人们对所谓"无神论"思想产生误解，从而得出这样的结论：即中国人因为信仰和宣传无神论，因而造成了中国人没有信仰，与此相联，中国人缺乏敬畏感。我们认为，这是一种似是而非的结论，既没有理论根据，也没有历史依据。造成它的原因在于这些人不真正懂得儒道佛三家的精髓之所在。再者，他们根本不懂得"中国传统文化的精华的表征乃是无神的"这一重要文化特质。值得注意的是，如果我们在这个问题上有理有据地找到中国无神论同样也主张敬畏感的话，我们就能更加理直气壮地宣称"无神是中国传统文化精华的表征"以及"以无神为重要特征的中国传统文化中从来不缺乏敬畏感"这一观点。

所以说，如果我们客观再现和认真分析一下中国无神论史，就会发现，那种认为是因为中国传统文化中有大量的无神论因而造成了中国人缺乏神圣感和敬畏的观点，既在理论上不能成立，又在实践中无法找到确切证据，也就是说，它是不符合中国历史事实的。儒家和道家的创始人孔子和老子无一不主张对被称为"神圣性"的存在要存有"敬畏心"。具体来说，孔子及儒家对赋予了万物之性德的"天"，以及不能当下和现实掌握和把握到的自然和社会的规律以及必然性的东西（当时的人们虽然暂时没有认识到的"存在"和掌握不了的但终究要显示出的力量的"存在"）的"天命"，是表现出无比的敬畏感的。这就是孔子非常著名的"君子有三畏"的思想。孔子说："君子有三畏：畏天命，畏大人，畏圣人之言。"更为重要的是，儒家又将"天"视为人的价值的源头。换句话说，在儒家看来，"天"是人之为人的根性之赋予者，这一根性的存在被儒家称为"几希"（孟子语）、"明德"、"至善"（《大学》语）、"天命之性"（宋明理学语）等。人在"天命之谓性"（《中庸》语）的过程中，从"天"那里秉承了最为独特的"德性"，而又据此决定了人天生具有了超越一切存在的"能力"和"欲望"，那就是对意义的世界和价值的世界创造以及对无限神圣性的追求。由亚圣孟子所设定的"尽心—知性—知天"这一天人合一实现的道路以及境界，成为整个儒家实现人生超越的普遍奉行的原则。老子道家是极力主张"善恶有报"的思想观念的，也即主张"善恶因果"是天道的因果铁律，而所有人对此都应怀有一种"敬畏""畏惧"之心。面对"无亲"的天道及其对善人的帮助与眷顾是不能不有所敬畏的！更为重要的是，道家对"道德"是非常尊崇和敬畏的。老子有所谓"尊道而贵德"之论，亦有"以辅万物之自然而不敢为"（《老子》64章）之告，更有"行于大道，唯施是畏"（《老子》53章）之诫。道家对"道""自然"之所以崇尚和敬畏，同样是认为它是万物，包括人的根本性存在，它是天地之先和万物之宗的本原性存在。总之，因为儒道两家都主张"天人合一"（合德）的思维方式，这就决定了他们的思想观念中有一种天然的对"天"和"道"的神圣感和敬畏感。道理是如此简单，如何可以和敢于对给了我们"性德"的存在不敬呢？也就是说，这种独特的思维方式所得出的必然的逻辑结论也应该是对"最高存在者"天和道的敬仰和崇拜。

如果我们上面是从万物之根以及人之为人的性德的来源等这些本体论意义上来确证儒道两家思想中具有神圣感和敬畏感的话，那么又由于在中国天人之学中除了具有义理、伦理意味外，还带上了浓厚的政治性色彩。也就是说，在中国传统社会中，许多政治上的诉求是通过天人之学而得到完成的。具体说来，儒道两家都心存人民百姓，所以他们将"为生民立命"视为崇高和神圣的事业。中国自古即有"天视自我民视，天听之我民听"的思想。周人更明确提出"敬德保民"的主张。"因民之利而利之""为天地立心，为生民立命"一向被儒家视为圭臬。儒家的这一思想理念又集中体现在孟子的"仰不愧于天，俯不怍于人"的君子快乐之行中。道家的老子明确主张"天道无亲，常与善人"（《老子》79章），"圣人无常心，以百姓心为心"（《老子》49章）。这是说，对百姓及其利益的保护者是由"天"来承担的，所谓"天视、天听"乃至"天命"，其实质皆是人民百姓的需求。在这种意义下的"天"，当然地就成为中国人所敬畏的对象。

通过上述分析，我们可以得出结论，无神论思想不能与无敬畏感画等号。也就是说，主张和宣扬无神论不至于产生无敬畏之心，两者不存在必然的逻辑关系。非但如此，对神圣性的追求以及对此产生的敬畏感构成了中国无神论思想体系中的一个有机部分。

当然，与此相关的是，也绝对不能得出中国传统文化中是没有宗教性的敬畏感的。儒家董仲舒的"天人感应"中的"谴告说"就宣扬对神灵之"天"的敬畏，更不要说本土道教以及中国化的佛教思想中大量存在的"地狱""六道轮回"等因果报应说，也都在宣传宗教式的敬畏感。所有这些如果从中国无神论范畴来看，都属于有神论的范畴。尽管无神论与有神论在以上这些问题上存在着分歧和争论，但并不表明无神论在反对这个意义上的有神论就丧失了其自身所具有的对特殊对象而产生的敬畏感。因此，这个问题需要我们认真对待和辨析。由此也充分反映出中国传统文化不同于西方文化的重要特征。换句话说，对人们敬畏感的培植和养成，是有多种途径和方式的，绝不只有通过对"神灵"的崇拜才能培植和养成所谓的敬畏感。我们在分析和把握中国传统文化以及中国无神论思想的时候，要着重认识到这一特殊性，要清楚地认识到敬畏感的形成不是单一性。

2.1.2.9 中国无神论的精神实质

当我们有充分理由确证了无神是中国传统文化的主要特征以后，研究工作远没有结束。也就是说，我们还应该对无神论所要彰显的究竟是一种什么样的精神加以深入挖掘和呈现。这是研究中国无神论最终所要揭示的理论意义和价值。考察中国无神论的几千年的发展历史，我们应有这样一个强烈的意识，那就是中国无神论要宣扬的是一种"精神"，正因为这一点才决定了它的意义重大。

主张"无神"，那一定是对"人"这一主体而言的，所以，"无神"的主张首先要肯定的即是"人"。因此，我们可以逻辑地推出：无神论的精神首先就表现在伸张"人"的精神和价值，或说人的主体价值。而人的主体性又欲通过许多具体的方面展现出来。第一是"有为"的精神。在以人为主体的无神论精神指引下必然地主张积极的有为精神。发挥人的主观能动性去作用社会和精进人生。第二是"创造"的精神。在无神论精神的指引下，人们完全相信是自己的力量，相信靠着人类自身的智慧定能创造出新的文化形态和物质形态。因为"创造"精神的先决条件一定是不能受限制的。第三是"自由"精神。宣扬无神论精神最后一定要落实到人的"自由"层面。因为我们都知道，一切宗教教义的宣传都有一个共同的特点，那就是欲通过某种"限制"来规范人们的行为。统治集团之所以要利用宗教达到他们的统治目的，也是看中了宗教的这一功能。而在中国无神论思想中，恰恰就是要挣脱"神""鬼"以及各种神秘力量对人的命运的限制和影响。尤其是儒道两家思想，一个通过"尽人事"，一个通过"法自然"，在中国专制传统社会这一历史条件下尽其可能申论着他们的有限的"自由"思想。总之，由无神论所彰显出的有为的精神、创造的精神、自由的精神，无论在什么条件下都应该得到正面和积极的肯定和颂扬。

2.1.2.10 马克思主义的中国化也包括了无神化

如把马克思主义和社会主义核心价值体系等问题纳入我们讨论的范围，我认为也应当有一个更特别的视角进入的方法问题。换句话说，马克思主义的中国化，社会主义的特色化，也有一个何以能"化"和怎么"化"的问题。也就是说，化者与被化者这二者之间一定要有某种同质性、非排异性。

马克思主义之所以能被中国人最终接受并深入我们的思想意识和生活方式之中，一个极其重要的因素即在于马克思主义与中国传统文化中都存有共同的价值取向——社会的、现实的、实践的、理性的、此岸的、人本的、人生的，一句话，"无神的"。同理，中国特色的社会主义核心价值体系之所以能够构建并不断深入我们的日常生活中去，也是在此，社会主义与上述中国传统文化的价值取向有着内在的关联性。我们在宣扬社会主义核心价值体系的时候不是这样说么：社会主义核心价值观相信人民群众是历史的创造者，而不是神创论。科学的无神论是一种幸福的生活方式，是构建和谐社会的重要途径。我们的认识是，如想在中国社会宣传好富有特色的马克思主义和社会主义的无神论思想，一个最有效的途径和方法就是紧密地与中国传统文化的无神的本质特征联系起来。

这里说到了生活方式问题。我们知道，作为文化基础和核心的思想，都要回答和解决什么样的生活方式才是符合人性的且是幸福的这一深刻的哲学问题。中国传统文化和马克思主义都给出了同样的答案。儒家认为是"明明德，亲民，止于至善"，道家认为是"人法地，地法天，天法道，道法自然"，佛家认为是"全心即佛，全佛即人，人佛无异"以及"识自本心，若识本心，即是解脱"。马克思主义认为是"人的自由而全面的发展"。总之，就是当人完全呈现和实现了"人"的本质的时候，才是符合人性的对待，从而才算过得上幸福的生活方式。而这一幸福的生活方式的灵魂则恰恰在于无神。无神是以一种否定的语式否定了上帝的主宰性，否定了神灵的决定性，否定了人生以外的玄远性等。人是自身的主宰者，人是命运的决定者，人是生命的实现者。

由此可知，无神论宣扬的是一种做人的理念，高扬的是一种做人的精神，阐扬的是一种做人的价值，弘扬的是一种做人的意义。无神论宣扬的是一种世俗的理念，高扬的是一种现实的精神，阐扬的是一种科学的价值，弘扬的是一种理性的意义。它最终指向的乃是——真善美。对于这样一种思想，人类有什么理由不给它以足够的重视呢？对于这样一种思想，我们理论工作者有什么理由不理直气壮地加以研究和宣传呢？所以，我们应该更学术、更理性地来研究中国无神论思想，并将这一研究与现实的人生和现实的社会紧密联系起来。当全社会能正确理解了中国无神论，并进而能正确理解无神论是中国传统文化精华的表征，那么你就会更准确地理解了中国文化，从而也最终能正确理解马克思主义和社会主义核心价值观。

综上所述，只有确证和阐明中国无神论思想是整个中国传统文化精华的表征，也只有在反映价值取向的"心性之学"和反映思维方式的"天人之学"这一思想理论层面证明了中国传统文化的性质是"无神"的，才能有根据地认为由现世性、现实性、现存性、此岸性、人间性、入世性、人文性、生命性、人性、理性诸理念构成的"无神"传统是中国优秀传统文化的重要特征；同样，只有明确了"无神"的实质乃是表征"人文""有为""创造""自由"等精神，中国无神论自身的意义和价值方能彰显。换言之，中国传统文化重"明心性"的价值取向和主"一天人"的思维方式皆是以"无神"为其本质特征的。构成中国传统文化主体的儒道佛，尤其是儒道两家对"上帝"与"鬼神"所采取的态度以及儒家的"人事为本"与道家的"自然为本"的思想，其实质皆是取向"无神"的。中国无神论所昭示的诸多精神是中国传统文化的优秀精神。因为"无神"是符合人性地对待且是幸福的生活方式，无神论最终指向的乃是真善美，所以它才能成为中华民族千古以来一以贯之的精神追求，唯其如此，它也才能成为中国传统文化、马克思主义和中国特色社会主义价值和精神的结合点，并终将能够成为中国文化新的辉煌再造的基础。

2.2 以德为要

中国传统文化的第二特征在于它的"以德为要"。正是"以人为本"的价值取向决定了中国传统文化，尤其是代表中国传统文化主体的儒家文化内在地、必然地要重视人与人、人与社会、人与自然之间"关系"之"伦理"定位和"道德"要求。所以，以伦理道德为本位当然地成为"以人为本"的儒家文化关注的重点。换句话说，如何构建能服务于这一"以人为本"文化的伦理道德自然地成为儒家文化积极从事的"文化建设和研究工程"。

中国传统可以被称为道德文化、伦理文化，一句话，德性文化。无论是道德文化，还是伦理文化，抑或德性文化，它都是揭示人之为人的"根性"所要派生和呈现的究竟是一种什么的"道德精神""伦理精神""德性精神"。

以伦理为本位、以人生哲学为核心的中国传统文化有一个非常明晰的观念，认为一个社会的文明和谐，其根本前提当是心性文明。所以作为四书之一的《大学》所提出的"三纲八条目"，即"明明德，亲民，止于至善"（"三纲"）与"格物、致知、诚意、正心、修身、齐家、治国、平天下"（"八条目"）正是这一逻辑关系的具体展现。这一观念又被称为"内圣外王"之道。这里需要强调指出的是，所谓"心性文明"的建设，正是"易天下""化成天下""平天下"的终的之所在。具体说来，"易天下""化成天下""平天下"要实现的"心性文明"境界主要是指：协和自然、和谐社会、净化人心、安顿生命、培植人格。

我们说，尽管儒道佛三家之学都可以称为"心性之学"，所以也都重视"德"，然而，应该承认的是，在三家当中对"德"论述最为系统的当推儒家。这也就是为什么儒家能成为中国传统文化的主体，儒家文化能成为中国传统的核心文化，儒家的价值观能成为中国传统文化的核心价值观的真正原因之所在。而我们又说，儒家为了构建德性思想体系，富有创造性地提出许多范畴，并通过它们从不同层次、不同方面、不同视角以突出"以德为要"及其仁爱这一核心精神。儒家具体是通过仁、义、礼、智、信、孝、悌、忠、廉、耻十个德目去实现上述目的的。

"仁"在儒家那里被称为"全体"，也被视为"全德"，还被理解为"理一"。有"全体"，就有"分支"，有"全德"，就有"分德"，有"理一"，就有"分殊"。"分支""分德""分殊"只是表述不同，但它们都是要向人们表明一个意思，那就是，儒家的"仁爱"之精神是通过一系列其他概念范畴或说德目而得到具体展现的。换句话说，儒家是通过不同的德目，从不同的方面、不同的对象、不同的层次来具体又充分地彰显作为"理一"的仁爱精神的。

以"以人为本"为价值取向以及"以伦理为本位"的儒家文化，在几千年的历史发展中，一以贯之地"留意于"仁义礼智信孝忠廉耻悌。因为在儒家看来，仁义礼智信孝悌忠廉耻是人之为人的天性所呈现的诸种道德内容，认为这是天之经、地之义而为社会和人生所必须遵循的最高原则和规范，故又被称作为"常道"（永恒之道）。仁义礼智信则被称为"五常"。正是上述常道构成了儒家文化乃至中国文化的核心价值观。所以准确、完整、通俗地认识和掌握仁义礼智信孝悌忠廉耻，就是认识和掌握了儒家文化和中国文化。

对仁义礼智信等的诠释和解析，不但要对每个范畴做到准确、完整和通俗，而且要对彼此之间的内在逻辑关系作出分析和研究，以及对这些思想所表征和体现的儒家文化和中国文化的精神价值和精神追求加以探讨和论述。

2.2.1　说仁

"仁"是构成中国传统文化主干的儒家思想的重要范畴，是中国古代竭力主张和推行的一种伦理原则和道德精神。《汉书·艺文志》说儒家是"游文于六经之中，留意于仁义之际"。仁义礼智信孝悌忠廉耻作为中国古人的伦理纲常长期被中国人所信奉和遵循。社会主义核心价值观的培育和践行离不开对中国传统文化的继承，当然也离不开对包括仁义礼智信五常及孝悌忠廉耻在内的儒家思想文化的汲取。

2.2.1.1　释仁

要给"仁"下个确切的统一的定义，这是一件非常困难的事情。"仁"字古义有多种，此其一；将"仁"作为自己思想的重要范畴的孔子在其著作《论语》中百余次提到它，但并没有一处给"仁"下过完整的定义，此其二；孔子之后，"仁"成为儒家思想的全体大德，各时期的儒家都不断地丰富"仁"的内涵，此其三。尽管如此，我们还是应该尽力抓住"仁"的本质内涵，呈现"仁"的主要原则，反映"仁"的重要精神。为了实现这一目标，我们就按照上述三个方面来对"仁"进行一番阐释和说明。

由东汉许慎编著的中国第一部字典《说文解字》对"仁"作了以下的解释："仁，亲也。从人，从二。忎，古文仁从千、心，尸，古文仁或从尸。"而出现在郭店楚简中的"仁"字，又被写成"息"，从身从心。综合上述所论，我们似乎可以得出以下几个重要信息：第一，"仁"的本义是要揭示和强调对"对象"的一种温和慈爱的亲近、亲密、亲切、亲善的道理和情感。这可从"仁，亲也""忎，古文从千、心"两处得到证明。第二，"仁"是用来处理"关系"的道理。这又具体表现在以下几重关系之中。其一，人与人的关系；其二，人与自然的关系；其三，身与心的关系。这可从"从人从二""从尸从二""从身从心"三处得到证明。也就是说，"从人从二"表示的是人与人的关系；"从尸从二"表示的是人与自然的关系；"从身从心"表示的是身与心的关系。这里需要对"尸"之"尸"作些解释。尸之古字是人躬身肃立之象形，指古代祭祀时代表天子王侯等尊贵死者受祭的活人，这种祭祀所要表达的是阴阳的相通、天人的合一，从而表征人类欲与天地自然相互交流和关照的一种精神。

我们之所以从"仁"的本义和古义当中通俗地归纳出人与对象的几重关系，目的是让人懂得，其实"仁"所要表示的不仅仅是某一种关系，而是包括了多重关系。如此，可从理论上解决和超越或对"仁"只是作出人与人关系的定位，或对"仁"只是作出纯粹先天自然的定位的偏差。

2.2.1.2 孔子释仁

应该承认，在儒家的创始人孔子那里，是将"仁"视为建立人与人相互亲爱关系的伦理原则的。它是反映了"从人从二"的仁的定义。对此，清人段玉裁明言："'人耦'犹言尔我亲密之词，独则无耦，耦则相亲，

孔子

故其字从人二。"孔子是通过两句名言表现出他主张的"仁"是关于人与人关系的道理的。第一句是:"樊迟问仁,子曰:爱人。"第二句是:"夫仁者,己欲立而立人,己欲达而达人。""爱人"就是爱他人,"己人"就是自己与他人。由此可见,孔子是将人与人的相互关系定性为"爱"的关系。如此,也就着重在人与人关系上体现了"仁,亲也"的仁之本义及通义。

2.2.1.3 孟子释仁

到了孟子那里,"仁"的内涵就有所发展和丰富了。这主要表现在两个方面。一是突出"仁"是人之为人的道德心理和情感基础。孟子说:"仁,人心也。"这是在揭示仁爱是人的本心,是人人皆有的良善本性。此处是体现了"忎,古文仁从千、心"的仁之古义。二是突出"仁"是天的德性以及是赐给人的最尊贵的本质。孟子说:"夫仁,天之尊爵也,人之安宅也。"这句话的意思是说,仁是

孟子讲学图

天最尊贵的爵位,是人最安逸的住宅。又说:"有天爵者,有人爵者。仁义忠信,乐善不倦,此天爵也;公卿大夫,此人爵也。"这句话的意思是说,有自然爵位,有社会爵位。仁义忠信,不疲倦地好善,这是自然爵位;公卿大夫,这是社会爵位。此处深含有"尸",古文仁或从尸从二"的仁之古义。孟子又以"亲亲而仁民,仁民而爱物"的思想较全面地展现出"仁"的多重关系性。

2.2.1.4 董仲舒释仁

西汉大儒董仲舒将"仁"定义为"天心"。他说:"仁,天心。"这

是将仁爱视为是天的本质属性。这里要特别注意的是，董仲舒的这一视天地自然本身具有德性的思想是代表着中国传统文化一个非常重要的特色。中国传统文化还认为，天地自然还会将仁爱等德性赋予人，从而使人天生禀承着这些德性。"天命之谓性"（《中庸》语），"盖仁也者，天地所以生物之心，而人物之所得以为心者也"（朱熹语），向人们昭示的都是这个道理。

2.2.1.5　韩愈等释仁

唐代的韩愈将"仁"定义为"博爱"。他说："博爱之谓仁。"所谓博爱即是主张对一切对象的"一视同仁"。所以，"仁"发展到这里，显然具有了强调亲爱人类、亲爱自然这一人与人、人与自然和谐相处之道的深厚意味。而将"仁"的所有"关系"发展到最高阶段的当推宋明理学。人与人的关系、人与自然的关系、身与心的关系又在张载的"民，吾同胞；物，吾与也"，程颢的"仁者浑然与物同体"，王阳明的"大人者，以天地万物为一体者也"等的命题中得到完整体现。

韩愈

2.2.1.6　仁的精神就是爱

由此可见，"仁"的思想始终要表征的是"关系"以及关系之间的合和、温和、亲爱的美德和精神。从主体对客体而言，"仁"就是要求"爱亲""爱人""爱物"，此乃孟子的"亲亲、仁民、爱物"。从主体与客体相合而言，"仁"就是要达到"合己人""合天人""合身心""合物我"的境界，这就是程颢的"仁者浑然与物同体"。

仁是亲，仁是爱，但如何实施这种亲爱呢？以及仁爱思想要体现的究竟是什么样的精神呢？为了回答这些问题，必须要对孔子"忠恕之道"进行具体地论述。

"仁"表现的是一种"心"，一种"情"。这一"心"被称为"爱心"，这一"情"被称为"亲情"。没有"心"就无所谓"仁"，没有"情"也无所谓"仁"。"仁者，亲也"此之谓也。亲爱之心、之情乃是"仁"的基础，但此心此情当要具体通过特定的精神和意识表现出来。而最能表现"仁"这一精神和意识的当推儒家的创始人孔子的仁道思想。

尽管孔子思想体系的最高范畴是什么的问题长期存在争论，但是何为孔子贯彻始终的中心思想则是非常清楚的。因为这一中心思想为孔子本人所认定和坚持。孔子说："吾道一以贯之。"那么这是一种什么样的"道"呢？这个问题由孔子的弟子作出了明确回答。曾子说："夫子之道，忠恕而已矣。"也就是说，孔子贯彻始终的中心思想就是"忠恕"两个字，简称"忠恕之道"。

2.2.1.7　仁道具体体现为忠恕二道

何为"忠道"？何为"恕道"？遍读《论语》，可以发现，孔子不曾对"忠道"作出过定义，却对"恕道"作出过定义。孔子在回答弟子子贡向他求教"有哪一种德行可以终生奉行的？"问题时，明确给"恕道"下了定义。《论语·卫灵公》这样记载："子贡问曰：'有一言而可以终身行之者乎？'子曰：'其恕乎！己所不欲，勿施于人'。"关于何为"忠恕之道"的问题，孔子的弟子曾子给出了答案。他认为孔子所说的"己欲立而立人，己欲达而达人"即是"忠道"；孔子所说的"己所不欲，勿施于人"即是"恕道"。而我们又知道，"忠道"与"恕道"的内容又是孔子在解释什么是"仁"时给出的答案。孔子说："夫仁者，

朱熹《论语集注》

己欲立而立人，己欲达而达人。"（《论语·雍也》）"仲弓问仁。子曰：
"出门如见大宾，使民如承大祭。己所不欲，勿施于人。"（《论语·颜
渊》）至此，我们就将"忠恕之道"与"仁道"内在的逻辑关系理清了。简
单地说，孔子的仁道思想涵盖着忠道和恕道两方面内容。我曾就这个问题作
出过一个形象的解释，认为孔子给人们指出了一条康庄大道，起名为"仁
道"。而这条大道又分两股道，分别起名为"忠道"和"恕道"。

孔子的"仁道"的精神实质是"爱"。《论语·颜渊》记载："樊迟问
仁。子曰：'爱人'。"那么，如何体现"爱"呢？而"忠恕"二道正是为
了具体回答和解决这一问题而被提出的。

2.2.1.8　仁是忠道

忠道是"己欲立而立人，己欲达而达人"，意思是说，自己要站得住，
同时也使别人站得住；自己要事事行得通，同时也使别人事事行得通。通俗
地说，你要立，他人也要立；你要达，他人也要达。你有这个心，他人也有
这个心。所以，在处理人与人的关系中，要始终做到"将心比心""设身处
地""由己推人"。从"忠道"的这些要求中，我们可以概括出"爱"的精
神和情怀，那就是"奉献和给予"，而当实施了"奉献和给予"，也就充分
地体现了对他人的"尊重"。简言之，由"忠道"显示的爱的精神和情怀就
是奉献、给予和尊重。

2.2.1.9　仁又是恕道

恕道是"己所不欲，勿施于人"，意思是说，自己所不想要的，就不
要强加给他人。可见，"忠道"申论的是正面的和积极的东西。你要，他人
也要，所以当你"立"了和"达"了，你就要想着帮助他人实现"立"和
"达"。然而，"恕道"申论的则是反面的和消极的东西。你不要的，就不
要强加给别人，所以你要"废"的和"弃"的，你就不要强加给他人。"恕
道"正是通过这一意义上的"不给予"来表达对他人的"尊重"意识。由此
可见，"忠道"要求的是给他人带去快乐，从而体现出"仁爱"之意；"恕

朱熹《中庸章句》

道"要求的是不给他人带去痛苦，从而体现出"仁爱"之意。

为了更好地理解孔子的这一"恕道"思想，我再引两段《中庸》的话来加深大家的印象。《中庸》说："施诸己而不愿，亦勿施诸人""所恶于上，毋以使下。所恶于下，毋以事上"。意思是说，我不愿别人轻视我、欺骗我，那么，我也不要轻视别人、欺骗别人。我们厌恶上司不尊重我们，那么我们就不要不尊重我们的下属。我们厌恶下属不忠诚于我们，那么我们就不要不忠诚于我们的上司。这里申论和突显的是"将心比心，感同身受"的意识。但在现实中，我们可能常常会遇到这样的情况，就是你的上司对你颐指气使，你特别厌恶上司的这种行径，然而，当你面对你的下属的时候，你可能变本加厉地对他们采取颐指气使的行径。如此就说明你缺乏"恕道"精神了，也表明你没有了"仁爱"精神。

如果我们再去挖掘"恕道"思想的话，应该还有另外一层深义。那就是，"自己不喜欢的人和事，不要强求别人与你保持一致，也去不喜欢你不喜欢的人和事"。这里蕴含着这样一个道理，即每个人都有自己的好恶，都有自己的立场，能够充分承认、理解和尊重他人与你自己的不一样，给他人以"独立"和"自由"的选择空间。如果将这种意识用一个概念给予概括的话，那就是"宽容"。由此可见，宽容之心就成为"恕道"的一个非常重要的特点了。与此相关，所谓的"仁爱"当包括"宽容"的精神和情怀。

2.2.1.10 仁爱的精神实质

孔子的"仁"表现在"爱人"，爱人则通过"忠道"所彰显的"奉献""给予"和"尊重"意识与"恕道"所彰显的"尊重"和"宽容"意识呈现出来。换句话说，奉献、给予、尊重以及宽容是仁爱精神和情怀的具体表现。

"仁"是处理人与对象之间关系的一个范畴，它强调的是有爱之心，有亲之情。而"此心此情"则具体通过"给予"与"奉献"，"尊重"与"宽容"表现出来。我将仁的精神实质作如下五句话十个字的概括：有心，有情，给予，尊重，宽容。这就是仁道的情怀，这就是人文的精神，这就是文明的方向。

中国传统文化正是在对这种精神和方向的追求中，实现着人与自然、人与社会、人与人以及人与自身的和谐与平衡。所以说，仁爱是中国传统文化最广泛、最深沉的精神追求。有了它，中华民族才称得上是一个伟大的民族。

2.2.2 说义

说过"仁"，接着当然要说"义"，这不但是因为"义"与所有被称为中国传统文化经典德目相联系，例如，仁义礼智信之五常有它，礼义廉耻之四维有它，忠孝仁爱信义和平之新四维八德有它，而且，习近平同志对中国传统文化概括的"讲仁爱、重民本、守诚信、崇正义、尚和合、求大同"六句话中有它，"富强、民主、文明、和谐；自由、平等、公正、法治；爱国、敬业、诚信、友善"之社会主义核心价值观中也有它。由此说明，讨论"义"其历史意义与现实意义都非常重大。然而，要想将"义"说清楚、说明白，又是一件非常不容易的事情。也就是说，"义"作为中国传统哲学，特别是儒家思想的最重要的概念之一，向来被认为是非常难以把握的。难就难在它的意思太多，情况过于复杂，标准难以确定。

2.2.2.1 释义

第一，从《说文解字》中看"义"的含义。需要说明的是，我们现在所使用的"义"是繁体字"義"的简化字。而一般说来，要弄清楚一个字或说概念的本义都要依据《说文解字》对它的解释。而《说文解字》都是对繁体字进行解释的。在《说文解字》中是这样释义的："義，己之威仪也。从我羊。"此处的"义"声读作为第二声，同"仪"声。"仪"主要是就人的容貌和风度而言的，即指人的仪表，"仪者，度也"。所谓"度"就是适度、适当之义也。人之仪容礼容皆得其宜，那当为善也，这是"义"读为"仪"的本义。这个本义就突出三个关键词：一是度，二是宜，三是善。"義"，从羊从我，它所要表达是"人与物"的关系问题，即是处理人与利的关系问题。"我"代表的是"人"，"羊"代表的是"物"。"义"的这字义倒是与甲骨文的"义"字的意思相近，都是强调要对事物进行均等和适度相宜的分割。通俗地说，义就是对物、对利的适宜分配而达到的和谐状态。《周易·文言》："利者，义之和也"，表达的正是这个意思。由此可知，"义"就其本义来看，也是一开始就与"利"紧密相联。确定这一点是十分必要的，它使人们懂得，"义"是要在处理"利"的时候而显示出它的价值选择和意义导向，"利和同均"此之谓也。由此可见，"义"的一个最直接和最终的目的一定是要达到"分配"以后的"和谐"之效果。这也就是为什么中国传统哲学又喜欢将"义"与"和"联系起来的原因之所在。"义者，利之和也"此之谓也。分而不当，分而不均，必然引起怨恨和争斗。正因为如此，我们才如此痛恨那些瓜分、贪污、侵占、豪夺、抢窃等行径。

　　第二，从多训义上看"义"的含义。在上述"义"的含义基础上，《释名·释言语》则对"义"给出了更加明确的定义，而这个"义"是读声为第四声的"义"，也即是我们通常使用的词汇了。它说："义，宜也。"宜的甲骨文作"🔒"，意思是表示将一块肉切成均等的两份或多份。从这一古义出发，我们应抓住两点：一是处理"物利"；一是在处理过程中要做到均等。特别是第一点以前往往没引起足够的重视，这层意思通俗地说，"义"就是如何来"分配"利。所以，"义"是在处理"利"当中而显示出其意义和作用的。也就是说，"义"不是与"利"截然相对立的一个概念。《释名》认为"义"与"宜"古义相通，即"裁制事物使合宜也"。这是对

《中庸》"义者，宜也"的详解。以后的思想家也多是从这个意义上去解释"义"的。例如，韩愈指出："博爱之谓仁，行而宜之之谓义"（《原道》）；朱熹《集注》："义者，行事之宜。"这种含义下的"义"实际上是要突出一个字，即"宜"。而"宜"又表示合宜之应当性与合宜之适当性二重意思。

那么，什么样的状态才能算"合宜"呢？下面所论给出了答案："义者比于人心，而合于众适者也"（《淮南子·缪称》）；"义者宜也，断决得中也"（《白虎通义》）；"义者，正也"（《墨子·天志下》）；"行义以正，事业以成"（《荀子·赋篇》）；"至平而止，义也"（《管子·水

《白虎通义》

地》）。孟子说："义，人之正路也。"《乐记》说："仁以爱之，义以正之。"从中可以清楚地看到，"义"是让人们在裁制事物的时候，要遵循"比于心""合于众""止于平""行于正""得于中"的原则。即是说，同于人心，符合大众，安止公平，行使正义，无所偏私的行事原则和道德规范就是义。所以，公平、公正、中正是"义"呼唤的精神，换句话说，公平、公正、中正是由"义"而产生的精神追求。

"义"是表示一种社会历史性的价值规范和意义导向。"义"的本义是"合宜"。公平、公正、中正、合宜的道理谓之"义"。但我们在这里要特别强调的是，作为一个道德原则和法则，作为一种精神追求，"义"是历史的、社会的、具体的，所以它是相对的和外在的，一句话，义是一个社会性范畴。这就决定了"义"的标准存在不确定性特点，这也是为什么说"义"是最难把握的原因所在。通俗地说，你怎么规定此行为是合义的，彼行为是不合义的？这很难。难就难在"它"不好确定。"它"不断与具体的历史和集团紧紧相关联，这其中的历史性和阶级性必

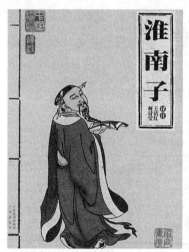
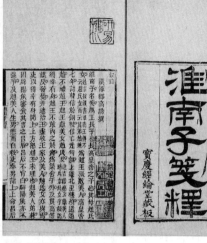

《淮南子》　　　　　　刘安撰《淮南子》

然成为"义"的内容。但尽管这样认识了"义"，这并不表明一切都成为相对的和无法确定的。实际上，每个时代都规定何为"义"的标准，而这一标准制定的原则只能是"社会绝大部分的意愿和利益"。可能还要再加上一条，即：符合共同人性的对待与社会发展方向。上述的"比于人心"与"合于众适"就是此意。如此，就堵住了代表少数人利益，或者是代表个人私利，甚至是反社会反人类集团利益的所谓"应当性"。例如，对于偷盗者来说，他们每天都能偷到东西，都有所收获，是他们认为应当的行为，即是符合他们特殊集团利益和要求的"义"。而对于损公肥私的人，对于一心谋取一己私利的人来说，他会认为那是他应当所得。然而，为什么无论哪个社会都主张"切勿偷盗"呢？任何社会都反对损公肥私和贪腐行为呢？其最根本的原因就在于，这种行为不符合绝大部分人的利益以及违背人之为人的心性，所以才将其列为"不义"之举而受到所有文明社会的不耻与唾弃。由此可见，"义"存在"大义"与"小义"的问题，更存在"对"与"错"的问题。这就告诉我们，在审视某种行为的时候，是需要常怀"人心"与"大众"。人们需要经常心存"大义"，并以此关照和检验一切行为的"当其所为"与"不当其为"。此乃孟子"先立乎其大者”之谓也。

以上已强调指出，"义"的本义是"合宜"。公平、公正、中正、合宜的道理谓之"义"。"义"的这一特殊意旨决定了它的动态性特征。说得通俗些，什么叫做"合宜"呢？它的标准是什么？所有这些都很难用一个固定和不变的原则和标准来给予确定。所以，我们在这里要特别强调的是，作为一个道德原则和法则，作为一种精神追求，"义"是历史的、社会的、具体的，所以它是相对的和外在的。也就是说，"义"是表示一种社会历史性的价值规范和意义导向。

以上我们是从《说文解字》中与从多训义上两个方面来讨论"义"的含义的，实际上，对"义"的丰富而又复杂的含义，还要从另外两个方面加以揭示。

第三，禁非为义。在这里，我们首先从禁止错误行为中来看"义"的含义。"义"正是在反对和禁止错误和不当行为中显示它的"正当"之含义的。换句话说，从反面和否定的方式来呈现"义"的正面和肯定的意义。具体来说，从正面讲，遵照公平、公正、中正原则行事的就称为"义"；从反面讲，违背公平、公正、中正原则行事的就称为"不义"，而对这些不义之举进行禁止又被称为"义"。

实际上这就是《周易·系辞下传》所说的"禁民为非曰义"。意思是说，"义"是用来禁止人们做坏事的行为准则。说得再通俗些，"义"又是用来禁止一切不正当之人之举的行为准则。"不义之人""不义之财""多行不义必自毙"等句皆是指这种情况，也就是说，反对这种行径都可被称为是"义举"，从而又被视为是正当的行为而受到肯定的赞扬。例如，我们对那些检举、制止违法犯纪的人和事都会称赞其为主持正义、见义勇为。

第四，为非而有耻为义。这是从在违反"义"或说做了"不义"之事以后的态度和表现上来把握"义"的含义。这实际上是孟子所说的"羞恶之心"的范畴。也就是说，当你做出了"不义"之事后，你应该有"羞耻、羞恶、惭愧"之心之意，这就是"义"。所以孟子才说："羞恶之心，义也。"这里所谈的"义"就具有了人性论意义。换句话说，孟子是将"义"看作人之为人的先天的、内在的、本质的属性之一。儒家正是通过对"义"之公平、公正、中正等美善的"应当的行为"的宣扬，以及对当你做了违背这些美善的"不应当的行为"而应产生的羞耻感的强调来伸张人性之善的。

2.2.2.2 义的精神实质

综上所述，"义"从诸方面来确立其义，实际上是有内在统一性与关联性的。义之度性，义之利性，义之裁性，义之宜性，义之美性，义之善性，义之合性，义之平性，义之正性，义之中性，义之和性，义之分性，以及义之禁非性和羞恶性等诸性都是在申论人的行为之应当性与适当性，宣扬的乃是公平、公正、中正的道德规范和精神理念。

任何一个和谐文明社会的建设，都不能离开以公平正义为本质内涵的义的支撑。经济领域利益的分配要讲义，社会福利领域的配置要讲义，司法领域的判决要讲义，对自然界的开发利用要讲义，对各种产品的生产要讲义，面对公私群己要讲义，面对世道人心要讲义。如此才能克服利益的不均，减少司法的不公，净化环境的不正，消除权力的无度，消弭人心的不平，消灭私欲的横流，制止世风的日下等等，从而使社会生活的方方面面都呈现出适度、相宜、平衡、和谐的局面。这也就是我们"说义"的重大意义之所在。

2.2.3 说礼

中国之所以称其为中国，应该说离不开"礼"字。作为"国之四维"的"礼义廉耻"中有礼，仁义礼智信之五常中有礼，孝悌忠信礼义廉耻之八德中有礼，"礼仪之邦"又更被直接用来代称中国和称赞中国的文明。应该承认，"礼仪"文化成为中华民族独特的精神标识之一。然而，尽管"礼"在中国传统文化中和社会历史中有着如此突出的地位和重大的意义，但是它却是在中国传统文化中遭受到最猛烈批判和否定的制度文化和

古人走路行礼　　　　　　　　　　　古人交友礼仪

道德规范。这主要发生在两个时期，一是新文化运动和五四运动时期，鲁迅提出"礼教吃人"；一是"文化大革命"时期，全民批判"克己复礼"。一时间，在中华大地，只要一提起"礼"，就会自然产生一种莫名其妙的反感和排斥。中国人不加分析，甚至在全然不知"仁义礼智信"五常为何物情况下就一味地给予否定和批判，其主要原因可能就在于这个"礼"字。有鉴于此，我们非常有必要好好来说说礼，以期还其本来面目，并最终彰显出礼的真正和积极的意义。

2.2.3.1　释礼

礼有多义。礼字的繁体字写作"禮"。东汉许慎《说文解字》说："禮，履也，所以事神致福也。从示，从豊。"这一解释包含以下几个信息，第一，礼是一种实践行动，履者履行也。第二，礼是一种宗教的祭祀形式，示者祭祀也。第三，礼是一种表示祭祀用的容器，豊者器皿也。总之，礼是欲通过祭祀神灵而获得幸福的一种宗教实践行动和形式。从礼的这一起源之义来看，它所要表现的是对神灵这一特殊对象的敬畏和庄敬之情。这是礼的原始含义。

由宗教祭祀的形式以及由对神灵敬畏和庄敬发展而来的意义，随着所事对象的变化而呈现出礼的多重含义，同时也展现出礼所要表征的主要的精神实质。也就是说，由事神礼天到待人接物，礼从形式到内容反映着一定的社会规范和道德规范。

2.2.3.2　礼的精神实质在于恭敬

礼被中国人看作是天经地义、人道所依的最高原则。《左传》记子产语："夫礼，天之经也，地之义也，民之行也。"从宏观上说，礼是用来经世安民的。《左传·隐公十一年》说："礼，经国家，定社稷，序人民，利后嗣者也。"就是说，礼是有着治理国家、安定社会、秩序人民、利益子孙的功用的。从微观上说，礼是用来举行典礼仪式的。中国古代有吉礼、凶礼、宾礼、军礼、嘉礼这五礼之分。在日常生活中又以婚礼、丧礼为最有代表性。当然，作为仪式的礼是十分繁多的，但所有的形式都要反映同一个精神理念，那就是恭敬。所以古人有言："经礼三百，曲礼三千，可以一言蔽之曰：毋不敬。"所谓的"毋不敬"，意思是说，身心内外不可有一点不恭敬之意。由此可见，礼是要通过一定的形式来表征对对象的庄敬、恭敬、尊敬、崇敬之情之意。所以，"敬"构成礼之纲领和要旨。

于是，礼敬必然地成为中国人在日常的待人接物中和交往交际中所要遵循的行为准则和道德规范。它体现在人的举止、仪表、语言、程序等方面，这可以用"礼貌"这个概念来概括。例如我们会将这样的举止、仪表、

古人饮食礼仪

古人串门行礼

语言、程序等称为礼貌的行为方式：举止要求的是得体有度，斯文不鲁莽；仪表要求的是整洁庄重，着装得体。有度、斯文、庄重、得体都是基于对他人的尊重和友善；语言要求的是美善温暖，和缓不冲动。"谢谢你""对不起""没关系""我爱你"……当这些语言成为我们每个人对他人的表达方式时，它所产生的力量是无法估量的。再举一个例子，我们常常在生活中见到，所有家长都会要求他们的孩子见到人，特别是长辈，要喊人。如果这个孩子没有这样做，就会被评价为不懂礼貌；程序要求的是有条不紊、张弛有度。购买东西要按顺序排队，要讲究先来后到，乘车要先下后上等等。做到了上述这些，就叫做礼貌，就叫做文明。由此可见，礼貌与文明是可以互释的。

以敬为体的文明礼貌是讲究形式与内容的有机统一。内容决定形式，形式反映内容。在这个意义上的文明礼貌就成为一种道德观念。正因为如此，亚圣孟子才将"恭敬之心"视为"礼"这一道德的开端。他说："恭敬之心，礼之端也。"

从正面讲，遵循主于敬的礼，那就是符合道德的行为。从反面讲，不遵循主于敬的礼，那就是违反道德的行为。也正是在这个意义上，孔子明确提出他的主张，即"非礼勿视，非礼勿听，非礼勿言，非礼勿动"。这要求人们"视、听、言、动"处处都要遵循一定的行为规定和规范。孔子的这一思想，无论从哪个方面去评价，都应得出正面和积极的意义来。具体来说，不让你看那些黄色、暴力的读物和影视作品，不让你听靡靡之音和污言秽语，不让你说粗话脏话和恶言妄语，不让你大声喧哗，不让你乱丢杂物，不让你横穿马路，不让你随地吐痰，不让你损坏公物，不让你破坏自然等等，这不就是用礼仪礼节来规范每个人自己的言行和举止吗？任何一个倡导文明社会的国家和集体，此礼都是需要遵守和遵循的。各级组织、单位制定的文明规范、文明守则所要体现的内容都是由"礼"来完成了。

文明是产生和谐的前提。因为对他国他人恭敬尊重了，对他国他人宽容大度了，国与国、人与人之间就会彼此尊重和友善了，从而就会出现和谐的局面。正因为如此，儒家才明确道出了这种逻辑关系。《论语》记载："礼之用，和为贵。"意思是说，礼的应用，以和谐为贵。所以，"凡礼之体主于敬，而其用则以和为贵"遂成为中国古人的共识。中国作为一个有着几千年历史的泱泱大国，其气度和气象的彰显就显得特别重要。如何在新的历史条件下发扬中国传统文化中的礼的精神，并对"文明和谐"这一国家层面的社会主义核心价值观以大力弘扬，自然成为时代课题。

上面已经强调指出了，"礼"是一个内涵丰富的概念，其作用和功能也是多方面的。有制度的，有法律的，有文化的，更有道德伦理的。礼在中国传统社会既具有外在法律规范和道德规范的功能，又具有内在伦理自觉的功

漫画礼仪

能。所以说，礼的精神实质必然是通过多方面体现出来的。礼除了主敬，由此构成"礼敬"外，还有主分、主让、主谦、主卑、由此构成"礼分""礼让""礼谦""礼卑"等，而这些同样对中国人的价值取向、生活方式、生存样态以及深层的民族心理结构产生了极其深远和重大的正负两方面影响。

2.2.3.3 礼之分

礼有一个很重要的功能，是它的"分"。所谓的"分"重点是强调和突出对不同等级和身份的划分。但这里强调指出的是，"礼分"也应从两个方面来理解：一是独立承担区分等级，分别尊卑的"礼分"；二是与"仁"相联的"礼分"。关于后一种"礼分"的意义与价值，我们将在以后的相关章节中加以探讨，这里重点就前一种"礼分"思想给予分析。在中国古代社会，礼正是用来规定这一等级的行为准则和道德规范。《礼记·曲礼上》说："夫礼者，所以定亲疏，决嫌疑，别同异，明是非也。"《汉书·公孙

弘传》说："进退有度，尊卑有分，谓之礼。"这两句话的主旨就是强调礼在确定人与人的亲疏关系、分别尊卑地位的同异等问题上的作用和功能。所以，《礼记·曲礼上》又说："君臣、上下、父子、兄弟，非礼不定。"应该承认和正视的是，礼的这种作用和功能尽管也有分工、秩序的意思，但更多的是突显上下尊卑的等级性。如果掌握不好适度的话，或说走向极端化的话，那是极易会强化等级观念的，从而走向仁爱、尊重、庄重和恭敬的反面。中国传统社会的封建制和宗法制内在的要求正是等级制。为了这一需要，统治者会不断强化符合这一制度的礼的观念，从而在现实中形成以官本位为特征的不平等思想。所以说，与等级制度相适应的行为准则和道德规范的礼制应该属于中国传统文化中糟粕的成分，是理应受到否定和批判的。我们也只有站在这个角度和立场上，才能充分理解为什么鲁迅先生那么猛烈地批判"礼教吃人"了。

尽管我们在理论上明确对"礼"作了区分，并实事求是地指出了作为维护等级制度的行为准则和道德规范的礼的负面作用和功能，但是所有这一切并不表明，我们就可以不加区分和分析礼的丰富而又具体的内涵及其精神，而一味地对礼加以全盘否定。实际的情况恰恰相反，礼在其他方面和层次上所表现出来的道德规范和伦理精神对铸造我们中华民族诸多优良品质起到了积极正面的作用。这正是礼主让、礼主谦、礼主卑的"礼让""礼谦""礼卑"精神。"礼让""礼谦""礼卑"实际上是从三个不同程度上对礼的本旨——敬的具体化而已。换句话说，"礼让""礼谦""礼卑"是对"礼敬"的具体落实。

2.2.3.4 礼之让

所谓"礼让"主要强调将好处和方便给别人，以此体现对他人的尊重和恭敬。这个例子最有代表性并为中国人非常熟悉的就是"孔融让梨"和"六尺巷"的故事。"孔融让梨"的故事讲的是，东汉末年一位名叫孔融的人，他有五个哥哥、一个弟弟。一日家中买了一些梨子，父亲和哥哥们

孔融让梨

让孔融和弟弟先拿，盘中梨有大有小，孔融只拿了一只最小的梨子。父亲问他，"盘中这么多梨，让你先拿，你为什么拿最小的？"孔融说："我年纪小，应该拿最小的，大的应该留给哥哥。"父亲又问："弟弟不是比你小吗？"孔融说："我比弟弟大，我应该把大的让给弟弟。""孔融让梨"的故事一直在中国广为流传。"融四岁，能让梨"也以其"礼让"品质成为教育孩子的经典语句。"六尺巷"的故事讲的是，清朝康熙间有位大学士名叫张英，有一天，张英收到家信，说家人为了争三尺宽的宅基地与邻居发生了纠纷，要他利用职权疏通关系，打赢这场官司。张英阅信后坦然一笑，挥笔写了一封信，并附诗一首：一纸家书只为墙，让他三尺又何妨？万里长城今犹在，不见当年秦始皇。家人接信后，让出三尺宅基地，邻居见了，也主动相让，结果成了六尺巷。这个故事的结局是和谐的，而实现此的前提是"礼让"，呈现的精神是恭敬。"礼之用，和为贵"，此之谓也。

六尺巷壁画

2.2.3.5 礼之谦

"礼谦"主要强调对别人要谦虚且有礼貌，以此体现对他人的尊重和恭敬。这个例子最有代表性并为中国人非常熟悉的就是刘备"三顾茅庐"的故事。东汉末年，刘备听说深居隆中卧龙岗的诸葛亮很有才干，就和关羽、张飞带着礼物去请诸葛亮出山辅佐他。前两次都没见到，刘备只得留下一封信，诚恳表达自己对诸葛亮的敬佩和请他出山之意。过了一些时候再去拜访时，诸葛亮正在睡觉，刘备不敢惊动他，一直站到诸葛亮自己醒来，才进屋坐下谈话。这个故事充分反映出刘备对诸葛亮的礼谦和恭敬，正因为如此，也感动了诸葛亮，并最终出山帮助刘备形成三国鼎立之势。诸葛亮在其《出师表》中不无感慨地记述了这段经历："臣本布衣，躬耕于南阳，苟全性命于乱世，不求闻达于诸侯。先帝不以臣卑鄙，猥自枉屈，三顾臣于草庐之中。"

2.2.3.6 礼之卑

"礼卑"主要强调放下自己的身段，甚至卑弱自己而宽厚谦逊待人，以此体现对他人的尊重和恭敬。这个例子最有代表性并为中国人非常熟悉的就是"将相和"的故事。这个故事出自司马迁的《史记·廉颇蔺相如列传》。战国时赵国舍人蔺相如出使秦国，不辱使命，屡建奇功，被赵王封为上卿，位在赫赫有名、战功卓著的廉颇将军之上。廉颇认为蔺相如只凭口舌之功却比他官大，对此很是不服气，并对他人说，以后让我见到他，必定会羞辱他。蔺相如知道后，请病不上朝，不愿跟廉颇争位次，在路上遇到廉颇也绕道避开他。连蔺相如的门人都承受不了这样的羞耻屈辱，纷纷要离开蔺相如。蔺相如对门人说，我连比廉颇厉害的秦王都无所畏惧，难道偏偏害怕廉将军吗？但是我想到，强大的秦国之所以不敢轻易对赵国用兵，只是因为有我们两人在啊！现在如果两虎相斗，势必不能共存，我之所以那样做，全是以国家的安危为重啊！后来廉颇知道缘由以后，非常羞愧，来到蔺相如家负荆请罪。两人终于相互交欢和好，成为生死与共的至友。

从我们对"礼"的全面论述中可以清楚地认识到,礼仪文明、礼乐文明、礼义文明无不关乎一个国家、一个民族的气度和气象,而礼敬、礼让、礼谦、礼卑又无不关乎一个人的修养和品行。总之,一个国要立需要知礼,一个人要立需要知礼,"不知礼,无以立也"(《论语·尧曰》),此之谓也!

2.2.4　说智

在儒家仁义礼智信"五常"里,当属"智"最不易理解和把握。其原因就在于,它不像其他"四常"那样意思明确。从字面上不易直接得出它的意思,相反,如果按字面意思来理解,恰恰会对"智"得出错误的结论。具体说来,"仁"可与"爱"相联构成"仁爱","义"可与"正"相联构成"正义","礼"可与"敬"相联构成"礼敬","信"可与"诚"相联构成"诚信",惟独"智"做不到。如果你将"智"与"慧"相联而构成"智慧"一词,那么,却无法确切显出我们说的智之本义。换个方式说,你可以选择用仁义礼信任何一个或几个德目来概括中国传统文化的核心价值观。例如,你可以说是仁,可以说是信,可以说是仁义,可以说是仁礼,当然也可以说是礼义,但你却不能说是智。道理十分明了,你不可以将知识和智慧当成一个民族的核心价值观来认识和践行。

2.2.4.1　五常中的"智"不是我们通常理解的聪明、智慧和知识

过去许多学者在论述"智"的时候,往往首先会指出古人的一个观点,即认为在中国古代"知"与"智"相通,并以《说文解字》和有关《说文》注来加以证明。再者,还会引孔子的"知者不惑,仁者不忧,勇者不惧"(《论语·子罕》),"知者乐水,仁者乐山。知者动,仁者静。知者乐,仁者寿"(《论语·雍也》)来加强这种认识。然而,值得强调指出的是,所有这些都只是在表达聪明、智慧意义上证明"智"与"知"是相通的,但不能以此证明五常中的"智"也与"知"相通。我这里仅对被称为"三达德"的"仁知勇"中的"知"稍加论述。此处之"知",也可被理解为

"智"。此智更多的是从聪明智慧意义上而显其义的。具体说来，"三达德"中的"智"是用来规范仁和勇的，因而也就具有了方法论意义。具体说来，当一个人在行仁的时候，需要注意方式方法的。通俗地说，好心未必一定就能办成好事。为什么老百姓喜欢说好心办坏事呢？关键原因就在于，这个人在办事时没有注意运用一定的智慧，没有理性的分析，没有方法的介入，没有因时、因势、因地、因人的权宜之变，仅凭出发点好和动机好，其他什么都不管了，其结果往往不会达到什么好效果。由此看来，智慧的运用在"三达德"中是不可或缺的。同样，一定的智慧对于规范和引导勇气也是必不可少的。有智慧的勇气才能算作真勇气，有勇气的智慧才能算作真智慧。有勇有谋，此之谓也。无谋之勇，只能算作匹夫之勇。无勇之谋，只能算作巧舌之智。方法之智，谋略之智，乃是知识和理性的表现和运用。当然，我们还可以从更高、更广的角度来理解这样一个"智"，即可上升到"究天人之际，通古今之变""判天地之美，析万物之理"等大智慧上，此智显然已不是简单的知识了，上面提到的孔子所谓的"智"，其实都具有了此种意义和境界。然而，即便如此，它们也不是"五常"中之"智"所要表征的本质内涵和真实意义。简言之，"五常"以外的知或智，不管是在何种意义和境界上使用的，它都与"五常"中的"智"不是一个概念框架。正因为如此，对"智"的讨论，就不能像先前说仁、说义、说礼时，在字源上、字的本义上、字的古义上来对"智"作一番考证和辨析。如果那样做了，一定会对准确把握五常中的"智"有着极大的阻碍作用。例如，你在解释"智"的时候，首先告诉大家，智亦作"知"，引《说文》段注以证明之："此与矢部知音义皆同，故二字多通用。"《释名·释言语》："智，知也，无所不知也。"而《说文》对"知"这样解释："知，词也。从口，从矢。"徐锴系传："凡知理之速，如矢之疾也，会意。"通俗地说，通过识物辨物后经人口像放箭一样将所知之理快速传出去，这就是知。但务必请大家注意，上述对"智""知"的诠释，全然与仁义礼智信之五常中的"智"无涉。而如果将注意力放在此处，那势必会混淆甚至会误导对"五常"中的"智"的理解。

所以我要强调指出的是，如果要说五常的"智"，只有就"五常"之智来说智，从而才能将智说清楚。

2.2.4.2 五常中的"智"既是良能，又是良知

按照孟子的解释，所谓"良能"就是"人之所不学而能者"，通俗地说，就是人天生的一种潜能。所谓"良知"就是"人之所不虑而知者"，通俗地说，就是人天生的一种判断力。被称为人天生的一种潜能的"良能"，在儒家思想中是专门指人的"向善之能"，或说是人的"向善的秉性""向善的倾向"。这种能力我姑且名之为"智能"。这一"智能"具体表现为孟子所说的"恻隐""羞恶""辞让"，以及由此生成出的"仁""义""礼"这些向善的道德能力，到了汉代又增加了"信"这一向善的道德能力。被称为人天生的一种判断力的"良知"，在儒家思想中是专门指人的"知是非之能"，这种能力我姑且名之为"智力"。这一"智力"具体就表现为孟子所说的能够判断出是非、善恶、美丑的心力。

由"向善之心"外现的仁义礼信诸德，能否真正得到本来意义上的呈现和实行，那是需要一种存在来给予判断的。这个存在就是我们说的"智"。也就是说，"智"本身就具备"判分"是非的原始能力。值得强调指出的是，一旦经过"智"鉴别和判分的"是"，就必然成为超越时空的"是"，或称为绝对的是。所谓"绝对的是"就是无论何时何地它都是正确的，也即成为永恒不变的"原则"了。它不会因为时空不同而有所改变或增减，从而最终成为判断、衡量一切是非、善恶、美丑的"总尺子"。在哲学上这被称作"大肯定"。而这一"大肯定"正是"智"的最大能力。所以这种"智能""智力"当然不是指的理性之知的能力了，而是人之为人所独具的那种精神、心理、德性等呈现和发挥的能力。正是它才构成了人之为人的根据，也正是有它才使得仁义礼信四德充分且正当地展开。

2.2.4.3 智是良心，是明德，是至善

儒家哲学一个很大的特点就是非常重视对人性之源的探讨。《中庸》

开篇就说："天命之谓性。"认为人性之源是外在的天地自然。所以，儒家理论的用功处即集中表现在如何使这一天（自然）赋予人的光明之德性呈现出来。这就是《大学》为什么开篇就说"大学之道，在明明德"的原因之所在。

"智"是表征人之为人的根性的一个范畴，它相当于《大学》中的"止于至善"的"至善"范畴。它与"至善"一起，充当着人的根本属性的"角色"。它们是指人天生的一种无善无恶的自然状态，是超越时空的性德。所以说这一性德的"智"又被称为"良知良能"，其合称为"良心"。惟其如此，它们才有资格充当了判断一切时空内所产生的是非、善恶、美丑、好坏、对错。正是在这个意义上，才有了孟子的那句话："是非之心，智之端也。""智""至善""良心"具有判断和裁决一切时空、社会、事情之"是非"的最终的权力和能力。

在明确了"智"的性质及其功能的基础之上，我们就可能清楚地来对它进行定性了。"善"是其他四常的基础性和本根性的存在，换句话说，只有有了"良心"，才能具体呈现为其他诸德。良心具体表现形式就是仁义礼信。我们这里需要厘清这样几个问题。第一，仁义礼智信都是"先天"的存在。当然在孟子那里只说了前四个，他说："仁义礼智之心，非由外铄我也。"但这里起统摄作用的应是"智"。第二，尽管"仁礼信"都是本乎或说法乎"天"的，例如"天地之大德曰生"（《周易》语），生道即仁道；"诚者，天之道也"（《孟子》《中庸》语），"礼本乎天"（《荀子》语），义与智二常，没有找到直接与"天道"相联的原话，但并不表明"智"不是最基础的存在这一定性。第三，谓"仁"是全体，谓"信"是实，但这并不能改变"智"的最后根源的性质。当然你可以说，没有仁爱的义不是正义，没有仁爱的礼不是真礼，没有仁爱的信不是真信。同样你也可以说，不诚信的仁不是真爱，不诚信的义不是正义，不诚信的礼不是真敬，但所有这些只是表明"仁之全体"与"信者，实也"的意义，但如果说哪一个能起到最终判断"真假"的，即"是非"的作用的话，那当推"智"矣。

所以朱熹既说"智则仁之分别也",又说"智则是个分别是非底道理"。我在这里特别提醒和强调的是,不能仅仅将"智"视为对"仁"与"非仁"的分别和判断,而且要将其视为对其他几德的分别和判断。具体说来,是对"义"与"非义"、"礼"与"非礼"、"信"与"非信"的总分别和判断。由此可以得出结论:"智"是总根源,是总方向。它保证着仁义礼信四德能按"正确方向"呈现和彰显。通俗地说,有了"智",其他诸德就不会偏离方向!

综上所述,"智"在五常中的地位和性质是极其特殊的,它既扮演了人性总根源的角色,又承担了总裁判的角色。由它判定的仁义礼信,才能够被称着真仁、真义、真礼、真信。反之,经它判定后可以分清那些虚假的仁义礼信,即假仁假义、虚礼虚信,而这些又可统称为"伪善"。也就是说,我们常说的某人伪善,实际上是指此人在仁义礼信等德行上都是虚假的。而之所以能够发现它是伪善,正是"智"在发挥着直接作用!

2.2.4.4 智与善不具备特定的道德属性

从这里实际上我们可以发现这样一种情况,在儒家思想体系中,"智"与"善"这两个概念都不能单独成为道德的德目。也就是说,它们本身并不具备特定的道德属性,它们的功能和作用乃是在具显道德和判断是否道德上。具体地说,什么叫智的行为,那就是符合仁义礼信诸德的行为。同理,什么叫善的行为,那就是符合仁义礼信诸德的行为。反之,不智不善的行为,那就是不符合仁义礼信诸德的行为。总之,符合"智""至善"所规定和判定的"是善美",那才能被确定为"是善美";符合"智""至善"所规定和判定的"非恶丑",那才能被确定为"非恶丑"。具体地说,只有当你做到了仁之爱人、义之利人、礼之敬人、信之诚人的时候,那就称为"是善美";而你如果恨人、害人、慢人、骗人的话,那就称为"非恶丑"。

智就是良能良知,这表明智是其他仁义礼信四德的基础性存在!有了这一基础性的存在，才能保证在生活的实践中去真正落实和实行仁义礼信。这也就是孟子所说的"是非之心，智也"真正的意义之所在。也就是说，此智是用来判断是非善恶的根据。孟子是在向人们说明一个道理，一个人是否行仁义礼信，是要靠一种更根本的存在加以判断和区分才可以完成和实现的。仁义礼信四德本身不具备这种能力，或者说，它们不是属于能力的范畴。而只有"智"具备了明辨是非、区分善恶、保障依仁行义、遵礼守信这些道德的能力。由此可见，虽然"智"不能单独成为一种道德行为，但是它却承担了其他四德实行的基础性重任。所以孟子才对"智"作出如下的定性和定位。孟子说："仁之实，事亲是也。义之实，从兄是也。智之实，智斯二者弗去是也。"（《孟子·离娄下》）意思是说，智的本质正是在于能保证仁义二德的不离不去，也就是真正实行仁义二德。关于这一点，我们还可以从古代和现代学者对五常的定位中得到有力的证明。汉儒有以五方来合配五常的理论。具体说来，他们是以"东、南、西、北"四方来分别合配仁义礼信四德，以"智"居中央。由此可见，他们是在强调，"智"是中心，"智"是使仁义礼信"四德"成为人之道德的基础和能力。现代著名学者熊十力也曾明确地指出："智与知识有分，此一主张在中国古学中确是中心问题之所在，每一宗派的哲学，其各方面的思想与理论都要通过这个中心问题而出发，仍须回到这个中心来。"从上述两则材料中我们可以清楚地看到，"智"在五常中，甚至在整个中国传统文化中的独特意义。

2.2.5 说信

作为五常最后一常的"信"，无论在中国传统文化中，还是在现实社会中，无论是就个人，还是就社会，抑或就国家和天下，可能没有比诚信更受到重视的道德德目了。每一位中国人都会说，诚信是中国传统美德，是一种高尚的思想品行。做人要诚实，不要说谎，可能是每一个孩童最早受到的品行教育。人无信不立，业无信不兴，国无信不宁，可能是许多人懂得的道德信条。"言必信，行必果"，可能是许多中国人最知晓的古训之一。而"一诺千金""一言为定""一言既出，驷马难追"，可能是许多中国人最熟悉和最常用的成语。正因为如此，"信"成为传统与现代都十分推崇的价值观。"仁义礼智信"五常有它，恭宽信敏惠五德有它，孝悌忠信礼义廉耻旧八德有它，忠孝仁爱信义和平新八德有它，习近平同志对中国传统文化概括的"讲仁爱，重民本，守诚信，崇正义，尚和谐，求大同"六句话中有它，"富强、民主、文明、和谐，自由、平等、公正、法治，爱国、敬业、诚信、友善"之社会主义核心价值观有它。大家一定注意到了，在24个字的社会主义核心价值观中，唯有"诚信"在儒家的"五常"中能找到直接对应的概念，由此也说明我们"说信"的意义是非常之大的。

2.2.5.1　释信

《说文解字》说："信，诚也。从人，从言。"这是说，信就是诚，诚就是信，可见，"信""诚"可以互相解释，所以"诚信"相连而被广泛使用，而人要言而有信，更是人人皆知。《字汇·人部》说："信，愨实也……不差爽也。""愨"（音确），诚实也；不差爽，不差错也，亦诚实也。又说："信，不疑也。"孔颖达疏："信，不欺也。"所以，如果从正面来说，信的本义就是真诚、真实；如果从反面来说，信的本义就是不虚、不妄、不假、不疑、不欺。合而言之，诚信的意思就是诚实与不欺。

2.2.5.2　《论语》说信

正是在人言而由衷、诚实不欺的本义上，"信"作为一个道德行为受到儒家的至圣孔子和亚圣孟子的高度重视。孔子将"信"作为他教育学生的四个方面内容之一。《论语·述而》记载："子以四教：文、行、忠、信。"正因为如此，当我们翻开《论语》首篇，就可以看到大量论述"信"的内容。《论语·学而第四》："曾子曰：吾日三省吾身：为人谋而不忠乎？与朋友交而不信乎？传不习乎？"；《学而第五》："子曰：道千乘之国，敬事而信，节用而爱人，使民以时"；《学而第六》："子曰：弟子入则孝，出则弟，谨而信，泛爱众，而亲仁。行有余力，则以学文"；《学而第七》："子夏曰……

与朋友交，言而有信"；《学而第八》："子曰……主忠信，无友不如己者，过则勿惮改"；《学而第十三》："有子曰：信近于义，言可复也。"在一篇中竟如此集中地谈论"信"，足以证明孔子及其弟子对"信"是极其看重的。所以当弟子向孔子问为政之道时，孔子是将"信"作为最重要的不可或缺的一点加以肯定。《论语·颜渊第十二》：子贡问政。子曰："足食，足兵，民信之矣。"子贡曰："必不得已而去，于斯三者何先？"曰："去兵。"子贡曰："必不得已而去，于斯二者何先？"曰："去食。自古皆有死，民无信不立。"也就是说，在孔子看来，治理政事要做到三点：粮食充足、军备充足和取信于民。子贡问，如果迫不得已在食、兵和信三者之中一定要去掉一项，先去掉哪一项？孔子的意见是去掉军备。子贡又问，如果迫不得已在食和信两者之中一定要去掉一项，先去掉哪一项？孔子的意见是去掉粮食。其结论是，如果国家政府不能取信于民的话，那么国家是站立不起来的。对于国如此，对于一个人亦如此。"子曰：人而无信，不知其可也。"（《论语·为政第二十二》）这是说，作为一个人，却不讲诚信，不知怎么可以。通俗地说，作为一个人不可以没有诚信。

2.2.5.3 《孟子》说信

尽管在孟子的思想中，并未将"信"纳入论证人之为人的诸种"心"中，具体说来，在孟子那里，只提到由恻隐之心、羞恶之心、恭敬之心、是非之心而产生的仁义礼智四德，而没有论及"信"德，但是，这并不表明孟子不重视"信"德。实际的情况恰恰相反，孟子非常重视"信"德的建构。一个最重要的论据就是，孟子是站在一个更高的境界来看待"信"的，那就是"天"。孟子说："有天爵者，有人爵者。仁义忠信，乐善不倦，此天爵也；公卿大夫，此人爵也。"（《孟子·告子上》）孟子是想告诉人们，仁义忠信，

孟子像

不疲倦地好善，这是自然爵位；公卿大夫，这是社会爵位。也就是说，先天的仁义忠信诸德以及后天人们对诸善德的追求构成了人的自然本性。一个人只有具备了这一天性，才会有社会的成就。孟子最担忧的是人将天爵与人爵脱离开来。通俗地说，如果一个人当了官，就把仁义忠信以及乐于为善的人之本性给丢掉了，那还谈什么为官为士呢？由此可见，孟子是将"信"与仁、义、忠并称"四德"而加以热忱追求的。孟子言"信"有两个特点，一是以"诚"释"信"，二是视"诚信"为天的本质。如此，孟子就将"诚信"的问题上升到哲学的本体论层面了。也就是说，孟子将人言为信、以言语取信于人的"信"，即"从人，从言"之"信"德，上升到"天人合德""止于至善"的高度。孟子说："诚身有道，不明乎善，不诚其身矣。是故诚者，天之道也；思诚者，人之道也。至诚而不动者，未之有也。不诚，未有能动者也。"（《孟子·离娄上》）这里，孟子是将"诚信"问题提升到天道的高度加以认识，明确指出"诚"乃是天的本质属性。另外，他还将诚信与明善紧密联系在一起，从而来加深诚信的本体意义、情感意义和实践意义。通俗地说，孟子直接将心诚身诚与人之性善、人之真实情感以及行善联系在一起。如此一来，就大大增添了诚信在孟子思想中的地位。也正是如此，我们只有进入到一个更高的境界去认识"信"的问题，才会揭示出其更深层的意义和价值。也就是说，诚信问题不能仅仅从人言为信的层次上来把握，更不能将守信问题只是与纯粹的利益而挂钩，而应充分呈现它的绝对性和神圣性的一面。因为在孟子看来，诚信是一种向善之心、向善之力、向善之情。

正是因为先秦儒家的两大代表人物都是如此重视"信"，所以以传承和发展儒家为使命的汉代儒学，终将"信"与仁义礼智融为一体并统称其为"五常"，至此以后，仁义礼智信就成为整个儒家思想的核心价值观而且影响了中国传统社会几千年。

2.2.5.4 信仰层面的"信"

作为"四书"之一的《中庸》非常重视对"诚"德的高扬。《中庸》

亦主张"诚者，天之道也"，并进而认为，"唯天下至诚……则可以赞天地之化育。可赞天地之化育，则可以与天地参矣"。意思是说，唯有天下极端真诚本性呈现和发挥出来，就可以帮助天地培育万物。能帮助天地培育万物，就可以与天地并列合一了。对诚信的坚守与践行，那是兑现对神圣天道的承诺。也就是说，讲诚信、行诚信这是在完成天地赋予人的神圣使命呢！北宋著名思想家张载的"为天地立心"名言，即是要求士者为天地确立和完成"她"交给人类的至诚天命。可见，在儒家那里，诚信问题不仅仅是关于人的品格和德行的信实之意了，而是关乎"与天地合其德"的人的自身存在意义的信仰问题了。换言之，守信与否已经不是简单地与利益相关的问题。例如，人们喜欢这样说，如果你不诚信的话将会给你的事业带来什么样的损失，造成什么样的危害，以此规劝人们要讲诚信。而信仰意义上的诚信则是超越了这些功利的考量，它只是视坚守诚信是在"为天地立心""替天行道""与天地合其德"以及是在实现人生的价值和意义。

2.2.5.5 "信"在五常中的作用

"信即诚也，诚即信也"，其本旨即在"真实不虚"。正是取得了此义，所以"诚信"才被视为是五常之本、百行之源。北宋思想家周敦颐说："诚，五常之本，百行之源……五常百行，非诚非也。"（《通书·诚》）简单地说，仁义礼智信五常要显其性，那前提只能是一个"真"字。即保障真仁、真义、真礼、真智、真信。也正是基于这一点，朱熹才会说："如仁、义、礼、智，皆真实而无妄者也。故'信'字更不须说。"可见，"信"在五常中是处于基础地位的。换句话说，如没有以真实为本质属性的"信"的存在，那么仁义就有可能变成虚仁假义，礼智就有可能变成虚礼妄智。更直接的说法就是，如果没有诚信的存在，其他诸常诸行都会变质变味的，从而就失去了其应有的意义和价值。

2.2.5.6 大信与小信

说"信"，一定要说清楚大信与小信的关系问题。所谓大信是指符合

"道义"的信，小信则相反。这个问题实际上是关乎诚信所应遵循的最高原则问题。我们还是先从儒家两位圣人那里去寻找答案。孔子说："君子贞而不谅。"《论语·卫灵公》言行抱一谓之贞，亦可称之为"大信"，固执而不知道变通谓之谅，亦可称之为"小信"。这句话的意思是，君子讲大信，却不讲小信。孔子强调，作为一个君子只要是坚守正道的，就不必讲什么小信。基于同样的道理，孔子又说："言必信，行必果，硁硁然小人哉。"（《论语·子路》）硁（keng）硁，粗浅固执。这句话翻译成现代汉语就是说，言语一定信实，行为一定坚决，这是不问是非黑白而只管自己贯彻言行的浅薄固执的小人的行径呀！可见，孔子是将"言必信，行必果"的行为视为小人之举而加以否定的。为何如此呢？"要害是其中的两个'必'字，也就是说，这种人以言行自专，一点商量和变通的余地都没有。孔子主张读书人先要明理，思想意识不要偏执、固化，要懂得通权达变的道理"（参见蒋沛昌《论语今读》，中央广播电视大学出版社2009年版）。亚圣孟子更直接地指出："大人者，言不必信，行不必果，惟义所在。"（《孟子·离娄上》）。孔子与孟子在论述诚信时一个非常值得注意和玩味的共同点是他们都强调了诚信的前提与条件。在他们看来，讲诚信的前提条件，或说最高原则乃是"道""义"。他们是想告诉人们，如果诺言违背了道义原则或者遵循诺言将导致不道德和有害的后果时，这样的守信是不具有社会的积极意义和正面价值的，从而是不应该提倡的。

符合道义的信是大信，不符合道义的信是小信。我们在现实社会中就是要让人们在道义的统摄下讲诚信、守大信，如此才能培养出更多的君子，如此才能远离危害，如此才能道义大行。在这里不妨举两个例子来加以说明。可能许多人都知道网传甚广的《英国儿童十大宣言》，其中第九条是"不保守坏人的秘密"，具体说道："面对侵害不遵守诺言的权利。告诉儿童，即便他曾发誓不告诉别人，但遇到坏人欺负一定要告诉家长，这些秘密千万不要埋藏在心里。"第十条是"坏人可以骗"，具体说道："对坏人可以不讲真话的权利。遇到坏人，可以不讲真话，机智应对，才是好孩子。"可见，这是教育儿童，是否守信，是否说谎，要看具体情况，遵循的原则正是"惟义所在"。

2015年3月6日的《报刊文摘》刊登一篇题为"小学班主任的反思：我是怎样劝小学生作假的"文章。文章说了这样一件事，说是一位班主任让小学生们填写一份调查表，其中让学生填写的选项与事实有些出入，但为了学校的荣誉，这位老师说服孩子们都选择了"很好""很多"的一栏。这时有位学生向老师提出了问题，"老师，这个问卷不是要我们如实填写吗？如果我们选'很好''很多'，不是要我们撒谎和作弊吗？"你看，问题就来了。孩子在想，一向要求诚实的老师，一旦面对真正的问题，就要求学生一起弄虚作假。如何消除孩子们的困惑，更重要的是树立他们的正确的人生观和价值观，这显得很重要。文章中老师这样说道："'我们维护自己家里的妈妈，不把自己妈妈不好的那一面告诉别人；同样，我们也要维护好学校这位妈妈，不要在外人面前揭露她的短处、暴露她的不足。这样做不是要大家联合起来撒谎，也不是造假，这是因为爱……'孩子们认真地听着，也认真地思考着，渐渐地，他们脸上的疑惑消失了。"这则故事想告诉我们的就是，在讲诚信和不撒谎的时候，实际上始终有个更高的原则在支配着，那就是"道义"，那就是"大信"，上述故事中所说的那就是"爱"。

尽管我们在坚守道义与变通达权的意义上阐述了"守信"的特殊性，但是，对于"信"义所蕴含的具有普遍性的最基本和最核心的那些本质属性，即所有具有道德意味与信仰意义的诚信，于民，于国，于天下，都是不可或缺和必须要奉行的价值理念。这也是"说信"的最大意义之所在。

2.2.6 五常之间的逻辑关系及其意义

明心性、崇道德、倡伦理、重人生的儒家文化，在中国几千年的历史发展中，一以贯之地"留意于"仁义礼智信。儒家将此视为"天经地义"的德行，以及社会和人生所必须遵循的最高原则和规范，故称其为"五常"。仁义礼智信这五常是儒家文化乃至中华文化的核心价值观。

《孟子》

赵岐《孟子章句》

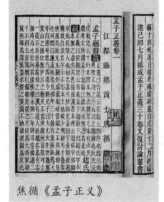

焦循《孟子正义》

2.2.6.1 五常之说的形成有一个历史发展过程

五常中的前四德，即仁义礼智，首先在孟子那里被连用。孟子说："恻隐之心，仁之端也；羞恶之心，义之端也；辞让之心，礼之端也；是非之心，智之端也。"（《孟子·离娄上》）"恻隐之心，仁也；羞恶之心，义也；恭敬之心，礼也；是非之心，智也。仁义礼智，非由外铄我也，我固有之也。"（《孟子·告子上》）就是说，同情心是仁的开端，羞耻心是义的开端，谦让心是礼的开端，是非心是智的开端。这正是孟子著名的"四端说"。在孟子看来，人有同情心，所以能产生仁德；人有羞耻心，所以能产生义德；人有恭敬心，所以能产生礼德；人有是非心，所以能产生智德。这些德性都是人之为人的天性，不是由外人给予我的。虽然孟子没有将"信"与仁义礼智合在一起论述，但这并不能表明孟子不重视"信"。在《孟子》中共出现"信"近30次，更为重要的是，孟子是把与"信"意义相同的"诚"字上升到"天道"的高度加以确证的。"诚者，天之道也"，此之谓也。另外，他还将"信"与"仁义忠"诸德一起看成是天的爵位。孟子说："仁义忠信，乐善不倦，此天爵也。"（《孟子·告子上》）所谓"天爵"就是天的爵位，代表最高地位、最高原则、最高本质。由此可见，孟子这里是将"信"

与"仁义忠"的地位提升到了最高位置。这就为以后将"仁义礼智信"的定位提供了原则和标准。

2.2.6.2 仁义礼智信，孔子无一不谈

在孔子那里，虽然看不到将五常与四德连在一起使用的情况，但是这并不表明孔子对这些德性德行不重视。在一部《论语》中，我们可随处看到孔子说仁、说义、说礼、说智、说信。据统计，在《论语》中"仁"出现过109次，"义"出现过24次，"礼"74次，"智"（"知"）出现过25次，"信"出现过38次。将"仁"作为儒家思想体系的核心范畴的是孔子，将仁规定为爱人的是孔子；将仁礼结合并形成内容与形式关系的是孔子，并认为"不知礼，无以立也"（《论语·尧曰》）的是孔子；将"义以为上"、"义以为质"确立为君子标准的是孔子，并主张"不义而富且贵者，于我如浮云"（《论语·述而》）的是孔子；将"信"与"文、德、忠"合称"四教"的是孔子，并竭力"主忠信"，强调"民无信不立"（《论语·颜渊》），"人而无信，不知其可也"（《论语·为政》）的是孔子。

2.2.6.3 仁义礼智信五常成形于汉代

最早把仁义礼智信放在一起并统称其为"五常"的是西汉时的大儒董仲舒。《汉书·董仲舒传》说："夫仁谊礼知信五常之道，王者所当修饬也。"这里董仲舒明确将五个德目联成一个整体，抽象为"五常之道"，并将其视为修养心性、整顿社会以及立教化、正万民的恒常之道。西汉另一位思想家杨雄在其《法言·修身》中也以譬喻的方式一并论述了五德之用，但并没有明确"五常"概念的出现。他说："仁，宅也；义，路也；礼服也；智，烛也；信，符也。处宅、由路、正服、明烛、执符，君子不动，动斯得矣。"如果说将我们今天熟悉的"仁义礼智信"这五个字明确呈现，且又称其为"五常"的，更为重要的是为官方所正式确定的，那当推东汉时期产生的《白虎通义》。其文说："五常者何谓？仁、义、礼、智、信也。"至此，为孔孟及儒家所重视的仁义礼智信五德终于被整体确立为儒家

杨雄《法言》

文化的核心价值观并持续影响着中国社会几千年。

2.2.6.4 对仁义礼智信诸德的实质及功用的概括总结

上面也提到了，孟子将"仁义忠信"视为"天爵"，将"诚"视为"天道"。他说："仁义忠信，乐善不倦，此天爵也"（《孟子·告子上》），"夫仁，天之尊爵也"（《孟子·公孙丑上》），"诚者，天之道也"（《孟子·离娄上》）。就是说，仁、义、信是天的尊贵的爵位，诚是天的本质属性。位莫高于天，性莫大于天，所以说，仁、义、信实乃最高原则、最大本质。孟子除了站在天的高度来规定"仁"等德目的地位和属性外，还通过一些比喻来说明有关德目的功用，也以直接的方式来揭示有关德目的实质。孟子说："仁，人之安宅也；义，人之正路也"（《孟子·离娄上》），"仁，人心也；义，人路也"（《孟子·告子上》），"仁也者，人也。合而言之，道也"（《孟子·尽心下》）。在孟子看来，仁是人安居的住宅，义是人行走的正道。仁是人的本心，义是人的正道。所以说，"居仁由义"乃是人之为人的本质所在。这是孟子对"仁义"二德功用的概括。至于"仁义礼智"四德的实质所在，孟子也从多方面、多层次加以揭示。在孟子看来，人所固有的恻隐之心、羞恶之心、辞让之心、是非之心是产生"仁义礼智"四德的根本性的"种子"。按照孟子的理解，恻隐之心的"仁"所反映出的实质就是"爱"，羞恶之心的"义"所反映出的实质就是"正"，辞让之心的"礼"所反映的实质就是"敬"，是非之心的"智"所反映的实质就是"善"。孟子还就仁与礼以及仁义礼智的实质进行了具体明确的论述。他说："仁者爱人，有礼者敬人"（《孟子·离娄下》），"亲亲，仁也；敬长，义也"（《孟子·尽心上》），"仁之实，事亲是也；义之实，从兄是也；智之实，知斯二者弗去是也；礼之实，节文斯二者是也"（《孟子·离娄上》）。这里孟子将"仁"与"礼"的本质属性分别规定为"爱人"与"敬人"，特别是"仁者爱人"的思想，可以看做是对孔子思想的直接继承。而将侍奉父母视为"仁"的实质，将顺从兄长视为"义"的实质，另外将"智"作为不背离"事亲从兄"的"仁义"二德之性的保障者，将"礼"作为不失"事亲从兄"的"仁义"二德之节的维护者。由此可见，孟子在这里对"仁义"二德实质性的规定实际上是具体落实到"孝悌"之上的。通俗地说，仁就是孝，义就是悌。所以说，这显然是孟子对"仁义"的特殊意义的揭示，并不能代表"仁义"本质属性的全部。同理，"礼智"的功用也绝对不能仅仅局限在对这一特殊意义的"仁义"的保障和维护之上。也就是说，对于孟子仁、义、礼、智的实质性揭示，当是要根据恻隐（怵惕、不忍、同情）之心、羞耻之心、辞让（恭敬）之心、是非之心而自然生出的诸种德行来进行。说换句话说，在更普遍的意义上呈现"仁义礼智"四德的意义与价值，当是包括孟子在内的所有儒家思想的终的。

说五常最重要的是要在普遍意义上揭示仁义礼智信这五种道德所要表征和体现的究竟是什么样的核心价值观和做人做事的根本精神。具体说来，说仁义礼智信五常就是要将其各自所反映的性质及其表征的精神是什么呈现出来。

2.2.6.5 孟子对仁义礼智四德的定性

孟子最先对仁义礼智之性作了基础性的论述，这就是他的著名的"四德"

配"四善端"之说。孟子说："恻隐之心，仁之端也；羞恶之心，义之端也；辞让之心，礼之端也；是非之心，智之端也。"（《孟子·公孙丑上》）也就是说，恻隐之心表示的是爱心，羞恶之心表示的是正心，辞让之心表示的是敬心，是非之心表示的是善心。后来孟子又对"仁"与"礼"二德之性作了更加明确的定性。孟子说："仁者爱人，有礼者敬人。"（《孟子·离娄下》）这里孟子就将"仁"定性为"爱人"，将"礼"定性为"敬人"。

2.2.6.6 汉儒对仁义礼智信五常的定性

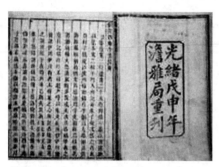

清代刻本《二程遗书》

成于东汉的《白虎通义·性情》一文说道："五常者何谓？仁义礼智信也。仁者，不忍也，施生爱人也。义者，宜也，断决得中也。礼者，履也，履道成文也。智者，知也，独见前闻，不惑于事，见微知著也。信者，诚也，专一不移也。故人生而应八卦之体，得五气以为常，仁义礼智信是也。"这里，值得注意的是对仁义礼智信的明确性：仁者，爱人也；义者，宜也；礼者，履也；智者，知也；信者，诚也。

2.2.6.7 宋儒对仁义礼智信五常的定性

北宋二程（程颢、程颐）在其《二程遗书》中说道："仁义礼智信五者，性也。仁者，全体；四者，四支。仁，体也；义，宜也；礼，别也；智，知也；信，实也。"这正是二程的著名的"五常全体四支"说。在二程看来，仁在五常中是全体之性，而其他四者则是仁这一全体之性的分别体现而已。具体说来，义是对是否行仁的裁断，礼是对仁的不同对象的分别，智是对是否知仁的判断，信是对是否诚实的仁的检验。南宋朱熹较之二程，对五常各自的性质作了更加明确的规定。他说："五者之中，所谓性者是个真实无妄底道理，如仁义礼智，皆真实而无妄者也。故'信'字更不须说，只

仁义礼智四字于中各有分别，不可不
辨。盖仁则是个温和慈爱底道理，义
则是个断制裁割底道理，礼则是个恭
敬撙节底道理，智则是个分别是非底
道理。凡此四者具于人心乃是性之本
体……仁字是个生底意思，通贯周流
于四者之中。仁固仁之本体也，义则

朱熹《晦庵集》

仁之断制也，礼则仁之节文也，智则仁之分别也。"（《晦庵集》卷74）意
思是说，仁义礼智乃人性之本真，即都是实有的存在，真实无妄的存在，而
五常中的"信"德正是起到强调和强化仁义礼智四德这一性质的作用的。
"五常百行非诚，非也"（《朱子语类》卷六），此之谓也。所以，在朱熹
看来，实际上要具体谈论五常各自所表征的道理是什么的话，只需说"仁义
礼智"四德就行了。应该引起注意的是，在朱熹上述表达中，只是对"仁
礼"二德的道理说得比较清楚，即仁是个温和慈爱的道理，礼是个恭敬节制
的道理。而说到义，只是说义是个用来判断是否按照仁去做的道理，而说
到智，只是说智是用来分别是仁还是非仁的道理。于此，并没有清楚指出
"义"和"智"究竟反映的是什么道理。而在另处，朱熹似乎试图弥补这一
不足，他说："仁义礼智……其发用焉，则爱、宜、恭、别之情。"（《朱
文公文集》卷六十七）这里就将"爱"概括为仁的道理，将"宜"概括为义

《朱子语类》

的道理，将"恭"概括为礼的道理，将"别"概括为智的道理。即便如此，我们当会发现，从包括朱熹在内的古人对仁义礼智信之间的逻辑关系及其各自所含的道理的阐释还总是显得不够全面和清晰。

2.2.6.8　笔者对仁义礼智信五常的内在逻辑关系及其各自意义的论述

第一要确定，儒家是将仁义礼智信视为人之为人的本性的存在。也正是在这个意义上，孟子才说："无恻隐之心，非人也；无羞恶之心，非人也；无恭敬之心，非人也；无是非之心，非人也。"第二要确认，"仁"在五常中是具有全体和统摄作用的，换句话说，其他四德都是分别用来实行、表现、保障、确证"仁"德的。具体说来，义是实行仁的，礼是表现仁的，智是保障仁的，信是确证仁的。仁者爱也，所以，义就是行爱，礼就是敬爱，智就是保爱，信就是诚爱。可见，"'仁'字须兼义礼智看，方看得出"（《朱子语类》卷六）。第三要确知，"智"与"信"在五常中是具有其独特作用的。智是用来判定是真的还是假的仁义礼信的最根本和最后的标准。或说智是能使仁义礼信按其本性呈现的最可靠的保障者。而"信"也可看做是对仁义礼智四者的真实性的确证，即确证仁是真仁、忠义、实礼、诚智。第四要确知，五常中的仁义礼各自都有多重的意义和价值。仁有其特殊的事亲意义，也有其普遍的慈爱意义；义有其不行仁而有着羞恶感的意义，也有其特殊的从兄的意义，更有其"宜"之应当与适当的意义，在此基础之上而产生的公正与公平的意义；礼有其节文与仪则的意义，也有分尊卑等级的意义，更有礼让、礼谦、礼卑的恭敬的意义。在这里似乎有必要对礼的意义再做些补充论述。如上述作为"四支"之一的"礼"，那一定要显示作为"全体"之"仁"的意义和道理的。既然慈爱是仁的道理，那么礼也当具有"爱"的道理，否则，就不能称其为与"全体"不可分离的"支"了。在谈到仁与礼的异同时，儒家明确指出，其同在于它们都是指向"爱"的，其异在于仁是表示亲爱，礼是表示敬爱。诚如《礼记·乐记》指出的那样："乐者为同，礼者为异。同则相亲，异则相敬。"礼的最大本质属性是用来外化与延伸仁之爱的精神实质的。一句话，也是彰显"爱"的。别异不是为了别的，而是为了"爱"啊！只是这种爱变成了血缘之外的"对象"罢了。对礼的敬爱这一道理和精神的确知，我认为是说五常必须要说清楚的问题。如此，我们也会在更积极的意义上去理解为大家非常熟知的"礼之用，和为贵"思想的重要意义和价值。第五要确立，五常各自所要具体反映和表征的道理和精神究竟是什么。我对它们的概括分别是：仁是慈爱的道理，义是公正的道理，礼是恭敬的道理，智是至善的道理，信是诚实的道理。我又以"仁以爱之，义以正之，礼以敬之，智以善之，信以诚之"而概之。可见，仁之德是要求慈爱待人待物，义之德是要求公正待人待物，礼之德是要求恭敬待人待物，智之德是要求良善待人待物，信之德是要求诚实待人待物。

仁义礼智信五常不但是儒家的核心价值观，也是中国传统文化的核心价值观。由它们所彰显和表征的仁爱、义正、礼敬、智善、信实的道理和精神也一定能在涵养和培植社会主义核心价值的过程中起到十分重要的作用，这也是我们"说五常"最大的现实意义之所在。

2.2.7　说孝

究竟什么德目及其观念能表征中国传统文化的核心价值观，这个问题似乎一直没有明确答案。有的认为是"仁"，有的认为是仁义礼智信五常，有的认为是"孝"。当然，这些观点都有其根据和道理。但是我们是否可以换一个视角来看待和认识中国传统文化的核心价值观的问题，即找到一个只有中国才具有的，而其他国家和民族没有的，或者说不太重视的价值观，一句话，最具中国特色的价值观。如果按照这个标准来选择的话，那不须思考，一定是"孝道"了。因为道理很清楚，由五常而表征的仁爱、公正、恭敬、良善、诚信等伦理精神不唯中国所独有，尽管相比较而言，可能中国传统社会对这些价值观宣传和提倡得更多而已。

孝道是中国传统文化特有的价值观和文化现象。孝道是适应了中国古

二十四孝之啮指痛心

代发达的宗法家庭血缘的社会基础和结构。自古以来，孝道受到社会各个层面的高度重视。旧八德的"孝悌忠信礼义廉耻"中有"孝"，新八德的"忠孝仁爱信义和平"中有"孝"。而且，大凡有点文化的中国人，对下列一些话不会显得陌生的：孝是"百善之源""教化之始"，"百善孝为先""夫孝，德之本也，教之所由生也""夫孝，天之经，地之义，民之行也"，"天地之性，人为贵。人之行，莫大于孝""罪莫大于不孝"（以上均《孝经》语），"孝悌也者，其为仁之本欤！"（《论语》语）。由此可见，要了解和研究中国传统文化，一定是要说孝的。

2.2.7.1 释孝

《说文解字》云："孝，善事父母者。从老省，从子，子承老也。"就是说，孝的意思是善于侍奉服事父母，"孝"字是将"老"字的下方的"匕"字省掉，换成"子"字组合而成的。所以说，孝首先表示的是在下的子女与在上的父母的关系，其次表示的是在下的子女善事并承传在上的父母的责任和义务，所以，孝被视作一种美德和善行。

2.2.7.2 孝道的具体内容

从孝的本义我们可以清楚地知道，孝主要是讲在下的子女对在上的父母的一种情感与责任。这种情感与责任最集中的体现正是在一个"善"字上。在儒家看来，究竟什么行为表现才称得上"善事父母"呢？归纳起来应该有以下几个方面：一是要能够珍惜自己的身体发肤而不至于毁伤，因为这是父母给的生命形式，此谓之"惜身"。儒家将此视为孝最先应该做到的。这是从子女与父母的生理关系上来规定孝的。二是要能够在物质生活上赡养父母，此谓之"能养"。儒家将此视为孝最起码应该做到的。这是从子女与父母的生活关系上来规定孝的。三是要能够在精神生活上敬重父母，此谓之"能敬"。儒家将此视为孝最本质的体现。这是从子女与父母的精神交往上来规定孝的。之所以把"能敬"视为孝的本质，因为这是站在人之为人的人性上来给予观照的。关于这一点，孔子说得最为明确而又深刻。他说："今之孝者，是谓能养。至于犬马，皆能有养，不敬，何以别乎？"（《论语·为政》），意思是说，现在许多人认为对父母的孝，就是能够养活父母。其实养狗养马也是给它们吃喝，如果只是给父母吃喝，而不能够做到敬重他们的话，那么，他们与狗马还有什么区别呢？至于儒家还提到的要能够对父母和颜悦色，不要太忤逆父母以及"无违礼"（即在父母生时、死时和死后都按礼数去对待他们，"生，事之以礼。死，葬之以礼，祭之以礼"，此之谓也）等都属于"能敬"的范畴。四是要能够在道德修养上使自己挺立起来，行正道，此谓之"立身"。这是从子女的做人上来规定孝的。五是要能够在事功进业上使自己有所成就，以至于扬名后世，此谓之"扬名"。这是从子女的做事上来规定孝的。六是要能够做到有后嗣，以保证家族的繁衍和家族祭祀的不断，此谓之"有后"。由上可知，我将传统孝道的内容概括为：惜身、能养、能敬、立身、扬名、有后。

如果说以上是从正面规定孝的内容的话，那么实际上儒家也从反面划定了不孝的范围，其中以亚圣孟子之论最为全面和著名。孟子说："世俗所谓不孝者五：惰其四支（肢），不顾父母之养，一不孝也；博弈好饮酒，不顾父母之养，二不孝也；好货财，私妻子，不顾父母之养，三不孝也；从耳目之欲，以为父母戮，四不孝也；好勇斗狠，以危父母，五不孝也。"（《孟子·离娄下》）这是说，不孝有五种表现：一是四肢懒惰，不管父母的生活；二是好下棋喝酒，不管父母的生活；三是贪钱财，偏袒妻子儿女，不管父母的生活；四是放纵耳目之欲，使父母因此蒙受耻辱；五是逞勇好斗，危及父母。简言之，好吃、懒惰、贪财、纵欲、好斗而不顾父母的行为谓之不孝。对于每个中国人来说，可能孟子的下面这一句话更为熟知，即"不孝有三，无后为大"。而究竟此三者指的是哪些，孟子并没有明确说，而汉代的赵岐给予了发挥。他说："于礼有不孝者三，谓阿意曲从，陷亲不义，一不孝也；家贫亲老，不为禄仕，二不孝也；不娶无子，绝先祖祀，三不孝也。"这是说，一味屈从父母，即便见其有过而不加以劝说，使父母陷入不义之中，这是第一种不孝；家境贫寒，父母年老，自己不为官做事赚钱来供养父母，这是第二种不孝；不娶妻、不生子，断绝了祭祀祖先之人，这是第三种不孝。

2.2.7.3 孝道反映的伦理精神

由孝的本义、孝的正面规定以及孝的反面规定，我们知道了作为中国传统文化独特的价值观的孝道的具体内容。我们说孝的目的，除了让人们全面具体了解孝的内容，更重要的是要揭示由孝道而反映出的是什么样的伦理精神及其意义与价值所在。从上面的论述中可以清楚地发现，孝道强调的是在下的子女对在上的父母的一种天然的责任心和义务感，此其一；这种责任和义务是出于对对象的真挚情感，此其二；这种真挚情感具体表现为对对象的爱戴、敬重、给予，此其三。所以说，孝道所反映的伦理精神实质恰是体现在"善事"两字之上。何者为"善"？有心、有情、给予、尊重者也。一句话，对父母的有心、有情、给予、尊重的仁爱就叫做"善事父母者"。如果读者足够有心的话，你会记得我在之前"说仁"的章节中，曾对"仁爱"有过五个词十个字的概括，即有心、有情、给予、尊重、宽容。我们从"孝"的定义中会清楚地发现它包括了仁爱几乎全部的精神实质。而我始终认为，只有你准确把握了"仁"的精神实质以后，你才能准确理解儒家许多命题的意义与价值。例如，"孝悌也者，其为仁之本欤"（《论语》语），"仁之实，事亲是也"，"亲亲，仁也"（《孟子》语）。也就是说，孝是仁的根本，仁的实质在于善事父母双亲，亲爱父母双亲就是仁。实际上儒家在这里是要告诉人们，孝所表征的伦理精神也是仁所要表征的伦理精神！

2.2.7.4　孝与忠结合而形成的忠孝思想

与孝相连而形成的"忠孝"思想，当是孝道包含的一个重要内容。《孝经》第一章就开宗明义："夫孝，始于事亲，中于事君，终于立身。"如果单就"孝"的问题来说，其在中国传统文化中的显著地位及其重要性都是毋庸置疑的，但当孝与忠相连而构成"忠孝"问题，其中的复杂性就呈现了，这就需要我们历史地、具体地、辩证地加以分析了。"忠孝"二德哪个产生得更早，学界是有不同看法的。但如果就"忠孝"二德连用的话，无疑是"孝"德在先，"忠"德在后。道理很简单，忠孝就是要解决移孝为忠的问题。我们已知，孝的对象是双亲，"善事父母为孝"，所以这是对父母家庭所负责任和义务而表现出来的善德善行。忠的对象是集体、上级、君王、国家，那是对这些对象的责任和义务。所以说，孝是离每个人最近和最先要做的善行，为大家非常熟知的"百善孝为先"，说的就是这个意思。我们已强调指出，善事父母的孝道之最本质的伦理精神一定是爱，又具体表现在"敬""顺"之上，所以也才有了"孝敬""孝顺"之说。由孝道而表现的下者对上者的敬顺之爱，当是忠孝思想提倡者要很好利用的地方。也就是说，要将这种下对上的敬顺之爱推及到更广泛的范围。《论语》中的一段话最能体现这种意图。"有子曰：'其为人也孝弟，而好犯上者，鲜矣；不好犯上，而好作乱者，未之有也。君子务本，本立而道生。孝弟也者，其为仁之本与！'"（《论语·为政》）也就是说，一个人如果能善事父母，善事兄长，就不会犯上作乱，去做逆道背理的事。所以孝悌是实践仁爱之德的基础和根本。《管子》曰："孝弟者，仁祖也"，《孝经》曰："故以孝事君则忠，以敬事长则顺。忠顺不失，以事其上，然后能保其禄位，而守其祭祀。""君子之事亲，故忠可移于君；事兄悌，故顺可移于长。"以上之论，都是在强调孝德的根本性和先在性以及由孝而生出的敬顺之德。出于人的真挚情感而对在上者的父母兄长的敬顺仁爱的德行，如果将其扩展开来，对他人、集体、事业、上级、君王、国家也都能做到尽心尽力，敬顺行事，那应该成为一个文明社会值得正面肯定和提倡的行为。

曾子

孝經一卷

開宗明義章第一

仲尼居曾子侍子曰先王有

至德要道以順天下民用和

睦上下無怨女知之乎曾子

《孝经》

由孝而忠，或者说移孝作忠，如果在上述意义得到自然地展开，那么，这样的忠是不可或缺的。汉唐以来所形成的"求忠臣必于孝子之门"选拔人才机制，其思想基础正在于此。当然，在现实中也不是说只要是孝子，那一定是忠臣的，相反的情况是大量存在的，即一个人可能在家是孝子，而对外人、集体或国家可能并没有发生必然地推移去爱他们。也就是说，由孝而忠之间并不存在必然性。正因为如此，在中国还有另一个观念被人所熟知，即"忠孝不能两全"。但中国人为了树立和弘扬孝与忠的关联性，则会从反面说理来支撑这种观念的正当性。具体说来，如果一个连自己的父母都不爱的人，一定不会爱他人，不会爱岗敬业，进而也不会爱他的国家，而此种人一定不可重用。

所以，与其说"忠孝"，不如说"孝忠"更符合它们的逻辑顺序。孝的本质在于爱，爱是一种对对象有心有情的眷念、亲近和爱护，爱父母，爱家庭，由此推移，爱家乡，爱故土，爱国家，爱天下，这是一个源于亲情的延伸，这是一种基于责任的扩展，这是一项本于使命的推及。延伸、扩展、推及都是强调爱的超越。"天下之本在于国，国之本在于家，家之本在于身""老吾老以及人之老，幼吾幼以及人之幼"（《孟子》语），"爱于亲者忠于国"（常言），修身、齐家、治国、平天下的"修齐治平"（《大学》语）等思想正是这一爱之超越性的最好表达。基于"孝忠"而产生的爱国情怀，也是由中国传统的"家国同构"的社会结构所决定的。由此可见，与孝相连的忠，其积极正面的价值与意义是显而易见的。当然，对于宋代以后那种将"移孝作忠"仅局限于处理君臣关系的狭隘化，并将两者的关系绝对化的忠的思想，我们是应该明确否定和批判的。我们也将这一性质的忠，名之为"私忠""愚忠"，而这一情况更在"忠君"思想中有所表现。

弃官寻母

2.2.7.5 二十四孝的得与失

说孝不能不说在中国有着广泛影响的"二十四孝"问题。虽然这二十四孝的人和事都是发生在中国古代，汉晋以前占了绝大部分，因而具有了十分突出的时代局限性，但是站在人性以及现代社会的角度对其进行具体的辨析和讨论依然是必要的，也是有意义的。在这二十四位孝子的行为中，都是强调从生到葬再到死后很久的祭祀如何行之以礼，如何让父母生活得好，如何关爱忧愁父母的疾苦，如何让父母高兴快乐，如何满足父母特殊的需要等。从他们的行为表现中，我们并不怀疑他们对自己的父母那分有心、有情、给予、尊重、宽容的仁孝之真挚情感，也是在这个前提下，我们肯定二十四孝中所表现的这种伦理精神，但是我们对二十四孝中有些极端的做法是无法接受的，更不要说效法了。任何一种伦理精神的彰显，都始终应该符合人性地对待。也就是说，如果一种伦理精神本身是要体现人性的光辉，而最后却失去了这种人性的光辉，那么我们就要认真去反思这种伦理精神本身的缺陷和错误了。例如，在二十四孝中有几则正是因为将仁孝推向不适当的地步而丧失了人性的例子：郭巨埋儿，事亲奉母；丁兰刻木，事死如生；王袞纯孝，闻雷泣墓等。为了父母，而全然不顾其他生者的生存权和幸福权，这样的孝行是极不人道的。这里只对"郭巨埋儿，事亲奉母"一孝作些介绍。郭巨，晋代隆虑人，原本家道殷实。父亲死后，他把家产分作两份，给了两个弟

埋儿奉母

弟，自己独取母亲供养，对母极孝。后家境逐渐贫困，妻子生一男孩，郭巨的母亲非常疼爱孙子，自己总舍不得吃饭，却把仅有的食物留给孙子吃。郭巨因此深感不安，担心养这个孩子必然影响供养母亲，遂和妻子商议："儿子可以再有，母亲死了不能复活，不如埋掉儿子，节省些粮食供养母亲。"当他们挖坑时，在地下二尺处忽见一坛黄金，上面写："天赐孝子郭巨，官不得取，民不得夺。"夫妻得到黄金，回家孝敬母亲，并得以兼养孩子。从此，郭巨不仅过上了好日子，而且"孝顺"的美名传遍天下。对"埋儿奉母"的行径，鲁迅曾经有过无情的揭露和辛辣的讽刺。"彼时我委实有点害怕：掘好深坑，不见黄金，连'摇咕咚'一同埋下去，盖上土，踏得实实的，又有什么法子可想呢？我想，事情虽然未必实现，但我从此总怕听到我的父母愁穷，怕看见我的白发的祖母，总觉得她是和我势不两立，至少，也是一个和我的生命有些妨碍的人。"我们之所以说一说二十四孝的问题，是想阐明这样一个观点，在弘扬包括孝道在内的中国传统文化时，应始终站在现代文明社会和人性的高度来审视它们，不要不加分析和批判地一味全盘吸收。正是基于此，我们非常不赞同为了宣扬所谓孝道而到处搞什么二十四孝图。

2.2.7.6 孝与慈相对而形成的慈孝观

我们研究中国传统文化的孝道，并一再重申它在中国传统中的独特又重要的作用，但我始终有这样的想法，我们说孝，不能仅就孝而说孝，或者不能仅将孝与忠相对而说忠孝观，而忽视了孝与慈相对而形成的慈孝观。更为重要的是，实际上孝道及其伦理精神，那是与慈及其伦理精神紧密相联的。如果说忠孝观是"移孝作忠"，那么慈孝观所要表现的则是自然血缘的"天然关系"。既然是一种关系，所以，就绝对单独一方来谈，是无法彰显出其本质意义的。换句话说，孝是不应该成为一个无根基和无前提的"单向性"的价值观。

善事父母谓之孝，而慈爱子女谓之慈。现在我们要讨论的问题是，善

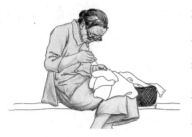

谁言寸草心，报得三春晖

事父母的仁孝之情是从哪里产生的？通俗地说，子女为什么要孝敬他们的父母？答案和结论实际上再清楚不过了，那正是来源于父母首先对他们的子女所付出的仁慈之情啊！常言"没有父母不爱自己孩子的""可怜天下父母心""谁言寸草心，报得三春晖"均是在表达这种先在性的仁慈之爱。

"为人子止于孝，为人父止于慈"（《大学》语）。也就是说，因为父慈，所以子孝，父慈子孝。我们中国人在谈到孝的时候，都喜欢用"乌鸦知反哺"作为例子。但我这里所要强调的是，你不能只看到或重视小乌鸦对老乌鸦的反哺，而忽视了老乌鸦竭尽所能为小乌鸦所做的抚养和奉献在先啊！我们不能仅称乌鸦为"孝鸟"，实际上它还被称为"慈鸟"。崔豹曰："乌，一名孝鸟"，乌即乌鸦。李时珍对乌鸦有过这样的记述："慈乌，此鸟出生，母哺六十日，长则反哺六十日。可谓慈孝矣。"由此可见，母哺在先，且耗尽心血，从而失去捕食能力；而长则反哺在后。这是一个老者对幼者养育在先，而幼者对老者养育在后的双向性的施爱过程，所以，李时珍才说"可谓慈孝矣"。由此可见，父母对子女的爱称为哺育，子女对父母的爱称为反哺。前者是施恩，后者是报恩。两者都在"给予"对方中显出仁爱的精神实质。

乌鸦知反哺

父慈子孝所表征的仁爱是一种"天伦"之爱，"血浓于水""父子有亲"，此之谓也。由以上所论，我这里似乎要做出一些看似"胆大"的举动，那就是，如果照"慈孝观"而表现出的逻辑先后顺序，那仁慈一定是在先的，所以仁爱之德也一定是由慈而发出的。在这个意义上说，孟子的那句名言，也应改为"幼吾幼以及人之幼，老吾老以及人之老"。

2.2.7.7 孝道被推崇的历史原因

当然，我们要正视"孝道"思想在中国传统社会被高度重视的现实。其中的道理是十分明显的，因为孝道所宣扬的伦理责任意识，是与中国传统社会的特殊的结构紧密相联的。大家都知道，"家国同构"是中国传统社会的结构形态，如果要将在家养成的对在上者的责任感和仁爱的精神不断地向外扩展的话，那么，只有"孝道"才是符合这一推及的伦理观念。中国传统文化，尤其是作为统治思想的儒家文化，其思想终的一定是作为"外王"的"国家天下"。"格致诚正修齐治平"（格物、致知、诚意、正心、修身、齐家、治国、平天下谓之"八条目"）"内圣外王"，此之谓也。所以说，为什么会一再称孝是德之本和百善之源，最关键的一点就在于，孝这一"下对上"而形成的伦理观是符合中国政治需要的，因为这种需要的广泛存在，所以可以将孝所反映的责任不断地由近及远地推及开去，从而产生这样的连带关系，即由爱父母，爱家庭，再到爱家乡，爱故土，爱国家，爱天下。这是一个源于亲情的延伸，这是一种基于责任的扩展，这是一项本于使命的推及。延伸、扩展、推及都是强调爱的超越。

值得强调指出的是，我们在说"孝"时，始终不能淡忘孝道是中国传统文化最具特色的文化观念，而它之所以能成其为特色，那一定是反映了中国传统社会存在的基本特色。这一基本特色一种表述为"家国同构"，一种表述为"宗法+封建"。宗法之家体现的观念就是"亲亲"；封建之国体现的观念就是"尊尊"。而能同时兼有这两种观念性质的，当推"孝"。换句话说，"孝"既有亲亲义，又有尊尊义。惟其如此，孝才能在中国传统社会中被用来作为强化封建社会所需要的"尊尊"之伦理观念得到大力宣传和弘扬。由此可见，孝，实际上架起和连贯了"亲亲""尊尊"为特征的中国传统社会的桥梁。

2.2.7.8 孝道的现实意义

首先，要呈现孝的本义的"善事父母"中的"善"字的真之义。我认为这就是正念、正行，因为只有符合天良的观念和行为才能被称为正念和正行，而"善"恰是表征这一点的德目。其次，要突显孝所要表达的是对对象的爱之情。中国的孝道所蕴含的积极意义正是要提倡人在与多重关系中而彰显出对对象的责任和义务以及浓浓的爱之情义。具体来说，人对双亲、人对他人、人对社会集体、人对国家民族这些关系中皆要落实一个"爱"字。孝就是爱，爱就是至善。止于孝就是止于爱，止于爱就是止于至善。要懂得，这是中国传统文化的"至真至善至美"的理念，而这一理念则是中国传统文化自始至终坚守的"理一"之大道。只要有家庭在，有社会在，有国家在，有民族在，孝道就应大行其道。在任何情况下，这种孝道都可谓是符合人性的对待。另外，孝道所激起的爱国情怀当是我们在现代社会很好继承和弘扬的。我们不会忘记在抗日战争时期流行的那首著名的歌曲《保卫黄河》中的歌词："保卫家乡，保卫黄河，保卫华北，保卫全中国。"这正是从爱亲人、爱家乡的原始的情感中迸发和拓展的一种精神力量、信仰追求。再次，在宣扬孝道的同时，我始终认为要解决好两个问题。一是与孝紧密相联的"慈"的问题，应该避免的是，不要因为过分强调在下者对在上者的孝的责任，而相对忽略了在上者对在下者的责任，如此才能构成一个良性的双向性的和谐关系。二是对传统孝道进行符合现代社会与人性的重新审视和继承。

刻木事亲

闻雷泣墓

哭竹生笋

卧冰求鲤

对那些已经完全异化和变质的所谓孝道，即一味地强调单方面的顺从和丧失独立人格的孝念和孝行，当在坚决地批判和唾弃之列，例如，"天下无不是的父母""父要子亡，子不得不亡"等。还有那些过分的甚至充满迷信的二十四孝行中的一些孝行当在抛弃之列。例如，"埋儿奉母""刻木事亲""闻雷泣墓""哭竹生笋""卧冰求鲤"等。父母养育了子女，子女就应该回报，对父母就要做到"能养""能敬"；父母牵挂着子女，子女就应该回应，对自己就要做到"惜身""立身""扬名"。不要让父母担惊受怕、伤心痛心，这是子女应该做的。当然，是否"有后"的问题能否作为"孝"的标准，则是要作具体分析，不可一概而论。所以说，中国传统孝道所要求的"惜身""能养""能敬""立身""扬名""有后"在现实社会中还是应该值得肯定和大力弘扬的。

　　总之，说孝就是要把孝的本义、孝的精神说清楚；就是要把与孝相联的忠孝观、慈孝观说清楚；就是要把符合现代社会需要的和符合人性对待的孝的正念、正行发扬光大。

2.2.8　说悌

如果要问哪些道德是最具中国特色的，答案一定是两个，即"孝"与"悌"二德。换句话说，孝悌是最具中国特色的道德。其原因应有二，一是孝悌之德是适应着中国传统宗法社会的现实需要，维系宗法血缘的关系需要孝悌；二是孝悌之德是适应着中国传统政治社会的现实需要，维系社会政治的统治需要将亲爱血亲的孝悌之德移植到爱戴君主的忠诚之德。中国传统的社会结构是家国一体。父父子子是解决齐家的问题，君君臣臣是解决治国的问题。所以"齐家"是为了"治国"。《论语》开篇就把这个关系讲得特别明确。"有子曰：'其为人也孝弟，而好犯上者，鲜矣；不好犯上，而好作乱者，未之有也。君子务本，本立而道生。孝弟也者，其为仁之本与！'"

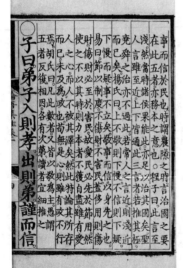

"出则悌"《论语集注》〔宋〕朱熹注　明嘉靖二十七年（1548）伊藩刻四书集注本

（《论语·学而》）孝弟就是孝悌。就是说，为人处事如果能做到孝敬父母、尊重兄长，那么就不会做出犯上作乱的事来。实际上，从这里我们还能明白这样一个符合历史事实的文化现象，这就是谁家的学派能同时满足中国传统社会的两重需要，即宗法与政治，那它一定能构成中国传统社会的统治思想和主流思想以及成为中国人的普遍价值观。照此逻辑我们可以认为，儒家思想正是同时满足了这一现实需要。儒家思想是"祖述尧舜，宪章文武，宗师仲尼"（《汉书·艺文志》）的，而"尧舜之道，孝弟而已矣"（《孟子·告子下》）。

不惟儒家经典高度重视"孝悌"二德，《管子·戒第二十六》也明确指出："孝弟者，仁之祖也。"意思是说，孝悌是仁德的源头。当然，"孝悌"二德之所以在中国传统社会那样被重视和流行，除了它们被概括成中国传统文化的核心价值观之"四维八德"，即"孝悌忠信，礼义廉耻"以外，更为重要的是，作为蒙学的几部经典都将"孝悌"二德作为首德来宣扬和教化。《三字经》说："首孝弟，次见闻。"做人做事首先是孝敬长辈，敬重兄长，其次才是知识学问。《弟子规》更是根据《论语》所载的那段话进行详细辨析和发挥。子曰："弟子入则孝，出则弟，谨而信，泛爱众，而亲仁。行有余力，则以学文"（《论语·学而》），而《弟子规》正是按此分章如下：一、总序，二、入则孝出则弟，三、谨而信，四、泛爱众而亲仁，五、行有余，则以学文。所有问题中最首要和最重要的当然属于"孝弟"，因此才说"首孝弟，次谨信"。可见，《三字经》《弟子规》的"首孝弟"主张，从小就灌输到每个中国人的头脑中，如此一来就大大增强了中国人的孝悌道德观。

可能也正是因为"孝悌"二德的产生具有了上述社会根源，所以我们在论述它们，特别是在对其现实意义的阐发上当需运用辩证、历史和发展的方法。也就是说，对于它们要作出实事求是的分析和评价，并在此基础上做到创造性转化和创新性发展。

2.2.8.1 释悌

就其本义来说，"悌"实际上存在着一个发展的过程，也就是说"悌"有两义：一为"善事兄长"之"悌"；一为"善兄弟"之"悌"。

而明确区分这两种含义的差异性是我们论述"悌"德时一定要注意的地方。

其一，"悌"字在中国传统经典中向来都是用"弟"字来表示。《论语·学而》说"有子曰：'其为人也孝弟……孝弟也者，其为仁之本与！'""子曰：'弟子入则孝，出则弟'"，此处的"弟"亦作"悌"（ti）。《孟子·告子》说："尧舜之道，孝弟而已矣"，此处的"弟"亦作"悌"（ti）。《三字经》说："首孝弟"，此处的"弟"亦作"悌"（ti）。《广雅·释亲》说："弟，悌也。"所谓"悌"的本义就是指年小的弟对年长的兄应有的态度。这一态度就是"敬爱""恭顺",而这一对兄长的敬爱和恭顺即被称为"善事"。所以《墨子·兼爱》说:"为人弟必悌",《新书·道术》说:"弟敬爱兄谓之悌。"朱熹更明确地说道:"善事父母为孝,善事兄长为弟。"正因为"弟""悌"有了年小的弟对年长的兄尊敬恭顺的意思,所以作为儒家道德伦理德目或说概念的"悌"即具有了"弟"(di)之"次第""次序"的含义。《说文·弟部》说:"弟,韦束之次第也。"意思是说,用绳索依次缠绕物体的次序,束之不一,于是有次第,这就叫做"弟"。如果我们要从"悌"的会意的角度来理解的话,即左边有心,右边有弟,那就应该是:弟弟心中有兄长以及心中不忘先后次第。

由上可知,"悌"的本义一定是弟弟对兄长的敬爱和恭顺,也正是在此义的基础之上,"悌"德在延伸到非血缘的社会关系时当然地就具有了顺从长者的意义。正因为如此,汉代赵岐在解释孟子的"入则孝出则悌"时说:"出则敬长悌。悌,顺也。"《孝经》也说:"教民礼顺,莫善于悌……敬其兄则弟悦。""教以悌,所以敬天下之为人兄者也。""事兄悌,故顺而移于长。""长幼顺,故上下治。"

在这里值得强调指出的是,对于此层次意义上的"悌"德所要呼唤的精神当要做到实事求是地对待。"敬""顺""从"构成了此层次"悌"的内涵的三个关键词。也就是说,只有做到了这三个方面,那才能被认为是"善事"者也。我们认为,真正的"善事"一定是反映出"爱"的精神,而"爱"的实质又恰恰体现在"尊重"。也就是说,对兄长的敬爱、恭顺、顺从不但表现出施爱者的弟弟对兄长的尊重,而且表现出受爱者兄长对弟弟的尊重。之所以要强调这一点,正是要避免可能过分强调在下者的一方对在上者的一方的尊重,而忽视了在下者应该受到的尊重。换句话说,不要为了强调对一方的"敬爱",即"善事",而给另一方因为人格上的不平等而造成某种伤害,如果是那样的话,你可能是对一方做到了"善",而就整个关系来说,你就不能够被称为"善"事了,恰恰相反,那就是建立在等级基础上的不平等之事了,而一切维护不平等的道德规范都是违反人性的,因而理应受到否定和批判的。换句话说，在"善事兄长"含义的"悌"德，只是强调在下者的弟弟对在上者哥哥单方面的情感行为，因此，这个意义上的"悌"即使延展到家庭以外的社会，也只能引出"尊老"的观念和精神。所以说，对此的认识和继承一定要注意防止由于过分强调而可能造成的等级和不平等意识和行为的产生。

其二，也可能在实际的运作中，中国古代思想家注意到了上述问题，所以他们首先在概念的本来意义上来更加明确地规定出"兄"与"弟"双方都应该遵循的"善事"，如此才能叫做"悌"。这就是南唐人徐铉所著《说文新附·心部》对"悌"所作的规定和解释。他说："悌，善兄弟也。"这一规定和解释显然与"善事兄长为悌"的意思有了很大的区别。也就是说，"善兄长"之"悌"要求的是单方面的责任，而"善兄弟"之"悌"则是要求双方面的责任。这就提醒我们，在研究"悌"德的时候，还应该注意到在另一种意义上对"悌"的规定，那就是包含着弟与兄的相互关系的规定上。这就是以《说文新附·心部》为代表的观点，它是这样解释"悌"的，"悌，善兄弟也，从心，弟声"。这就表明，"悌"是包括了兄与弟双方的相互"善事"的意思。而反映在《三字经》《弟子规》以及其他经典中里的那些对兄与弟"明伦尽责"性的规定，都是在这个意义上被理解的。为了加深我们对这一问题的认知，在这里引述一下有关经典原文。儒家十三经之一的《礼记》中在谈到"十义"时，其中论述到"兄弟"时这样说道："兄良弟恭。"宋人所著《三字经》说："兄则友，弟则恭。"清人所著《弟子规》说："兄道友，弟道恭，兄弟睦，孝在中。"在此意义的"悌"当包括了弟弟心中有哥哥，哥哥心中亦有弟弟者也。更为重要的是，兄在对弟的友爱中和弟在对兄的恭敬中实现了彼此的"善事"。这个意义上的"悌"延展到家庭以外的社会，那才能引出"尊老爱幼"的观念和精神。"悌"以这样的身份和角色"出场"，亦才能全面和充分展现出它的正面和积极的意义及其功用。

2.2.8.2 "悌"德的双向性以及"出"的重要性

正因为这种关系是建立在双方相互的"善事"中，所以这一意义上的"悌"才能真正肩负起相互尊重之责。也可能正是看到了这一点，中国传统文化将源于家庭之"内"的道德扩展到家庭之"外"的社会时，选择了"悌"德，并通过此德来实现"爱"的泛化和推及。如果要问在儒家诸多德目中哪一个最能体现出儒家所始终坚持和运用的由近及远、由己推人的思维方式的话，那么答案一定是"悌"德。孔子和孟子都十分强调"出则悌"的问题。所谓"出"，就是要从内、从近、从己向外、向远、向人扩充、拓展、推演、延展。简单地说，"入"是专门解决"家族"内的事，而"出"是将家族内的事延伸到家族外的地方和场所，此地此所当然就是"社会"了。也正是基于这一点，或说正是站在了这个角度来看待"悌"德，你就会发现这一道德的重要性和现实性，从而你也才能真正理解孔孟都如此重视"出则悌"的原因之所在了！也就是说，"悌"在"伦理"关系中是要承担两头任务和要尽到两重责任。具体说来，"悌"德既承担调适家庭内的血缘关系的"兄弟姐妹"的任务，又承担协调家庭外的非血缘关系的"兄弟姐妹"的任务。另外，"悌"德不仅要尽到在家内的"兄友弟恭"的责任，而且要尽到在家外的"尊老爱幼"的责任。

为了更好地理解"悌"德在这方面所具有的特别意义和所起得特殊作用，我这里试图结合对孟子那段著名的论断的阐述来实现这一目的。孟子的"老吾老以及人之老，幼吾幼以及人之幼"，实际上包含着丰富的内涵，"孝悌"二德都蕴含其中矣。"老吾老"，"孝"德讲，"悌"德也讲；而"以及人之老"，那是由"悌"德来讲的。"幼吾幼"，"悌"德讲；而"以及人之幼"，也是由"悌"德来讲的。由此看来，"老"与"幼"两头，"悌"德都参与其中了。具体说来，在家的"入"（"老吾老"与"幼吾幼"），既有孝又有悌，而如果延展到"人之老"，即"以及人之老"的"外"（家庭以外的社会），那么这就需要"悌"德"出场"了。值得指出的是，这里"老"既有孝敬父母长辈的意思，也有尊敬老者长者的意思，而"悌"德当具有尊重、顺从长上的意思。至于完成"幼吾以及人之幼"的任务，那更是只得靠"悌"德了。由此可见，中国传统社会所积极提倡并被称为优秀美德而加以弘扬的"尊老爱幼"是通过"悌"德而得到具体体现的。换句话说，"尊老爱幼"正是由"悌"德呼唤出的道德精神和行为。这一道德精神告诉我们，在社会上遵循"悌"，就是尊敬社会上所有比自己年长的人，护抚社会上所有比自己年少的人。由此我们可以发现"悌"德是有其非常显著的特征的，我以"双向""内外""全面"来概括之。也就是说，"悌"德在家庭中所要求的"兄友弟恭"体现了其双向性特征；"悌"德是要承担由内向外"出"的任务的，从而体现了其内外性特征；"悌"德既要关照着血缘关系的"兄弟"，又要关照着非血缘关系的"老幼"，从而体现了其全面性特征。也正是因为"悌"德具有了这些特征，所以它也才有可能肩负起更广泛的重任。

2.2.8.3 "悌"德的实质在于"友善"

所以，对"悌"德的研究，还应该从"悌"德中自然包含的"友""睦""和"等这些"善"行中挖掘它的重要意义和价值。这是一个更加广泛和深刻意义的问题。具体说来，所谓广泛是指"悌"德最终是解决社会关系范围内的"兄弟朋友"问题；所谓深刻是指"悌"德最终是要实现社会关系中的人与人之间的友善、和谐、和睦的问题。

没有比以下为大家所熟知的名言更能代表"悌"德所要关照的广泛性了，"四海之内皆兄弟也"（《论语·颜渊》语），"落地为兄弟，何必骨肉亲？"（晋陶渊明语），"海内存知己，天涯若比邻"（唐王勃语），"民吾同胞，物吾与也"（北宋张载语）。如果用最通俗的话说，那就是兄弟姐妹、兄弟朋友、同志朋友。"同师曰朋，同志曰友"（汉郑玄语），"同志为友"（《说文》语），"善兄弟为友"（《尔雅》语）。这些话语是想告诉人们的是，"悌"德具有"善兄弟朋友"之广泛涵义。

而要呈现和理解"悌"德所具有的深刻性,那就要进入对"友"之性的理解,从而你才能理解为什么会"悌"与"友"相连而有"悌友"一词以及"友"与"善"相连而有"友善"一词!《广雅·释诂三》说:"友,亲也。"《书》孔传说:"友,顺也。"这就明确告诉我们,所谓"友"就是亲善、亲爱、和顺的意思。如果我们注意到《说文解字》在解释到"仁"字的时候说:"仁,亲也,从人从二。"由此可见,"友"字和"仁"字在"亲"的含义上实现了重合。这一点应引起我们高度重视。因为不但是"悌",而且包括"孝",即"孝悌",其最终乃是要落实到"泛爱众,而亲仁"(《论语》《弟子规》语)之上!值得注意的是,"悌"德通过"友",不但扩大了对象的范围,更重要的是深化了对象间的关系。而这种关系又具体通过"亲爱""亲和""亲顺""亲睦"即"亲仁"的组合并最终体现在一个字上,那就是"善"。

如果要找一些词汇来表示兄弟朋友间的这种"善"情"善"行的话,那这些词就是"悌友""友悌""悌顺""悌睦"。由此可见,兄弟平等友爱也是由"悌"德呼唤出的道德精神和行为。当我们站在既广且深的层次上来挖掘和研究"悌"这一美德的时候,我们即刻就会发现,蕴藏在其中的德行是那样的"善"!这种"善"所要呈现的是对象之间的"亲近相爱""互助互爱""平等相爱""相互尊重""相互帮助""团结互助""团结友爱"等等。"出入相友,守望相助,疾病相扶持,则百姓亲睦"(《孟子·滕文公上》),此之谓也。

2.2.8.4 "悌"德的最大功用在于"和"

更值得强调指出的是,这样的美德所欲达到的是人与人关系的和顺与和谐,并最终促使整个社会的和顺与和谐。换句话说,"悌"德的最大功用正是落实在一个"和"字上。诚如北宋苏辙说:"欲求兄弟之和则致力于友悌之节。"我们都知道,"礼"的功用也正是表现在一个"和"字上。"礼之用,和为贵"(《论语·学而》),此之谓也。我在这里也提出一个命题："悌之用，和为贵。"如果我们要问，为什么说"礼"与"悌"的功用反映在"和谐"之上呢？换句话说，为什么说"礼"与"悌"能促使人与人以及社会关系的和谐呢？这其中一个非常重要的原因就是在于它们都突出一个"敬爱"的精神。更重要的是，中国传统许多美德讲究的是相互的感应和交换。礼敬是相互的，是感应的，是交换的。"有礼者敬人，敬人者，人恒敬之"（《孟子·离娄下》），此之谓也。悌敬友爱是相互的，是感应的，是交换的。"子之友悌，和如瑟琴"（晋人潘岳语），此之谓也。

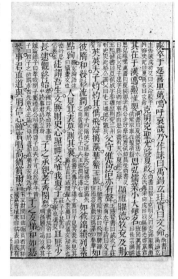

"子之友悌"《夏侯常侍诔》
〔晋〕潘岳撰 清光绪羊城翰墨园刻朱墨套印本

2.2.8.5 "悌"德本旨归于仁德

当然，无论在论"孝"时，还是在论"悌"时，都应始终牢记"孝悌"是作为"仁"之根本而存在的，同时也是作为"仁"之终的而存在的。"孝弟也者，其为仁之本与"（《论语·学而》），"弟子入则孝，出则弟，谨而信，泛爱众，而亲仁。行有余力，则以学文"（同上）。"孝弟者，仁之祖也"（《管子》语），"首孝弟，次谨信"（《弟子规》语）。"本""祖""首"等字谈的是根本性问题，而"泛"字谈的是终的问题。"仁"就是爱人，就是亲近人，就是博爱人。而作为中华传统美德的全德者的"仁"，那更是讲究人与对象，尤其是人与人之间的相互感应和交换。"仁者爱人，有礼者敬人，爱人者，人恒爱之"（《孟子·离娄下》），此之谓也。总之，悌与孝是仁爱的出发点，它们所要指向的是"泛爱众"（孔子语）、"仁民爱物"（孟子语）、"博爱"（韩愈语），这是一个"天下为公""天下大同"（《礼记》语）的境界，《大学》将此境称为"至善"，所以，归止和安止此境者遂成为中华传统文化，尤其是儒家文化给社会和人生指明的最终方向和目标，由"心性之学"与"天人之学"构成的"大学之道"之终的乃是"止于至善"（《大学》语）！这是一个多么深厚高远的"爱"啊！

2.2.8.6　包括"悌"德在内的中华传统美德表征的精神都是"爱"

从上我们可以认识到，在中华传统美德中，仁、义、礼、信、孝、悌、忠诸德所要呼唤的都是"爱"的道理和精神。"仁者爱人也"，作为以爱为其内涵的"仁"，自不必说。"仁"德是具体通过"忠恕"二道来表征"爱"。其他各德都是通过其他道理或说理念来反映和体现"爱"的。"义"是通过行仁以及显示自身的公平正义和乐于助人之旨表征着"爱"；"礼"是通过恭敬之旨表征着"爱"；"信"是通过诚实不欺之旨表征着"爱"；"孝"是通过敬顺父母等善事之旨表征着对有着血缘关系的上辈的"爱"；"忠"是通过尽心尽力竭诚为他者做事之旨表征着"爱"；"悌"是通过敬重兄长，特别是通过尊老爱幼亲近友善之旨表征着"爱"。如果大家仔细分析，你可能会发现在这些中华传统美德中，"信"与"悌"两德是表现出鲜明的"平等"道理和精神的。而这种平等正是在相互珍惜、相互信任、相互尊重、相互理解、相互关照中得到反映。当然，我们这里是特别指在"善兄弟"意义上的"悌"德而言的。

实际上通过上述分析，我们可以发现中国传统文化这样一个非常有特点的精神及其实现这一精神的思维逻辑。用孟子的话说就是"先立乎其大者"，这个"大者"又可被称为"大道"。"天下为公"正是中国传统文化所立的"大道"。"大道之行，天下为公"（《礼记》语），此之谓也。只有实现了"泛爱众""博爱"，才能达到"天下为公"的目标。那么实现这一目标的途径和方法是什么呢？换句话说，实现"天下为公"的博爱，其人性论的根据和基础在哪里呢？儒家找到了"孝悌"，尧舜、孔孟均是如此。通俗地说，儒家从人性论的根本之处论述"孝悌"的终的乃是为了"天下为公"的博爱。所以在儒家那里始终贯彻着一个思维逻辑，那就是如何完成从内向外的"出"的问题。也就是说，"出外"的观念意识和思维方法始终构成了整个儒家的思维的重心。从孔子的"泛爱众""天下归仁焉"，到孟子的"亲亲仁民爱物""老吾老以及人之老，幼吾幼以及人之幼"，再到韩愈的"博爱之谓仁"，张载的"民胞物与"，程颢的"仁者浑然与物体"等等，无不是这一"出外"的行进路径。而"孝悌"二德其实是有明确分工的，"入则为孝"，"出则为悌"，此之谓也。由此也说明，他们主要是将"悌"德作为他们扩充爱，即落实"天下归仁""天下为公"之博爱的一个"过渡性""桥梁性"来对待的。明白了这一点，"悌"德的重要性就非常明显地被呈现了。

我们通过对"悌"德的分析和研究，还可以发现另一个很有意义的问题，那就是，"悌"德实际上既有"私德"的功能，更有"公德"的功能。私德属于"入"，其范围局限于家族社会；公德属于"出"，其范围涉及全体社会。这个问题其实涉及如何在新的形势下发扬和创造性发展中华传统美德的问题。而"私德"与"公德"的问题乃是需要认真认知和对待的现实问题。如何让存在于中华传统美德中的那些具有可以运用到"公德"领域的道德发挥出它们应有的作用，此问题应引起高度重视。也正因为如此，我们在建设社会主义文明国家的时候，更应该发扬存在于"悌"德中的这种平等亲近、互助互爱、礼让秩序、扶危济困等精神。所有这些又都体现着人类最光明和美丽的"善"的精神。我们有充分理由相信，构成社会主义核心价值观之一的"友善"是受到"悌"德滋养的。我们更有理由相信，当中华传统美德与社会主义核心价值观实现了交融以后，必将对中华民族的伟大复兴以及建设文明和谐的中国起到巨大的作用，这也是"论悌"的最大的现实意义之所在。

2.2.9 说忠

"忠"是中国传统道德文化中的一个重要的德目。孔子的文、行、忠、信的"四教"中有它，孟子的"忠信仁义，乐善不倦"的"天爵"中有它，《周礼》的"智仁圣义忠和"六德中有它，"孝悌忠信礼义廉耻"旧四维八德中有它，"忠孝仁爱信义和平"新八德中有它。

2.2.9.1 释忠

"忠"在汉语词汇中是一个多义词，其原始之义有许多，皆表示某种美德和善行，这应该是"忠"这个概念一个非常重要的特点。

《说文》："忠，敬也。从心，中声"；段玉裁补"尽心曰忠"；《疏》："中心曰忠"；《广韵》："忠，无私也"；《六书精蕴》："忠，竭诚也"；《玉篇》："忠，直也"。可见，"忠"在尽心、中心、无私、恭敬、竭诚、直率等获得了它的本来含义。所以，"忠德"就是尽心尽力，不偏不倚，恭敬竭诚，中心无私以奉公、任事、服职、对人之美德。也只有在这些意义上我们才能真正理解古人所说的"忠者，德之正也"之深义，从而才能明白为什么"忠"德在中国传统道德文化中占有那么重要的地位。甚至可以这么说，如果能将"忠"德所蕴含的全部意义揭示和呈现出来，中国传统文化，特别是儒家文化的主要精神就可以得到全面展现。

2.2.9.2 "忠"德包含了仁义礼智信五常之德

第一，忠爱。尽心尽力为人做事，是"忠"德所表达的第一个意思。这里对"为人"的定位是十分重要的。第一，"为人"一般是指为他人而不是为自己，第二，"为人"特别指为大多数人而不是为少数人。第一个意义上的忠义，我们在《论语》中能得到印证。为大家非常熟知的这样三句话就提到了忠。曾子曰："吾日三省吾身，为人谋而不忠乎？与朋友交而不信乎？传不习乎？"意思是说，替别人办事，给别人出主意是否尽心尽力呢？如果是就是忠，不是就是不忠。《论语·雍也》篇记载了孔子对仁的解释的一段话："夫仁者，己欲立而立人，己欲达而达人。"在孔子看来，所谓仁，就是自己要站得住，同时也使别人站得住；自己要事事行得通，同时也使别人事事行得通。通俗地说，你要立，他人也要立；你要达，他人也要达。你有这个心，他人也有这个心。所以，在处理人与人的关系中，要始终做到"将心比心""设身处地""由己推人"。孔子的弟子和以后的儒家一些著名人物都将孔子的上述思想视为"忠道"。从《论语》对忠道的规定中，我们可以清楚地发现，"忠"在尽心尽力为人谋利中、在"立人达人"中显示其"仁爱"精神。第二个意义上的忠之义，我们在《左传》中能得到印证。《左传·桓公六年》："上思利民，忠也。"意思是说，统治者要思考着为人民谋求利益，这就叫做忠。由上可知，忠在"为人""利民"中获得了它的含义。"为人"表示的是己人关系，重心落实在他人，"利民"表示的是君民关系，重心落实在人民。"为人"体现的是"以他人为本"，"利民"体现的是"以人民为贵"。简言之，忠的对象是他人，是人民，"尽心于人曰忠"（司马光《四言铭系述》语），此之谓也。而具体言之，推而广之，忠的对象就是事业，就是职守，就是国家，就是民族。所以，所谓忠就是忠于事业，忠于职守，忠于国家，忠于民族。概而言之，忠的精神是仁爱，而仁爱的本质即在于给予、奉献。由此，"忠"德就表现为"仁爱"之德也，从而实现了忠与五常之仁的相融互通，我们姑且以"忠爱"表述之。

第二，忠正。无私公正做人处事，是"忠"德所表达的第二个意思。

精忠报国

私的反面是公，所以无私也就是"公"，大公无私，此之谓也。而"公"的要旨就反映在中正、平正之上，"忠者，德之正也""惟正是忠"，此之谓也。我们又知道，中正、平正则是"义德"所呈现的意思。所以在这里实际上就形成了这样的逻辑关系：忠即公，公即正，正即义，义即忠。这也就是忠公、忠正、忠义常常相联而用的真正原因之所在。为了更好地理解"忠"德在此方面的意义，我们有必要对"义"这个概念稍加分析。《释名·释言语》说："义，宜也"；《中庸》也说："义者，宜也"，意思是说，"裁制事物使合宜也"。那么，什么样的状态才能算作"合宜"呢？下面所论给出了答案："义者比于人心，而合于众适者也"（《淮南子》语），"义者宜也，断决得中也"（《白虎通义》语），"义者，正也"（《墨子》语），"行义以正，事业以成"（《荀子》语），"至平而止，义也"（《管子》语），"义，人之正路也"（《孟子》语）。从这里可以清楚地看到，"义"是让人们在裁制事物的时候，要遵循"比于心""合于众""得于中""止于平""行于正"的原则。即是说，同于人心、符合大众、安止公平、行使正义、无所偏私的行事原则和道德规范就是义。所以公平、公正、中正、无私正是"义"德呼唤的精神。而当我们将上述所有"忠"德的含义呈现的时候，不也恰恰是在表征着与"义"德相同的精神吗？在这里值得强调指出的是，为中国人非常熟知的名言"天下为公"也正是通过"忠"德要弘扬的一种德性和精神。在中国传统文化中，无论是雅文化还是俗文化，无论是上层社会还是下层社会，都按照"公义"这一最高原则创造出他们心中的偶像并加以祭拜，以此代表这一忠公文化的特殊符号。正像大家非常熟知的关公、包公和济公，他们被合称

忠的不同体

为"三公"。人民称颂和祭拜他们，就是在于他们是"公义忠正"的化身，这也充分证明中国传统文化向来是不缺乏公正理念的。还应引起注意的是，中国是将公正上升到信仰的高度来加以认知和追求的。概而言之，忠的精神是义正，而义正的本质即在于公正、无私。由此，忠德就表现为"义正"之德也，从而实现了忠与五常之义的相融互通，我们姑且以"忠正"表述之。

第三，忠敬。恭敬，是"忠"德所表达的第三个意思。"敬"也是《说文解字》对忠的最直接的解释，"忠，敬也"，意思是说忠即是恭敬、庄敬、尊敬、崇敬之情之意。我们知道，恭敬辞让是"礼"德所呈现的意思。孟子曾明确指出："恭敬之心，礼也。"所以说，"礼"的本质在于"敬"。在先秦文献中，即便是谈论君臣之间的关系，也都是在此意义上使用的。例如为大家熟悉的"君使臣以礼，臣事君以敬""为人君止于仁，为人臣止于敬""君惠臣忠"等说法。当然礼敬与忠敬更多的意义是在解决人与人以及人与事等更广泛范围内的。作为一般意义上的礼，是要通过一定的形式表现出来的。不管有多少礼，以及多少形式，最终都是要体现出对对象的恭敬。所以古人有言："经礼三百，曲礼三千，可以一言以蔽之曰：毋不敬。"所谓的"毋不敬"，意思是说，身心内外不可有一点不恭敬之意。在礼主敬的原则下，礼还通过辞让、谦逊、卑弱以具体体现对对象的恭敬之义，这就是礼之让、礼之谦、礼之卑所要表现的精神。可见，礼敬、礼让、礼谦、礼卑是关乎修养和品行的问题。一个国家要立需要知礼，一个人要立需要知礼。"不知礼，无以立也"（《论语》语），说的就是这个道理。对人行事要恭敬而不懈怠，这就是"忠"德与"礼"德所欲共同彰显的德行和精神。有了这种德行和精神，就会产生团结和谐的局面。换句话说，和谐局面是靠礼敬而获得的。《论语》中所说的"君子敬而无失，与人恭而有礼。四海之内，皆兄弟也""礼之用，和为贵"，都是在这个意义上对礼敬的作用加以肯定的。概而言之，忠的精神是礼敬，而礼敬的本质即在于恭敬、谦让。由此，"忠"德就表现为"礼敬"之德也，从而实现了忠与五常之礼的相融互通，我们姑且以"忠敬"表述之。

第四，忠善。教人以善，导人以善，是"忠"德所表达的第四个意思。"教人以善谓之忠"（《孟子》语），这应该说是"忠"德所蕴含的一个非常重要的意义，但它并没有引起人们的足够重视。简单地说，忠德是要让人向善的德性。从"忠"德的这个意义上说，它所强调的是人之为人的一个天生能力的问题，而这又恰与"智"德所要表征的意义是相同的。作为五常之德的"智"，是最难把握的一个德目。五常之智不是我们通常理解的聪明、知识和智慧，其正确的解释应该是良知，它是所有道德的基础和判断所有道德真假的标准。换句话说，智的本质乃是在于能保证所有道德的不离不去，也就是真正实行所有道德者也。正是在这个意义上，孟子才说："是非之心，智之端也。"如果要对五常中的"智"给出一个本质属性的话，那么我认为就是"善"，再确切一点说就是"至善"。如此，智与善就在人之为人的本性上得到了重合与相通。而我们所讨论的"忠"德之一的属性及其功能正是在于能够将人之为人的本性呼唤出来！如果人们能够站在这样一个高度来把握"忠"德的话，那么存在于"忠"德中的价值与意义就会被明晰和突显。有关问题在后面还要阐述。呈明向善之心，教化人心向善，这就是"忠"德与"智"德所欲共同彰显的德行和精神。概而言之，忠的精神是智善，而智善的本质即在于良知、向善。由此，"忠"德就表现为"智善"之德也，从而实现了忠与五常之智的相融互通，我们姑且以"忠善"表述之。

第五，忠诚。不欺竭诚，是"忠"德所表达的第五个意思。《增韵》说："忠者，内尽其心，而不欺也。"《六书精蕴》说："忠，竭诚也。"这里是强调发自内心的绝对不欺、诚实和诚信之义。一个"尽"字，一个"竭"字来规定不欺与诚，是为了强化"忠"德在诚信层面的绝对性与神圣性。这应该是表征了中国传统文化的"信"德最深层的内涵。另外，与"忠"德上述所蕴涵的意思和精神所不同的是，此处的"忠"德所表示的诚信和不欺之义，与五常之"信"德的意思是完全吻合的。大家知道，《说文解字》说："信，诚也"，这就是说，信就是诚，诚就是信，可见，

"信""诚"可以相互解释。《字汇·人部》说："信，不疑也"；孔颖达疏："信，不欺也。"所以，从正面说，信就是真诚、真实；从反面说，信就是不疑不欺。合而言之，诚信的意思就是诚实不欺。亚圣孟子虽然没有将"信"与仁义礼智一起作为人之为人的道德来加以论证，但是一点也不表示孟子对"信"的不重视。可能答案恰恰相反，孟子是极其重视"信"的，一个最有力的证明就是他将"诚信"的问题上升到了哲学本体的高度来加以认识的。也就是说，孟子是明确将"诚信"视为天的本质属性，这就是他的著名的"诚者，天之道也；思诚者，人之道也"之论。这已经大大突显了诚信的绝对性和神圣性。因为在孟子看来，诚信是一种向善之心、向善之力、向善之情。当我们论述到这里的时候，会清楚地发现，这与我们所要论的"忠"德是存在着如此内在的关联性。"内尽其心，而不欺也""竭诚者"那是"忠"德所要表征的精神实质啊，一个"尽"字、一个"竭"字则充分体现出"忠"德在提倡诚信上的绝对性和神圣性。概而言之，忠的精神是信诚，而信诚的本质即在于笃实、不欺。由此，"忠"德就表现为"信诚"之德也，从而实现了忠与五常之信的相融互通，我们姑且以"忠诚"表述之。

由上可知，由爱、正、敬、善、诚而组成的忠爱、忠正、忠敬、忠善、忠诚的"忠"德精神与仁爱、义正、礼敬、智善、信诚的仁义礼智信五常精神实现了互通互融。我曾这样概括五常所体现的精神：仁以爱之，义以正之，礼以敬之，智以善之，信以诚之。而今天对忠德所体现的精神则要作出如下概括：忠以爱之，忠以正之，忠以敬之，忠以善之，忠以诚之。总之，"忠"德具有了仁义礼智信五常的全部意义与价值，我相信，当具有了上述的认知，"忠"德在中国传统道德中的重大意义和巨大作用就会清晰可见了。

2.2.9.3 "忠"德是一种气节

当然，"忠"德所表征的意义与价值不仅表现在它与五常之德的相通性，而由"忠"德呈现的另一层意义与价值是值得我们重视并需要我们阐扬的，那就是忠还有作为一种为了坚守、捍卫、维护、完成高尚的和神圣的道义、正义、公道、真理、光明而不惜牺牲生命的气节、操守与情怀之义。"为正而义""惟义是忠"正是"忠"德所包含的意思，也正是"忠"德取得了这种含义而又与"义"的概念完全重合。大家知道，"义"也是表示一种伦理品德和精神情操。一句话，在表示一种节操、贞操、节义、品节、气节、操守等高尚德行意义上，"忠"德与"义"德就具有了另外一种意义与价值。正是在这层意义上，自古以来，我们中华民族都在传颂和高扬着这种精神。而圣哲先贤们的许多名言，也都是在诠释和印证着"忠"德的这一精神。换句话说，以孔孟为代表的圣哲先贤们的警句格言，都是"忠"德所要体现的内涵及其精神。孔子说："志士仁人，无求生以害人，有杀身以成仁"；孟子说："富贵不能淫，贫贱不能移，威武不能屈"，"生，我所欲也，义，亦我所欲也。二者不可得兼，舍生取义者也"。这种浩然正气正是我们中华民族的伟大气节和可贵精神之所在，千百年来在这种气节和精神培植下产生了许许多多的民族英雄，舍生取义成仁是历史上许多人追求的人生境界。为大家熟知的民族英雄文天祥正是其中的杰出代表。文天祥在其绝灭诗中这样写道："孔曰成仁，孟曰取义，难其义尽，所以仁至，读圣贤书，所学何事？而今而后，庶几无愧？"成仁取义就是选择死亡，就是实现道义。"忠"德在这里是要宣扬个人在大义、大节、大信面前，是不惜牺牲自己生命的勇敢精神的。我们常常会将这种品德操守赞誉为忠勇、忠贞、忠烈。由此，"忠"德就表现为"道义"之德也，从而实现了忠与义的相融互通，我们姑且以"忠义"表述之。

通过以上对"忠"德诸义的讨论，可能会发现"忠"德有几个非常重要的特点。其一，就是它的"全"性。即强调对"他者"的尽心尽力、全心全意。"忠者，中也，至公无私"（《忠经·天地神明章》），此之谓也。其二，就是它的"一"性。即强调对"他者"的专一纯粹、永恒坚定。"昔在至理，上下一德，以徵天休，忠之道也……忠也者，一其心之谓也"（同上），此之谓也。正因为有了上述二性，"忠"德与其他道德德目比较起来，喜欢用一个否定词来加强"忠"德诸义的意义，例如忠心不二，忠诚不欺，忠勇不屈，忠贞不移，忠正无私。

2.2.9.4 忠孝与忠君爱国

与孝与君相连而形成的"忠孝""忠君"思想当是"忠"德所包含的两项重要内容。如果单就"孝"的问题来说，其在中国传统文化中的显著地位及其重要性都是毋庸置疑的，但当孝与忠相连而构成"忠孝"问题，其中的复杂性就呈现了，这就需要我们历史地、具体地、辩证地加以分析了。而当"忠君"与"爱国"相连而形成"忠君爱国"问题，情况就显得更加复杂了，对它进行客观全面准确的把握，关系到对爱国主义传统的正确认知问题。

忠孝 "忠孝"二德哪个产生得更早，学界是有不同看法的。但如果就"忠孝"二德连用的话，无疑是孝德在先，忠德在后。道理很简单，忠孝

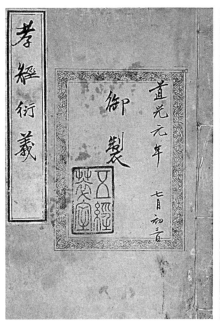
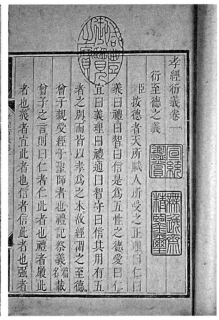

清道光年间御制《孝经衍义》

就是要解决移孝为忠的问题。"孝"字由上老、下子而构成，象征上代与下代融为一体。孝的对象是双亲，"善事父母为孝"，所以这是对父母家庭所负责任而表现出来的善德善行。忠的对象是集体、上级、君王、国家，那是对这些对象的责任。所以说，孝是离每个人最近和最先要做的善行，为大家非常熟知的"百善孝为先"，也当有此种意义。善事父母的孝道之最本质的伦理精神一定是爱，又具体表现在"敬""顺"之上，所以也才有了"孝敬""孝顺"之说。关于孝的这一本质规定性，在孔子那里就明确提出了。我们在上一节"说孝"中已经提到过孔子的"今之孝者，是谓能养。至于犬马，皆能有养。不敬，何以别乎？"由孝道而表现的下者对上者的敬顺之爱，当是忠孝思想提倡者要很好利用的地方。也就是说，要将这种下对上的敬顺之爱推及到更广泛的范围。《论语》中的一段话最能体现这种意图。"有子曰：'其为人也孝弟，而好犯上者，鲜矣；不好犯上，而好作乱者，未之有也。君子务本，本立而道生。孝弟也者，其为仁之本与！'"（《论语·为政》）也就是说，一个人如果能善事父母，善事兄长，就不会犯上作乱，去做逆道背理的事。所以孝悌是实践仁爱之德的基础和根本。《管子》："孝弟者，仁祖也"；《孝经》："夫孝，德之本也，教之所由生也"，都是在强调孝德的根本性和先在性的。出于人的真挚情感而对在上者父母兄长敬顺仁爱的德行，如果将其扩展开来，对他人、集体、事业、上级、君王、国家也都能做到尽心尽力、敬顺行事，那应该成为一个文明社会值得正面肯定和提倡的行为。由孝而忠，或者说移孝作忠，如果在上述意义上得到自然展开，那么这样的忠是不可或缺的。汉唐以来所形成的"求忠臣必于孝子之门"选

孟母三迁

拔人才机制，其思想基础正在于此。人们也喜欢从反面论述来支撑这种思想观念的可取之处。即如果一个连他自己的父母都不爱的人，一定不会爱他人，不会爱岗敬业，进而也不会爱他的国家，而此种人一定不可重用。所以，与其说"忠孝"，不如说"孝忠"更符合它们的逻辑顺序。如前所述，孝的本质在于爱，爱是一种有心有情对对象的眷念、亲近和爱护，爱父母，爱家庭，由此推移，爱家乡，爱故土，爱国家，爱天下，这是一个源于亲情的延伸，这是一种基于责任的扩展，这是一项本于使命的推及。延伸、扩展、推及都是强调爱的超越。"天下之本在于国，国之本在于家，家之本在于身""老吾老以及人之老，幼吾幼以及人之幼"（《孟子》语），"爱于亲者忠于国"（常言），修身、齐家、治国、平天下的"修齐治平"（《大学》语）等思想正是这一爱之超越性的最好表达。而治国平天下的爱国之情则是由"忠"德来加以体现的。基于"孝忠"而产生的爱国情怀，也是由中国传统的"家国同构"的社会结构所决定的。由此可见，与孝相连的忠，其积极正面的价值与意义是显而易见的。当然，对于宋代以后那种将"移孝作忠"仅局限于处理君臣关系的狭隘化，并将两者的关系绝对化的忠的思想，我们是应该明确否定和批判的。我们也将这一性质的"忠"名之为"私忠""愚忠"。而这一情况更在"忠君"思想中有所表现。

忠君　当忠的对象直接与统治者的君相连后就构成了"忠君"问题，忠君又与爱国相连就构成了"忠君爱国"问题。"忠君"涉及君臣关系，"忠君爱国"涉及君国关系。由于君臣、君国的关系是有着特定范围的关系，所以就决定了它的复杂性。造成这一复杂性的原因乃是中国具体的历史和具体的社会结构。正如上面提到的，对它们进行客观全面准确的把握，关系到对"忠"德的价值与意义能否作出符合实际的判断问题。

关于忠君问题，实际上是如何处理君与臣之间的关系问题。在先秦许多文献里，都是从双向性上来规定和定位君臣之间的关系的。从正面说，"君仁臣敬""君惠臣忠"。《大学》有一段话非常明确地规定了包括君臣在内的几对关系的性质："为人君止于仁，为人臣止于敬，为人子止于孝，为人父止于慈，与国人交止于信。"可见，君臣关系是相对的，是双向的，这也叫做"君臣有义"。也就是说，君之义在仁，臣之义在敬。从反面说，那就是"君之视臣如手足，则臣视君如腹心；君之视臣如犬马，则臣视君如国人；君之视臣如土芥，则臣视君如寇仇"（《孟子》语）。意思是说，君把臣当手足看待，臣就把君当腹心看待；君把臣当狗马看待，臣就把君当路人看待；君把臣当尘土小草看待，臣就把君当仇敌看待。总之，君臣正常关系的建立是有条件的，是有原则的。由此可见，这样的君臣关系正是遵循着"忠"的一个非常重要的德性，那就是忠之正。所以说，忠君的问题也有个正与不正的问题。对于具有忠之正的"忠君"思想不但不应给予简单地否定，还应吸取其中的合理营养。

从战国后期开始，到汉代以后，尤其是宋代以后，忠君的方向发生了变化，即向着单向性、绝对性等不正的方向变化了。这就是"为人臣者，杀其身有益于君则为之"（《礼记·文王世子》语），"君为臣纲"（西汉董仲舒语），"君虽不仁，臣不可以不忠"（曾国藩语），更有甚者，那就是宋代以后成为主流的观念："君叫臣死，臣不得不死。"这样的忠就被称为"愚忠""私忠"。通俗地说，这是一种丧失了"正"性的忠，背离了"公"性的忠，它已经完全将"忠德"异化了，变质了。这里似乎都不能用责任与义务等概念及其精神来讨论和评价"愚忠""私忠"的问题，因为它属于奴才价值观。也就是说，当一种价值观念完全抹煞了个体价值、主体意义和独立人格，无论是在什么意义上这一性质的忠的思想都应该得到坚决否定和批判。

忠君爱国　关于忠君爱国问题，实际上是包含了许多中国传统的爱国主义思想内容。论"忠"德一个非常重要的内容就是爱国的问题，正像论孝道一定要论家一样。"忠不可废于国，孝不可弛于家"（《忠经·序》），"不思报国，岂忠也哉？"（《忠经·报国章》）此之谓也。

以上已说到，"忠君爱国"涉及君国关系。大家知道，中国传统社会另一个非常显著的特征就表现为"君国一体"。这一社会存在就决定了中国古代的爱国主义往往是与"忠君"联系在一起的，对此必须进行具体分析。因为道理上面也提到过，不能将"忠君"一事一概而定性为糟粕，而是一要区分它的"正"与"不正"，二要看到忠君与爱国两者是否统一。具体来说，君之意是为了国家，为了人民，为了民族，那么此时的忠君就

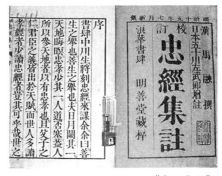

《忠经集注》

等同于爱国。这一情况下所表现出来的爱国主义无疑是应该得到肯定和颂扬的。我在这里拿重庆忠县一个历史故事作为例子。据《华阳国志》记载，周之季世，巴国有乱，将军巴蔓子向楚国借兵平息内乱，并许诺事成后割让三城给楚国。楚王救巴，巴国既宁。楚使索城。当时巴国的国君不同意割城，巴蔓子也认为国家不可分裂，三城不能给。而不履行承诺就是无信，于是蔓子说："将吾头往谢之，城不可得也"，于是自刎，以头授楚使。巴蔓子以头留城、忠信两全的故事，在巴渝大地传颂了千年。由此可见，巴蔓子的行为既忠君，又爱国，也爱民；既守信，又尚勇，也取义。

在中国历史上涌现出的许许多多爱国英雄、仁人志士，其精神被中国人民千年传颂和高扬，从而形成源远流长、绵延不断的爱国主义传统。尽管这种传统精神是在特定时空下和特殊对象下形成的，但它还是表征着

《华阳国志》

巴蔓子

符合人之为人的人性的光辉。我们每位中国人耳熟能详的屈原、苏武、杨家将、岳飞、文天祥、于谦、史可法、戚继光、郑成功、林则徐等爱国民族英雄，他们的行为，或为了谋求人民的利益，或为了保持民族的气节，或为了制止内部的分裂，或为了抵抗外族的入侵，或为了保卫国土的完整，或为了抵御外国的欺侮，或为了捍卫道义的尊严。还有那些感天动地的警言格句，充满着浓浓的爱国之情，每每读来，无不让人感怀不已。"长太息以掩涕兮，哀民生之多艰"（屈原语），"临患不忘国，忠也"（《左传》语），"苟利国家，不求富贵"（《礼记》语），"鞠躬尽瘁，死而后已"（诸葛亮语），"忧国忘家，捐躯济难"（《三国志》语），"先天下之忧而忧，后天下之乐而乐"（范仲淹语），"位卑未敢忘忧国"（陆游语），"人生自古谁无死，留取丹心照汗青"（文天祥语），"精忠报国"（《宋史·岳飞列传》语），"一片丹心图报国，两行清泪为忠家"（于谦语），"苟利国家生死以，岂因祸福趋避之"（林则徐语），"天下兴亡，匹夫有责"（顾炎武义，由梁启超概括）等。值得注意的是，中国传统的爱国主义思想都是在"家国同构""君国一体"的社会、政治、文化特殊结构条件下产生的，所以一定有它的历史性，对此应当作出具体分析。但不可否认的事实是，主要由"忠"德来体现的中国传统的爱国主义，已构成中国传统文化的美德而受到赞扬。正因为如此，习近平同志才明确指出："在中华民族几千年绵延发展的历史长河中，爱国主义始终是激昂的主旋律，始终是激励我国各族人民自强不息的强大力量。"

承认中国爱国主义的历史性、时代性，通俗地说，爱国主义的具体内容不是一成不变的，而是随着时代的变化不断得到丰富充实的。例如中国近代形成的爱国主义，就加强了国家民族等方面的内容。而以中国共产党为代表所领导的伟大的抗日民族解放运动，则将"对外推翻帝国主义压迫的民族革命和对内推翻封建地主压迫的民主革命"，并最终赢得中国人民的彻底解放和当家作主，融入爱国主义内涵中。而新中国成立以后，特别是改革开放以来，并随着习近平同志"中国梦"的提出，又使得爱国主义思想有了更加崭新丰富的内涵。社会主义核心价值体系，将中国精神概括为一是"爱国主义的民族精神"，一是"改革开放的时代精神"。而"爱国"又成为社会主义核心价值观的一项重要德目。结合我们对"忠"德多重价值与意义的探讨，如果站在忠的角度来理解习近平的"中国梦"和"爱国"的话，那么无疑是要突出"忠"德对对象的方式和态度。中国梦就是国家梦、民族梦、人民梦，而爱国就是忠爱国家、忠爱民族、忠爱人民以及忠爱这个国家、民族和人民创造出的一切文化和进行的一切事业。

我们应该清醒地认识到，我们现在之所以能在如此广泛的意义上定位爱国，并将其作为中国精神之一来看待，这既是对中国传统爱国主义的继承，又是对它的批判，更是对它的超越。所以在这里需要对由孝而忠的思想再作些分析。我们虽然指出了在宗法社会里，社会伦常乃是家族伦常的放大，由孝亲可推及爱家乡、爱故土、爱国家、爱天下。在此结构下，在一定程度上是能够培养起人们的爱国情怀的，但是，同时还应该认识到，也正是由于中国社会长期受到封建宗法思想的影响，往往造成重家庭重宗族而轻民族社会的恶习，由此在一般民众中也就产生不了浓厚的国家意识和民族意识。更有甚者，一些人在民族危难之机只顾家庭个人私利而不顾民族大义，走向了变节之途。认识到这一点，你才能认识到社会主义核心价值观所提倡的爱国所蕴含的价值和意义是多么的巨大，你也才能真正树立起这一神圣的爱国观，你最终才能将国家与民族的事看成是与每个中国人皆休戚相关的事。关于这一点，我认为应该在新时代条件下对顾炎武的"天下兴亡，匹夫有责"这一深刻的价值理念给予全新的理解，并突出强调"匹夫有责"的责任观念。具体说来，国家的富强，民族的振兴，文化的繁荣，道德的昌明，人民的幸福，这些关乎"天下"兴旺的伟业，中华民族的每一位公民都要参与其中，将自己个体的责任与此紧密相联，尽心竭力，尽职尽责，"以天下为己任"，"以天下为怀"。实际上这也正是"忠"德在其本义上要呈明的价值与意义。

2.2.9.5 "忠"德与社会主义核心价值观

以上我们在一个比较广泛的范围内对"忠"的多重含义及其价值与意义进行了论述。无论是在本义上与仁义礼智信五常的比较研究，在作为节操品德的意义上与"义"德的比较研究，在教人以善的意义上的深刻阐释，还是在对忠孝与忠君爱国具体问题的研究，都会给人一个非常强烈的印象，那就是"忠"德的价值与意义确实丰富多彩。确定这个事实，除了使人们明白在弘扬中国传统文化核心价值观的过程中，无论如何也不能忽视对"忠"德的揭示和研究，更为重要的现实意义在于，在我们宣传和践行社会主义核心价值观的时候，尽管你可以找到诸多中国传统文化中的道德思想来进行比较研究，但应该这么说，可能没有哪一个单独的概念能够像"忠"这个概念一样有那么广的含摄性。正是因为"忠"德具有了多重价值与意义，所以我们就能通过对它的全面又真实的呈现，来与社会主义核心价值观进行比较研究了。说得再通俗些，一个"忠"德可以在比较多的层面起到涵养、培植社会主义核心价值观的作用。"忠"德不但是美德，而且是全德，这个特点应该引起人们的高度重视。

总的说来，就尽心尽力、不偏不倚、恭敬竭诚、忠心无私以奉公、任事、服职、对人这一忠的本义来看，它就与社会主义核心价值观中的"公正""爱国""敬业""诚信""友善"有着内在的关联性和相通性。具体来说，由忠爱而表现的仁爱之德能成为涵养"爱国""敬业""诚信""友善"之德；由忠正而表现的义正之德能成为涵养"公正"之德；由忠敬而表现的礼敬之德能成为涵养"和谐""敬业""友善"之德；由忠善而表现的智善之德能成为涵养"文明"之德；由忠诚而表现的信诚之德能成为涵养"诚信""友善"之德；由忠义而表现的道义之德能成为涵养"爱国"之德；由忠孝而表现的爱亲人、爱家庭、爱家乡、爱故土、爱国家、爱天下之德能成为涵养"爱国"之德；由在公与正二义前提下的忠君爱国而表现的传统的爱国主义思想能成为涵养"爱国"之德。

2.2.9.6 "忠"德与向善

我们在前面已提到过，孟子将"忠"解释为是教化人向善的，他说："教人以善谓之忠。"而我们说，社会主义核心价值观和国家富强、民族振兴、人民幸福的"中国梦"都是善的表征。善是符合人性和社会发展方向的地方和境界。安止此境，又恰是中国传统文化，特别是儒家文化强调的思想终的。而我们中华文明之所以能够光耀世界，其中一个非常重要的原因就在于这一文明本身就尤其重视安止光明和美丽的地方。作为群经之首的《周易》有言："文明以止，人文也。"就是说，安止文明就是人文。而安止文明就是朝着光明和美丽的方向前行，并最终与此相合。这一文明之境，儒家又称其为"至善"，所以也才有了《大学》那句著名的话语"止于至善"。如何能实现这一人类社会的美好目标呢？中国先哲先圣们告诉我们，通过"忠"德的教导、弘化、宣传、提倡，我们就能够达到此境。由此可见，"忠"德的这一重属性，真的是应该大力地得到弘扬和推广，让更多的人知道"忠"德的这一重要功能和作用，将其化作践行社会主义核心价值观和实现伟大的中国梦的强大动力。

实际上忠的这一教人向善之义，有一个极其重要的功能，就是从根本处，超越性地来呼唤向善之心，人心向善，止于至善。换句话说，它不是直接呈现什么样的具体道德，表现什么样的具体德行，而是从总体上要求人们向善、行善。当你知道了"向善之心"乃是中华民族的信仰追求以后，你再来理解和体会"教人以善谓之忠"，那一定会产生某种绝对感和神圣感。当你深切感受到你从事的事业是表征人类社会发展方向的，是安止于真善美之境界的，那么你一定会表现出对它的无比忠诚之情，同时也会为此目标的实现而尽心力行，以彰显忠勇之精神。一种力量只要由信仰形成，那将是巨大而又恒久的。

我们论述中国传统的"忠"德思想，就是要客观全面呈现它的含义，揭示它的价值，阐扬它的意义，但其最终目的当是要实现传统与现代最精当的对接，在现在和未来的中国社会使中国人"形成向上的力量、向善的力量。只要中华民族一代接着一代追求美好崇高的道德境界，我们的民族就永远充满希望"（习近平语）。

2.2.10　说廉

由国家语言资源监测与研究中心、商务印书馆等主办的"汉语盘点2015"发布消息，继2014年"反腐"成为国内词以后，"廉"字成为2015年度国内汉字之首，这充分反映出人们对净化社会环境、提升政府公信力的迫切期待，也说明国人对政府，对官员，对做人做事要"廉"的渴望。这一现实性的需求同样引发了国人对中国传统文化的关注。也就是说，在倡导"廉"风的形势下，有识之士会联系中国传统文化来加强这种"廉"文化的宣扬，即从传统文化中找到涵养和培育"廉"文化的土壤。

尽管可从多方面去概括和总结中华优秀传统文化，但是作为它的核心价值观一定不出仁、义、礼、智、信五常，孝、悌、忠、信、礼、义、廉、耻八德。我们已经对"仁义礼智信"和忠孝诸德进行了阐释，而说清楚中华优秀传统文化，还是要来说说"廉"与"耻"二德。如果大家足够注意的话，"廉"与"耻"二德在诸德中有两个最显著的特点。第一个是此二德只是对"自身个体"提出道德的要求，而不像诸如仁、义、礼、智、信、忠、孝等，主要是用来处理人与对象的关系的道德范畴和规范。第二个是此二德不唯是儒家而提倡和宣扬的道德，而是为中国传统文化所有诸家诸子都共同提倡和宣扬的道德，从而也有力地表明此二德在中国传统社会中所处的重要地位和具有的重大意义。不惟如此，"廉耻"二德，尤其是"廉"德乃是古今中外一切思想文化都给予正面肯定和欲达到的美好状态，由此亦表明，此德是表征人类社会共同的理想。也是在这个意义上说，"廉"是能够代表超越时空、跨越国度、富有永恒魅力、具有当代价值的"放之四海而皆准"之文化样态，所以，必须引起高度重视。

2.2.10.1 释廉

《说文解字》："廉，仄也。从广，兼声。"意思是说，"廉"是指空间地方的逼仄、狭窄，所以字形与表空间的"广"（读作"yan"〈眼〉音）相关。正是因为"廉"有狭窄的意思，所以古人又谓："堂之侧边曰廉。"《九章算术》也说："边谓之廉，角谓之隅。"无论是逼仄、狭窄，还是侧边，"廉"字的本义是与广阔的空间相对的。通俗地说，"廉"字的本义是现代汉语广大的"广"（guang）字的反义词。从"廉"字的本义中，实际上我们就可以读出它的意义。也就是说，"廉"的主旨在于少，在于小，在于俭，在于低调而不奢华，在于收敛而不张扬。"廉，俭也"（《广韵》）"廉，敛也"（《释名》）此之谓也。

2.2.10.2 "廉"的本质内涵

"廉"的本质内涵是通过人的品行而反映出来的。换句话说，"廉"的本义只是一个用来反映物的空间概念，而能体现"廉"之意义与价值的当要通过人自身的德行方可。这一德行乃是"清"。所以就有了《玉篇》和《广雅》的定义："廉，清也。"由此，"廉"的基本涵义就是廉洁，不贪污；廉清，不受贿；廉明，不徇私；廉正，不枉法。由此可见，多拿多占则失廉，可取可不取而取则伤廉，不公不明则违廉，不正不忠则背廉。也就是说，失廉伤廉必然贪污受贿，违廉背廉势必徇私枉法。从这个意义上说，廉是专门对治贪污受贿和徇私枉法的一

"人之高行" 《孟子赵氏注》
〔汉〕赵岐撰 清乾隆四十六年
（1781）韩岱云等刻本

种德行品质。这也是为什么古人有"廉，人之高行也"（汉赵岐语）的赞誉呢！值得强调指出的是，这里所谓的"人之高行也"是有特殊对象所指的。也就是说，在"清正廉洁""清正廉明""廉洁奉公""廉明公正""清廉守正"这些为我们非常熟知的成语中，其主要的对象是指向为官者、当政者、有权者的。换句话说，这些德行是对政府官员提出的具体要求。道理实际上也很简单，我们只有"清官"的称谓，而无"清民"的称谓；只有"廉吏"的称谓，而无"廉民"的称谓；只有"贪官"的称谓，而无"贪民"的称谓。所以这里可以将上述古人的话改一个字而变成"廉，官之高行也"。

2.2.10.3 清廉的几条标准

对于官员而言，看其是否清廉，当从几个方面来衡量。其一，看其是否自身清廉。西汉大儒董仲舒明确主张"食禄者不与民争利"。说白了，在董仲舒看来，领取了国家俸禄的官员，就不能营私谋利，就不该与民争利。对自身清廉而不贪腐的例子我们经常提到古代两位人物。一位是春秋时期在鲁国为相的公孙休，一位是东汉廉吏杨震。前者说的是"公孙休嗜鱼而不受人鱼"故事，它要说明的道理是不能因为有人投其所好而接受他人的馈赠，如则不然，管不住小节，抵御不住诱惑，到头来定会反受其害，失去所好。所以说，作为一个清廉之官当要慎其所好、清白做人。后者说的是杨震"暮夜"拒收有恩于老友王密贿礼的故事。王密在晚上单独送礼给杨震，在杨

公孙休

嗜鱼而不受人鱼

四知先生杨震塑像

震责怪问其不该如此时，王密说出了那句名言："暮夜无知者。"他对杨震要强调的是，现在是深夜，没有人知道的，你收下吧。面对王密所说，杨震马上反驳道："天知，神知，我知，子知。何谓无知!"王密听后惭愧而出。这是流传千年的"四知"名句，后人又称杨震为"四知先生"。清一代名臣曾国藩更是提出的具体养廉的方法，他说："崇俭朴以养廉；崇俭约以养廉，崇廉让以奉公。"（《书赠第六则·俭·杂著》）其二，看其是否能严格管束家人。官员的清廉一个非常重要的标准就是看他是否能约束好家人。我们还是以上述三者为例。《天人三策》记载公孙休当看到家中有人送来的织帛，愤怒地将其妻赶出家门。在他看来，"吾已食禄，又夺园夫红女利"是不当行为，家人不能收受食禄以外的不义之财。据史料记载，杨震品性公廉，在做官期间，从不接受私下拜访，其子孙常常食用蔬食步行，并不肯为子孙开办产业，遂说出下面流传千年的佳句："使后世称为清白子孙，以此遗之，不亦厚乎!"就是说，使后世之人称他们为清

杨震拒金

包拯

海瑞

于成龙

白官吏的子孙,将这个精神操守留给他们,不也是很厚重和富贵的财富吗?曾国藩素以家风严厉而著称,尤其是对家人廉俭之风的提倡更是有口皆碑,影响颇大。他说:"凡仕官之家,由俭入奢易,由奢返俭难。尔年尚幼,切不可贪爱奢华,不可习惯懒惰,不论大家小家,士农工商,勤苦守约,未有不兴,骄奢倦怠未有不败。"(《清史稿·曾国藩传》)其三,看其是否能严惩腐败。包公、海瑞、于成龙等清廉的形象,不仅体现在自身的不贪腐,更主要的是表现在对腐败的打击和严惩上。其四,看其是否能营造一个清新的政风。这里主要是谈如何形成一个清廉的社会大环境的问题。也就是说,官员的清廉,个人的操守固然非常重要,但是官场政治生态的好坏,对官员能否清廉以及是否能树立正确的价值取向都有着直接而又重大的影响。对此,明清之际的黄宗羲清醒地认识到,如果一个社会只是有少数的清廉官吏,而多数是贪官污吏,那么势必造成贪官得势而清官受气的"清官逆淘汰"的怪现象,这应该说是社会的悲哀。所以他竭力呼吁广泛推举"廉能之吏",以净化社会风气。而在"廉""能"两者中他更重视官吏的"廉"。他说:"能者,才也。廉者,德也。诚以德胜于才,终不失为君子;才胜于德,或竟流为小人。"总之,廉德由此而形成的廉文化，是清洁自身和净化社会的良方。

"廉"是中华优秀传统文化的一个非常重要的德目，并且成为一个文明社会都要倡导的一种文化。"廉"德所要表征的是一个社会和个人较全面性的美善之性，而这一全面性则构成了"廉"德的特点。

2.2.10.4 "廉"德的多重意义

"廉"德一个非常重要的特点在于它能与其他诸德相配而形成了"廉"德的丰富性。换句话说，"廉"德在中华传统许多德目中的特殊性表现在它有很强的摄含性。如前所述，廉始终与一个褒义词相连，从而构成诸多富有正面和美好的品行，例如，与"清"相连而有"清廉"，与"正"相连而有"廉正"，与"洁"相连而有"廉洁"，与"明"相连而有"廉明"，与"白"相连而有"廉白"等等。除此以外，"廉"还与"公""忠""俭""让"相连从而具有了"廉公""廉忠""廉俭""廉让"这些做官做人做事的道德品行。这里应该注意的是，"公""忠""俭""让"其本身各自都代表着一个德行，而当它们与"廉"相连以后必然形成了"廉"德的丰富性。

廉公　"廉公"要求的是"公正"，而要做到"公正"，则必须"无私"。因为"公"与"私"相对，所以"廉公"所要彰显的是无私奉公、大公无私、公而忘私；反对的是自私自利、中饱私囊、徇私枉法，实际上通过"公"字是要用来具体规定和说明"清""正""洁""明""白"的内涵。也就是说，通过一个"公"字就将"清""正""洁""明""白"的内涵具体又清晰地表达出来了。一个人要真正做到了"公"字当头，那么这个人就是一个"清""正""洁""明""白"的人，从而他一定是一个"廉"者。

廉忠　"廉忠"要求的是"尽心"，而要做到"尽心"则必须"无怨"。"忠"德一个非常明显的特点就在于它是为"他者"，而不是为自己，另外，在为"他者"谋利服务时做到尽心尽力、全心全意、竭诚不欺。

"尽心曰忠"（清段玉裁语），"尽心于人曰忠"（宋司马光语），此之谓也。为大家非常熟知的儒家两句话，都是在表达这层意思。一句就是孔子的"己欲立而立人，己欲达而达人"，一句就是曾子的"为人谋而不忠乎!"这里要求的是尽心尽力替别人做事谋利。不惟儒家提倡这一对"他者"的情怀，道家和佛家都共同弘扬这种精神。老子有一句名言："为人己愈有，与人己愈多"（《老子》81章）。意思是说，为了别人、给予别人，自己反而会更加多有。佛教将给人以乐称为"慈"，将拔人以苦称为"悲"。由此可见，儒道佛三家都以其不同的表述而共同宣扬了"忠"的精神。同上理，一个人要是真正做到了"忠"字当头，那么这个人就是一个"清""正""洁""明""白"的人，从而他一定是一个"廉"者。

这里值得强调指出的是，由廉忠而凸显的"廉"德有一个十分重要的特点，那就是，这种德行重点要求的是为他人谋福祉，给他人带来利益和幸福。这就提醒我们，说廉，倡廉，不能将其范围局限，只是将清廉、廉洁、廉正理解成自己的洁身自好、不贪不腐以及严惩贪官污吏，而是应该站在更高的高度来认识和践行。通俗地说，廉德不只是自己不贪和惩戒别人不贪，而是包括了为别人谋幸福。而我们说，廉忠恰恰就是要提倡在尽心尽力地利他人中来彰显"廉"德的重大意义和价值。

廉俭 "廉俭"要求的是"节俭俭束"，而要做到"节俭俭束"则必须"寡欲不争"。应该强调指出的是，"俭"字应该说包含两层含义，一是节俭，二是俭束。节俭反映的是寡欲不奢华的生活样态；俭束体现的是处下不争胜的人生态度。儒家有所谓"饭疏食饮水，曲肱而枕之，乐亦在其中矣"（《论语·述而》）"一箪食，一瓢饮，在陋巷，人不堪其忧，回也不改其乐"（《论语·雍也》）的"孔颜之乐"；墨子有所谓"节葬""节用""非乐"等"贵俭之说"；老子有所谓"见素抱朴，少私寡欲"等"无为之论"。在儒墨道等诸家看来，俭朴的生活方式正是体现合乎道、关乎义，即合乎人的本真的生活方式。老子又将能满足人的基本物质生理需求的欲望叫做"为腹"，而追求声色犬马的淫欲叫做"为目"。他竭力主张人们要过着"为腹"的生活而反对追求"为目"的生活。为了与道合一,当要处下利物而不争,他说:"上善若水,水善利万物而不争,处众人之所恶,故几于道"(《老子》8章)。老子明确得出了他的"俭"论,并将它与"慈""不敢为天下先"一起视为人生"三宝"。老子说:"我有三宝,持而保之。一曰慈,二曰俭,三曰不敢为天下先。"(《老子》67章)

廉让 廉让实际上是廉俭的另一种表述。值得指出的是,在俭束意义上的"廉俭"本质上反映的乃是一种"廉让"的精神。也就是说,一个人是否具有谦让情怀是直接决定着这个人能够真正做到"廉"的一个非常重要的品行之一。见利谦让,见名谦让,见好处谦让,这是修"廉"德的一个十分有用的方法。同上理,一个人要真正做到"俭"字当头,那么这个人就是一个"清""正""洁""明""白"的人,从而他一定是一个廉者。

从"廉公""廉忠""廉俭""廉让"来审视"廉"德,我们就会发现,"廉"德是足以能集中反映中华传统优秀文化的许多德行的一个德目。所以这就要求我们在宣扬廉文化的时候,一定要关注到"廉"德的多重意义与价值。也正是因为"廉"德的多重意义与价值的存在,才会使得"廉"德在净化人心、和谐社会、安顿生命、培植人格等方面有着独特的功用。

2.2.10.5 "廉"德的功用

廉德及其践履者,即所谓廉者,如同一切能表征人性及其社会发展方向的道德及其模范人物,也即儒家所说的"止于至善"者,"人之高行也",他们所能发挥的功用是巨大的。当你面对诚如孟子所理解的"廉"者的时候,你一定会对此从内心产生出敬佩和敬畏之感的。后人将《孟子·离娄下》所记载的一段话概括为是"人之高行也"。孟子说:"可以取,可以无取,取伤廉。"(《孟子·离娄下》)意思是说,在可以拿、可以不拿的情况下,如果你选择拿了,那么你就对廉洁有损害了。这是一个多么高尚的境界和道德啊!这样的廉即被盛赞为"人之高行也"。高就高在,当你面对一个东西,拿了既不犯法,也不违规,也就是说,你可以拿,但如果你选择了不

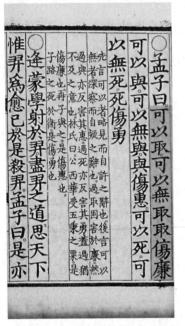

"可以取"《孟子集注》〔宋〕朱熹注 明嘉靖二十七年（1548）伊藩刻四书集注本

《官箴》〔宋〕吕本中撰 明刻本

拿这个东西，这才叫廉呢！"廉，人之高行也"（汉赵岐语），此之谓也。这里值得指出的是，现在很多人只是将"廉"理解为不多占、不多拿以及不是你的你就不应该拿，如此与孟子这里对"廉"的解释和理解相比较的话，其境界远远低出不知多少呢！换句话说，孟子对"廉"的理解要远远高出当下人对"廉"的理解。所以，当你真正理解了廉之意义和价值的话，那么由廉而产生的力量是不可估量的。这也就是为大家所称颂的《官箴》所要表达的真正意思。它说："吏，不畏吾严而畏吾廉；民，不服吾能而服吾公。廉则吏不敢慢，公则民不敢欺。公生明，廉生畏。"实际上这里仍然是在强调一个理念，即"廉公"。做到了"公"与"廉"，即"廉公"，才能使人真正敬畏与信服，从而不敢怠慢和欺骗。总之，廉公是产生是非分明和有所畏惧的根本原因。又诚如朱熹所言："官无大小，凡事只是一个公字，若公时，做得来也精彩，便若小官，人也望风畏服；若不公，便是宰相来做去也没得个下梢。"这就告诉人们，如若丧失了廉公之心，事干得再大，官做得再高，都不会有什么好的结果和结局。

廉是美德善行，如果违背之，你当有耻感，所以，中国传统文化为了更彻底地贯彻"廉"德，于是就紧跟着另外一个德目，这就是"耻"。在一个健康文明的社会里，正面提倡的一定是知廉知耻，反面批判的一定是寡廉鲜耻。所以说，论完"廉"后，就该论"耻"了。

2.2.11　说耻

对于人来说，究竟什么样的道德是重大的？对于国来说，究竟什么样的道德是最后的支柱？另外，中国传统文化中，究竟哪一种道德是明确区分人与禽兽的标准的存在？究竟哪一种道德是可以保全其他道德的真正实行？上述所有问题的统一的答案正是我们要论的"耻"德。亚圣孟子说："耻之于人大矣。"意思是说，羞耻感对于人至关重要。古人云："礼义廉耻，国之四维。四维不张，国乃灭亡。"这是要告诉人们，"礼义廉耻"四德是维系国家的四大支柱，但"耻"则是最后一根支撑国家大厦的柱子，如果它灭绝而不存在了，这个国家将会彻底灭亡而无法挽救。"四维绝而不可复措也"（《管子·牧民》），此之谓也。古人明确提出"耻，乃人禽之别也"的命题，南宋思想家朱熹在解释孟子的"耻之于人大矣"的时候，强调指出："存之则进于圣贤，失之则入于禽兽"，明代袁坤仪在其著名的《了凡四训》中也说："以其得之则圣

"耻之于人"《孟子集注》〔宋〕朱熹注　明嘉靖二十七年（1548）伊藩刻四书集注本

《了凡四训》〔明〕袁黄编　清光绪十五年（1889）湖北官书处刻本

贤，失之则禽兽耳。"古人又言："耻可以全人之德"，意思是说，耻是可以保全人有德、行德而不离正道的护栏。由上可知，"耻"德在中国传统文化中的地位是如此重要，对于一个人和一个国家民族来说是如此不可或缺。

2.2.11.1 释耻

《说文解字》说："耻，辱也。从心，耳声。"就是说，所谓"耻"就是耻辱、羞辱、侮辱的意思。要很好地理解这一点，我们应当将"耻"字还原到它的繁体字"恥"。也就是说，繁体字的"恥"是由左边一个"耳"，右边一个"心"所组成，以此用来表示一个人的心理情感的状态。"恥"是一个会意字，有闻过和行过而心生惭愧之意。具体说来，耻是表示人在说错话、做错事以后心生惭愧而感到愧耻和羞辱，继而表现出耳朵发烧、面红耳赤、心跳加快的状态。通俗地说，就觉得不好意思，觉得难为情，觉得无地自容。从"耻"的本义来看，它作为一个道德的德目，因为它具有了强烈的情绪体验，所以决定了"耻"德在中国传统文化道德中的鲜明特点。耻是强调这样一种情感和行为，即对什么感到耻，以什么为耻，知道什么是耻。可见，耻既是一种感觉，又是一种认知，更是一种行动。概而言之，耻是关乎到"有耻"和"知耻"的问题。

顾炎武

"愚所谓"《顾亭林文集》清康熙潘氏遂初堂刻本

2.2.11.2 《论语》论耻

《论语》中曾十几次提到"耻"，这主

要集中在以下几个问题。

有耻 《论语》明确强调作为一个人，特别是人中的杰出代表的"士"，其行一定要"有耻"。当子贡问孔子如何能成为一个"士"时，孔子直谓"行己有耻"。所谓"行己有耻"，是说自己立身行事有羞耻感。实际上这是从反面来说理的，就是说，以自己的行为不端正或没有完成和实现正义之事而深感耻辱和不安。因此一个人行事，凡自己认为可耻的就不会去做。简言之，"行己有耻"就是用羞耻之心来约束自己的言行。这一价值观的重要性不唯体现在它与"礼义廉"一起被合称为"国之四维"，还体现在它与《论语》另外一句名言"博学于文"一起被清初大思想家顾炎武推崇为"圣人之道"。顾炎武说："愚所谓圣人之道者如之何？曰'博学于文'，曰'行己有耻'。"

何为耻？ 我们虽然明白了能用羞耻之心来约束自己的言行就叫做"有耻"，但是，什么样的言行属于耻呢？换句话说，可耻的言行包括哪些呢？《论语》通过几则记载明确告诉了我们答案。"子曰：'巧言、令色、足恭，左丘明耻之，丘亦耻之。匿怨而友其人，左丘明耻之，丘亦耻之。'"（《论语·公冶长》）"古者言之不出，耻躬之不逮也。"（《论语·里仁》）"子曰：'君子耻其言而过其行'"（《论语·宪问》）子曰：'邦有道，贫且贱焉，耻也。邦无道，富且贵焉，耻也'"（《论语·泰伯》）"宪问耻。子曰：'邦有道，谷；邦无道，谷，耻也。'"（《论语·宪问》）子曰："士志于道，而耻恶衣恶食者，未足与议也"（《论语·里仁》）子曰："衣敝缊袍，与衣狐貉者立，而不耻者，其由也与？"（《论语·子罕》）在孔子看来，那种花言巧语、神情伪善、过度恭顺以及对某人心藏怨恨而表面却对其友善的人，他和左丘明都认为是可耻的。此其一；古人和君子都认为说得多、做得少的人是可耻的。此其二；国家清明有道、自甘贫贱以及国家黑暗无道、只求自己富贵的人，是可耻的。同理，国家清明有道，做官拿薪水是可以的，而国家黑暗无道，做官拿薪水那就是可耻的了。此其三。应该说，以上就是整部《论语》中所概括出的可耻的人和事。

我们不应太在意这些概括是否全面，而应从中看到对一种价值观的确定，即每个人自己都应当具有以说错话、做错事而感到可耻的价值观和道德感。这也正是我们为什么那么看重孔子"行己有耻"思想的真正原因之所在。

从以上引述中，我们还可以发现《论语》中是在另外一个意义去谈论"耻"的。换句话说，是从正面和积极的方面来肯定一种不感到耻辱的高尚情操的。在孔子看来，对于一个追求和从事于道的人来说，就不应该以吃粗食穿破衣为耻辱，否则的话，这种人是不足为道的。再者，孔子盛赞其弟子子路（仲由）能够自己穿着一身破棉被与穿着皮袍子的人站在一起而并不感到有什么羞愧难当的坦然之态。

通过以上分析，我们会发现，在论耻的时候，一定既要注意到具体不同的时空条件性，又要始终遵循一个最高的是非善恶的标准性。也就是说，以什么为耻和不以什么为耻，判定它们的最终标准就是看其是"有道"还是"无道"。有一个例子最有说服力。这就是《论语》中提到的为我们大家非常熟知的"敏而好学，不耻下问"（《论语·公冶长》），这是要求人们做到不要因为向比自己低下的人询问讨教而感到有什么耻辱的。这里就存在着遵循着"好学、谦逊、虚心"之"道"的问题。总之，《论语》中有关对耻的论述，为我们提供了以什么为耻和不以什么为耻的绝佳的参照系。

"恭近于礼"《论语集注》〔宋〕朱熹注 明嘉靖二十七年（1548）伊藩刻四书集注本

如何远耻？ 如何远耻的问题实际是谈通过一些道德的手段和方式来远离和避免可能遭致羞耻的事情发生。有子曰："恭近于礼，远耻辱也。"（《论语·学而》）意思是说，待人接物要态度恭敬谦逊而有礼，如此就远离耻辱了。在生活和工作中，使自己遭受某种耻辱的事情，往往就在于自己对他人的不恭敬、不庄重、不谦逊。"恭则不辱"是《论语》教给人们的修养之道。这也被视为整个儒家所要提倡的人与人相爱相敬的"相应和感应原则"。孟子有一段名言，他说："仁者，爱人。有礼者敬人。爱人者，人恒爱之；敬人者，人恒敬之。"（《孟子·离娄下》）意思是说，仁是爱人，礼是敬人。你爱别人，别人就经常爱你；你敬别人，别人就经常敬你。

龚自珍

实际上我们从"远辱"的旨归中能够体会到，虽然是提倡人们应当"有耻""知耻"，但是其最终目的当是要达到没有可耻之事的发生。也正是在这个意义上，你才能准确理解清代思想家龚自珍的那句名言。他说："士皆有耻，则国家无耻矣。"他这里所要强调的就是，当作为一个国家精英的"士"（知识分子）都具有羞耻之心时，即都知道什么是可耻之事时，他们一定不会做出使自己感到可耻的事，如此，这个国家就没有可耻的事情发生了。我想，《论语》中所强调的"行己有耻"和"有耻且格"（《论语·为政》）的思想所欲达到的理想境界一定是如此。要之，有耻辱之感是其始，无耻辱之事是其终。

由上可知，至圣孔子及其《论语》列出了几项耻辱的事情，并明确强调，作为

"士皆知有耻"《定盦文集》
〔清〕龚自珍撰 民国十二年（1923）
国学扶轮社铅印本

有德的人是不应做那些事，所以从反面加强了儒家伦理道德所要坚守的原则和底线。而作为儒家第二号代表人物、被称为"亚圣"的孟子，也十分重视对"耻"德的探讨。

2.2.11.3 《孟子》论耻

孟子首先非常明确肯定"耻"对于人的重大意义。这正是孟子那句著名的格言，"耻之于人大矣"（《孟子·尽心上》），意思是说，有羞耻之心，有惭愧之意，有羞辱之感，对于人至关重要！孟子说耻包括以下几点具体内容。

何为耻？ 孟子也像孔子那样，明确指出了几种可被称为"耻"的表现。其一，声望名誉超过了实际情形，作为有德的君子就会感到羞耻。他说："故声闻过情，君子耻之。"（《孟子·离娄下》）；其二，立于朝廷做官，自己的正确主张却不能推行，这是耻辱。他说："立乎人之本朝，而道不行，耻之。"（《孟子·万章下》）；其三，用虚伪欺诈的不正当的行为去求得富贵发财，这不但为君子所不耻，而且很少有妻妾不为此而深感耻辱的。他说："由君子观之，则人之所以求富贵利达者，其妻妾不羞也，而相泣者，几希。"（《孟子·离娄下》）；其四，人不可以没有羞耻，不知羞耻的那种羞耻，真是不知羞耻呀！他说："人不可以无耻，无耻之耻，无耻矣。"（《孟子·尽心上》）

耻感是人性 积极寻求和论证"耻"是人性及其人之道德所由产生的基础。我们知道，在孟子以前的孔子只是创建了许多道德的德目，但并没有去寻求它们的人性根源，孔子在论述耻的问题时也表现出这一特点。换句话说，孔子是就耻而说耻，并没有将耻与某种人的天生德性相联系。而孟子则不然，他不是就道德而谈道德，而是将精力放在对产生人的道德之人性这一最基础的存在的揭示上。同样，对"耻"德的探讨也是如此。为大家熟知的孟子的"四端说"（"恻隐之心，仁之端也，羞恶之心，义之端也，辞让之心，礼之也，是非之心，智之端也"），其中对"义之端"的揭示，实际上就是能够归结到对"义"德的人性论追溯。孟子在论述"义"德产生的人之心性的基础的时候，明确指出那就是"羞恶之心"。他说："羞恶之心，义之端也""无羞恶之心，非人也"（《孟子·公孙丑上》）。为自己行不正之道而感到羞耻，此为"羞"义；厌恶、讨厌他人行不正之道，此为"恶"义。合而言之，"羞恶"都是对不正之道所表现出来的情感状态。所以说，"义"在孟子"四端"那里，实际是对"不仁"的一种心理情感，而这一情感被孟子称做"羞恶"，也即"耻"。简言之，因为人性中有羞耻感，所以就产生"义"。

远耻、去辱的方法 在孟子看来，远离和去掉耻辱最简单、最直接的方法就是"行仁爱"。他说："仁则荣，不仁则辱。"（《孟子·公孙丑上》）意思是说，仁就光荣，不仁就耻辱。孟子这一思想是与孔子一致的。孔子在论述行仁的五个具体德目（"恭宽信敏惠"）的时候就明确指出过"恭则不侮"。也就是说，做到了作为仁爱具体表现之一的"恭"，即对人对事能做到庄重和恭敬，那么就不会有侮辱的事情发生了。由此可见，孔孟都是在强调"行"仁爱的重要性。因为在他们看来，实行仁爱就会得到光荣和荣耀，而不实行仁爱就会得到羞耻和侮辱。也就是说，爱就是仁，行仁就是义。唐代韩愈正是在上述意义上去定义"仁"与"义"的。他说："博爱之谓仁，行而宜之之谓义。"（《原道》）所谓"行而宜之"就是行施仁爱且适宜者，如此也就是"义"了。而从反面说，一个人如果没有按照仁爱的原则去做人做事，那么这就叫做"不义"，他要对这一"不义"的行为而感到耻辱和羞愧。所以孟子特别强调指出："苟不志于仁，终身忧辱，以陷于死亡。"（《孟子·离娄上》）

"仁则荣" 《孟子集注》
〔宋〕朱熹注 明嘉靖二十七年
（1548）伊藩刻四书集注本

意思是说，如果无意于仁德，终身都会受忧受辱，以至于死亡。所以，包括孔孟在内的儒家的这一"远耻去辱"思想应该引起我们的高度重视。

不愧不怍　孟子之所以重视对"耻"的问题的论述，那是因为在孟子看来，只有真正做到了没有可感到羞愧和耻辱的事发生，即做到无愧于天与人，才可被称为达到了君子幸福快乐的境界了。"君子有三乐，而王天下不与存焉。父母俱存，兄弟无故，一乐也；仰不愧于天，俯不怍于人，二乐也；得天下英才而教育之，三乐也。"（《孟子·尽心上》）意思是说，君子有三种快乐，但是称王天下并不在其中。父母都健康，兄弟没灾患，是第一种快乐；抬头无愧于天，低头无愧于人，是第二种快乐；得到天下优秀人才而对他们进行教育，是第三种快乐。如果大家注意的话，在孟子所概括的三种快乐中，只有第二种快乐的获得是需要和依靠每个人"自身"的修行和努力。由此也说明，"耻"德是与人的内心以及情感状态紧密相联的。也就是说，当你做到了内心坦然，心地安宁，一句话，问心无愧，那么你定当能获得一种内心满足和宁静给你带来的欢愉和快乐。

2.2.11.4　知耻可以养德

对于大多数中国人来说，都知道"俭以养德"这句名言，却很少有人知道，知耻亦可以养德。也就是说，很少人知道，知耻亦是修养和培养一个人道德的有效方法呢!实际上，为我们非常熟悉的《中庸》已经重视了这个问题。《中庸》："好学近乎知，力行近乎仁，知耻近乎勇。知斯三者，则知所以修身；知所以修身，则知所以治人；知所以知人，则知所以治天下国家已。"这里的"知耻近乎勇"，正是向人们指出了一个人"勇敢"品德的获得和养成靠的是"知耻"这一修身方法。当然，我们应在更加普遍的意义上来理解和把握"知耻"与"养德"的因果关系问题。

"知耻"可以养勇之德　这是从特殊意义上来理解和把握的。最能证明这一点的是大家都熟知并喜欢举的一个例子。因为我们知道，中国自进入近代以后，饱受外国列强的欺凌和压迫，由此给中国带来了不尽的耻辱。我们

周处除三害

中华民族深知这一耻辱，也正是在此情感的驱动下，将它化作无比强大的勇气，以拼死抵抗外国侵略者的入侵。尤其是中国共产党领导下的军民奋起反抗日本帝国主义的侵略，最终取得抗战胜利，一雪前耻，从而奠定了中华民族伟大复兴的坚实基础。

"知耻"可以成人之德　这是从普遍意义上来理解和把握的。最能证明这一点的也是大家并不陌生的一个例子，就是晋代一个名叫周处的人，由于知耻而发生蜕变并最终成为善人的故事。年轻时的周处横行乡里、无恶不作，当地人将其同南山猛虎、江里蛟龙并称为地方"三害"。当周处得知此传闻以后，深感耻辱，备受刺激，于是痛改前非，弃恶从善，发奋精进，最终成为一代名臣，一个好人。这就是"知耻"的力量，它可以使一个无德的人，即一个坏人，变成一个有德的人，即一个好人。

2.2.11.5　自耻的特点及其意义

由上可知，所谓"知耻""有耻"是从正面肯定耻感的重要性。实际上，这种"知耻""有耻"又可称为"自耻"。换句话说，只有"自耻"感方能带来正面的意义。所谓"自耻"，顾名思义，即是自己以之为耻。这个"以为"不是被动接受，而是主动"承认"。"自我"主动给出对自身的"贬抑"评价，同时主动地接受，认同这一"贬抑"评价。"自耻"乃是"实质"上的自我否认，正是自我认识到"自身"有所不及，未达其设定之"标准"，故而有"耻"。事实上，作为"心理感受"行为，"自耻"之特别处在于，其能产生积极之激励"效应"。也就是说，"自耻"乃是自己感觉到了不对而产生的一种道德心理状况。这是一种己之"内心"的"自耻"，从而以积极性的"责己恕人"态度。孔孟所倡导的"耻感"，当是对"自己"言行"不当"的一种反省和惩罚。"知耻近乎勇""行己有耻"，此之谓也。这种"耻感"不是由"他者"造成的，而是"自己"感受到的，觉得自己做得不对并加以"自责"。通俗地说，孔孟的"耻感"是对自己言行不当的一种责备的方式，这与他人无关，不是认为别人给自己带来的耻辱。例如，你自己"作弊了"，你自己"伤人了"，你自己有能力帮助拯救别人，但你却没有援手相助。你拿了不该拿的东西，此时如你有"羞耻感"，那将是"止恶行善"的动力者也啊！由此我又想到了，为什么古人将"义"解释为"禁非曰义"的用意了，并与"羞恶"之心内在地连在一起。如你当义而不为不行，见义不勇为，麻木不仁，那你应为此而感到羞愧并自责而改之。有了这种惭愧，你就会说出"对不起""请原谅""不好意思""羞愧难当"等。由此可见，这种"自耻"感所引发的"责己恕人""责己厚人"与那种因为别人给自己带来的耻辱感所引发的"扬己辱人"的心理和行为是不同的。例如，当你认为别人怠慢你了，欺侮你了，为此你感到被人"羞辱"，并深感愤慨气愤，致使你可能会记住这一遭遇，想法子要报复和惩罚给你带来耻辱的人。如此所产生的一定是"负面与消极"的作用和后果。这在中外历史上都有不少事例的。汉代皇帝刘邦在早先未发迹时常常被其父亲和哥哥轻视和欺侮，而当他当上皇帝后还不忘先前的被亲人所耻辱一事，要找准机会去"扬己辱人"一番。再就是德国，它因为一战战败，认为这是德国的奇耻大辱，一直要寻求机会去报复曾给它带来所谓耻辱的国家，要"扬己辱人"一番，于是发动了第二次世界大战，由此给世界人民造成了灾难性后果。上述两例所产生的一定是"负面与消极"的作用和后果。

当然，对于这种由于"别者""他者"给自己带来和造成的"耻辱"，还有另外一种情形的发生，就是面对别人给自己带来的耻辱，他不是想法子今后如何去报复和惩罚他们，而是以此为机奋发自强、扬名立万。就其效果来说，这也可以说是正面和积极的。上面提到的周处是这样，为大家非常熟知的韩信也是这样。如果要说到我们中华民

刘邦

族又何不是这样的呢？中华民族在近代遭受到诸多列强的欺侮，我们会记住这种耻辱，但我们不会将战争的灾难再加到这些国家身上。我们会奋发图强，做好自己的事情，这只是为了不再让那些屈辱降临到我们头上而已。从这里不也是能看到我们中华民族是一个多么良善的民族吗？故"自耻"必须指向对"他者"的一种"和厚"态度——责己厚人的"自讼"之学，而这一学说和思想又必须将社会与人生归止到一个文明的方向。

综上所述，"耻"在中国传统道德体系中是一个非常独特和重要的德目。知耻可以全人之德，知耻可以养人之德，知耻亦可以成人之德。惟其如此，"行己有耻"才能与"博学于文"一起成为士人（知识分子）信奉的做人行事的原则；"知耻"才能与"知廉"一起成为"立人之大节"；"耻"最终才能成为对于人来说是至关重要的德行。"耻之于人大矣"（《孟子·尽心上》），此之谓也!

2.2.12　说四维

仁、义、礼、智、信，被称为"五常"，礼、义、廉、耻，被称为"四维"，而"四维"与孝、悌、忠、信则被合称为"四维八德"。不管是"五常"，还是"四维八德"都是被中国人千年来所尊崇和遵循的恒常之道和纲维之德，它们共同构成了中国传统文化的核心价值观。

禮義廉恥

前面我们论了"廉耻"二德，而我们在更早的时候在说"五常"部分实际上已经说过"礼义"二德了。正像我们在分别说了仁、义、礼、智、信以后，再要对作为整体的"五常"思想进行论述一样，在分别说过礼、义、廉、耻以后，再来对作为整体的"四维"思想进行一番论述。

2.2.12.1 "四维"思想的提出

如果说为我们熟知的孝悌、忠孝、忠恕以及仁、义、礼、智、信等观念是儒家所提出的思想，那么，同样为我们熟知的礼、义、廉、耻观念以及"四维"概念则不是由儒家提出的了。这一思想和概念是由以春秋时期著名的思想家管子为名的《管子》一书中所提出的。为显此概念及其思想之全貌，下详引《管子·牧民》原文："四维张，则君令行……守国之度，在饰四维……四维不张，国乃灭亡……国有四维，一维绝则倾，二维绝则危，三维绝则覆，四维绝则灭。倾可正也，危可安也，覆可起也，灭不可复错也。何谓四维？一曰礼，二曰义，三曰廉，四曰耻。礼不逾节，义不自进，廉不蔽恶，耻不从枉。故不逾节，则上位安；不自进，则民无巧诈；不蔽恶，则行自全；不从枉，则邪事不生。"以上就是最完整"四维"概念的出处以及对"礼义廉耻"具体内涵的解释。意思是说，四维伸张，君令就可以贯彻推行……巩固国家的准则，在于整顿四维……四维不伸张，国家就会灭亡……国有四维，断了第一维，国家就倾斜；断了第二维，国家就危险；断了第三维，国家就倾覆；断了第四维，国家就灭亡。倾斜可以移正，危险可以转安，倾覆可以重起，灭亡了就再也没有什么举措可以挽救了。什么是四维呢？一是礼，二是义，三是廉，四是耻。礼是指不逾越节度，义是指不妄自冒进，廉是指不掩蔽错恶，耻是指不趋从歪道。所以，不逾越节度，在上者的地位就安定；不妄自求进，人民就不会巧谋欺诈；不掩蔽错恶，人民的德行就会自然全备；不趋从歪道，邪乱的事情也就不会发生了。由上可知，管子所论让我们知道了，国之四维是指礼、义、廉、耻，而如果它们不存在了，那么国家就会遭致灭亡。

2.2.12.2 "四维"的释义及其内涵

理解"四维"，首先应该正解"维"字。"维"，原指系物或结网的大绳，古人说："维，网罟之纲。"可见，维就是纲，纲就是维，合而言之就叫"纲维"。而"纲"者，即是指提网的总绳。大绳、总绳一提举，网目就张开。"纲举目张"，此之谓也。所以，维和纲就被引申指纲纪、纲要。《管子》中提到的"四维""国之四维""国有四维"就是指维系国家安危存亡的四根大绳，或说四条准绳，四个纲维，四大纲纪。而"礼义廉耻"正是"四维"的具体所指。正因为"四维"思想的重要，所以千年以来一直受到中国人的高度重视，并形成成语、格言、警句。例如，成语有"礼义廉耻""四维不张"，格言有"国之四维，礼义廉耻"，警句有"礼义廉耻，国之四维；四维不张，国乃灭亡"。

2.2.12.3 "礼义廉耻"在《管子》中的具体规定

第一，管子是将"礼"理解为规定等级，维护秩序的礼节、规范、规矩。也就是让人懂得不要逾越礼节，不要违反规范，不要破坏规矩。"礼不逾节"，此之谓也。第二，管子是将"义"理解为公正无私的行为、原则。也就是让人懂得不要只顾自身的利益而全然不顾别人的感受一味冒然妄自求进，从而违反乃至破坏公正公平的原则。"义不自进"，此之谓也。从以上我们可以看出，管子所谓的"礼义"与"五常"中所谓的"礼义"的含义是有所不同的。主要体现在管子更侧重"礼义"对人的治理作用，即将它们视为是治人的大法。而"五常"更侧重对"礼"之恭敬性、"义"之应当性的凸显和阐扬。换句话说，管子的"礼义"更注重讲规矩，五常的"礼义"更看重弘德性。第三，管子是将"廉"理解为洁身自好的德行。也就是让人懂得不要藏污纳垢、遮蔽邪曲，从而使自己不干不净，不清不白。"廉不蔽恶"，此之谓也。第四，管子是将"耻"理解为一种知道做了坏事而感到羞愧、耻辱、内疚的情感。也就是让人懂得厌恶一切错误言行，不与坏人坏事为伍，拒绝坏人坏事，并最终做到不去做坏事。"耻不从枉"，此之谓也。从管子对"廉耻"两维的论述中我们可以认识到，他是将"廉耻"视为是立人之大节的。也就是说，管子是将"廉耻"当做立人做人的品德、操守、节气来看待的。总之，在管子看来，人有了此"礼"，统治者、领导者、在上者以及国家就会安定，"上位安"，此之谓也；人有了此"义"，人民就不会因为了达到自私自利的目的而采取投机取巧、欺骗狡诈的手段，"民无巧诈"，此之谓也；人有了此"廉"，特别是为官为吏者，就不会文过饰非、不干不净，从而具有纯正高洁的完美品行，"行自全"，此之谓也；人有了此"耻"，就不会胆大妄为，就不敢无所不为，如此也就不会干坏事了，"邪事不生"，此之谓也。由上可知，"礼义廉"三维是从正面直接要求人们去做"有礼""有义""有廉"的事，而有礼就会行礼，有义就会由义，有廉就会倡廉。而"耻"之一维则是从反面要求人们，当你做了"无礼""不义""伤廉"的事，你就要"有耻"，也就是说，你要知道那是羞耻的事。所以说，"有耻"的意思，实际上就是"知耻"的意思。通俗地说，礼、义、廉、耻是分别要求人们做到"崇礼""行义""明廉""知耻"。

当然上面所论都是从正面来立论和说理的。而管子"国之四维"论的主旨则是要从反面告诫和警示人们，如果将维系一个国家的诸条纲维断绝了，那么就会出现相应可怕的后果。具体来说，"国有四维，一维绝则倾，二维绝则危，三维绝则覆，四维绝则灭"，此乃是管子"四维"论的重心所在。也就是说，"四维"之论重点是在警示世人，如果"四维"不存的话，那势必会造成严重后果。正是在此意义上，我们会把"四维"论说成是警世名言。如果我们把国家比喻为一座大厦的话，这座大厦是需要钢索来支撑的。

那我们姑且将管子的"国之四维"比喻为支撑这座大厦的四根钢索。在管子看来，第一根断了，大厦就会发生倾斜，第二根断了，大厦就会出现危险，第三根断了，大厦就会导致倾覆，第四根断了，大厦就会遭到灭亡。

2.2.12.4　"礼义廉耻"之四维间的逻辑关系

如果大家足够留意的话，我在这里以及先前都是将"一维绝""二维绝""三维绝""四维绝"中的"一二三四"是作为"序数词"来翻译和理解的，而不是像许多翻译者将"一二三四"翻译和理解成"基数词"。具体来说，如果当成"基数词"来译的话，那就变成了：国有四维，断了一维，国家会怎么样；断了两维，国家会怎么样；断了三维，国家会怎么样；断了四维，国家会怎么样。而我认为，这样理解是不符合管子本意的。因为这涉及对整个"四维"论全面准确的理解问题，从而影响到此论的意义所在问题，所以，此问题不可不说，不可不辩。也就是说，不能将管子的"国有四维，一维绝则倾，二维绝则危，三维绝则覆，四维绝则灭"翻译并理解成：国有四维，断了一维，国家就倾斜；断了两维，国家就危险；断了三维，国家就倾覆；断了四维，国家就灭亡。之所以不能这样理解，是因为"礼义廉耻"这四维并非是并列平行的关系，而是存在着主次递进的关系。总之，不能笼而统之说没了几维国家就会怎么样，而是要明确指出，没了"礼"会怎样，没了"义"会怎样，没了"廉"会怎样，没了"耻"会怎样。照此逻辑，我们就可以得出如下结论：断了第一维，即没了"礼"，国家就倾斜；断了第二维，即没了"义"，国家就危险；断了第三维，即没了"廉"，国家就倾覆；断了第四维，即没了"耻"，国家就灭亡。由此可见，从前到后，一个比一个情况严重。故而反推上去就是说，有了羞耻才会有清洁清明之"廉"，有了清廉才会有公正无私之"义"，有了正义才会有礼节规矩之"礼"。这就是"国之四维，礼义廉耻"所要揭示的逻辑。

2.2.12.5　"耻"在四维中的作用

我们在"论耻"中曾强调指出过，之所以说"耻之于人大矣"（《孟子·尽心上》），就是在于，"耻"不但有全人之德的功能（"耻可以全人之德"，古人语），有养人之德的功能，而且有成人之德的功能。南宋思想家朱熹说："耻便是羞恶之心，人有耻，则能有所不为。"这就告诉我们，耻德实际上是用来防范、禁止和保障人们不去做那些不应该和不正当之事的，而"无礼""不义""寡廉"正是不应该和不正当的行为。对"耻"在四维中是具有基础性和全面性之作用论述得最为详细和完备的当推明清之际思想家顾炎武在其《日知录》中所说的内容。他说："《五代史·冯道传论》曰：'礼义廉耻，国之四维；四维不张，国乃灭亡。善乎!管生之能言也。礼义，治人之大法；廉耻，立人之大节。盖不廉则无所不取，不耻则无所不为。人而如此，则祸败乱亡亦无所不至。况为大臣，而无所不取，无所不为，则天下其有不乱，国家其有不亡者乎？'然而四者之中，耻尤为要。故夫子之论士，曰'行己有耻。'孟子曰："人不可以无耻。无耻之耻，无耻矣。'又曰：'耻之于人大矣，为机变之巧者，无所用耻焉。'所以然者，人之不廉，而至于悖礼犯义，其原皆生于无耻。故士大夫之无耻，是谓国耻。"从上述引文中可以知道，顾炎武转引了北宋欧阳修所编《五代史》中《冯道传论》中的话语，并以孔孟之论为据阐明了自己的观点。在冯道看来，礼义是治理人民的大法；廉耻是立身为人的大节。不廉的人便什么都可以拿；无耻的人便什么都可以做。一个人果真到了这种地步，那么祸灾、败落、逆乱、灭亡亦就随之而来了。更何况身为大臣官吏而什么都敢拿，什么都敢做，那么天下哪有不乱，国家哪有不亡的呢？顾炎武对冯道之论是深有感触的。但他在此基础上又明确提出"然而四者之中，耻尤为要"的主张。也就是说，以顾炎武看来，在"礼

"礼义廉耻"《五代史》〔宋〕欧阳修撰 清乾隆四年（1739）刻本

义廉耻"这"四维"中"耻"之一维尤其重要。他认为，这也就是为什么孔子将个人处世必须有耻作为"士"的标准的真正原因所在。同时也是孟子为什么那么强调人不可以没有耻，对可耻的事不感到羞耻，便是无耻了以及认为耻对于人关系极大，那些搞阴谋诡计耍花样的人，是根本谈不上耻的真正原因所在。顾炎武在总结了前人思想的基础之上所要得出的最终结论是：因为一个人不廉洁，乃至于做出悖逆礼节侵犯正义的事来，所有这些原因都是产生和归结于无耻啊!所以，如果代表一个国家民族的良心的士大夫全然没有了羞耻之德的话，那才叫着国耻呢!正因此如此，顾炎武才喊出了"博学于文，行己有耻"的口号。

2.2.12.6 当代人对四维的认知

"礼义廉耻"，国之四维，不仅受到中国古人的极度推崇，而且引起当代中国人的高度重视。这里例举三位人物。一位是孙中山先生。孙中山先生在创立中华民国时，选择中山装为国服，前身有四个口袋，其寓意即是礼义廉耻。由此亦足可见证孙中山对"四维"的重视程度。这也可看做是欲通

孙中山像

中山装

过形而下者之器来体现形而上者之道的一种成功尝试。第二位是毛泽东主席。他在与人谈论《资治通鉴》时曾指出过该书有"礼义廉耻，国之四维，四维不张，国乃灭亡"之论，还说清朝雍正皇帝非常赞赏这一思想，并据此得出了治国就是治吏的结论。当然，毛主席也是肯定这一思想的，并认为如果臣下一个个都寡廉鲜耻、贪污无度、胡作非为，而国家还没有办法治理他们，那么天下一定大乱。从毛主席这一态度中可以发现，他重点还是从"廉耻"，尤其是从"耻"德上来肯定"四维"对治国治人，特别是治理官员的基础性作用的。因为"耻"的本义就是对不应该、不正当的言行所做出的否定性态度和情感，即对错误言行的一种羞耻和厌恶之情。具体说来，当一个国、一个人无礼了、无义了、无廉了，你要知道这是一种非常不应该和不正当的行为，从而对此深感羞愧和厌恶。如此你才有可能重新振作，重塑"礼法"，重行"正义"，重倡"廉洁"。这同样是在证明，"耻"之一德是维系一国天卜之安危的最后一道屏障和护栏，万万断绝不得，否则就无法有挽救之法矣。第三位是王岐山同志。他说："中华传统文化是伦理文化、责任文化，为国尽忠，在家尽孝，天经地义。中华传统文化的核心就是'人德'；孝悌忠信礼义廉耻，这些就是中华文明的DNA，渗透到中华民族每一个子孙的骨髓里。迄今为止，还没有哪个人敢挑战这八个字。家国情怀和修齐治平、崇德重礼的德治思想，把社会教化同国家治理结合起来。"王岐

题签页

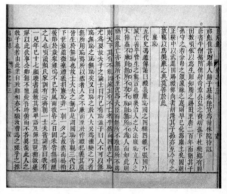

卷十三：廉耻

山同志这里提到的"孝悌忠信礼义廉耻"八个字正是为中国传统社会所尊奉的道德准则，即是古人称做的"四维八德"。这里应引起我们高度重视的是，王岐山同志是将"四维八德"直接称之为"中华文明的DNA"。这是将"四维"视做中华传统文化的基因，并认为是连结着过去、现在和未来的薪火相传的文明之光。应该这么说，王岐山同志之论，是自中国共产党成立以来所有中国共产党领导人中对"四维八德"所做出的最为明确、最为积极、最为正面的肯定和赞扬。这是对中华文明的高度自觉和高度自信的集中表现。

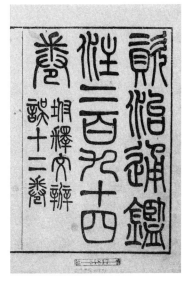

资治通鉴注 〔宋〕司马光编 〔元〕胡三省注 清同治十年（1871）湖北崇文书局刻本

2.2.12.7 四维与社会主义核心价值观

如果我们能确证"礼义廉耻，国之四维"是中华文明的基因和精华，那么，这种精华的传统文化自然地能够成为滋养和培植社会主义核心的土壤和养分。有关中华传统优秀文化与社会主义文化的内在的历史的关联性，从理论上是无需多论的，因为这已经是一种真理性的认知。我们的任务应该是找到"四维"思想与社会主义核心价值观的具体的关联性，从而能够同时认识到传统与现代两端思想的价值和意义之所在，并最终建立起对中国文化的自信感。在社会主义核心价值观中的国家层面的"文明"这一德目，那当与"四维"就发生了最为直接紧密地联系。道理十分清楚，"礼义廉耻"正是维系国家这座大厦的钢索。一个文明国家的建设，断断少不了对"礼义廉耻"的伸张。

以上是从总体意义上认知"四维"与社会主义的"文明"建设的内在关联性的。而再要对"四维"与社会主义核心价值观有关条目进行比较研究的话，亦是有意义的。所谓的"礼"，就其作为维护秩序的礼节、规范和规矩来说，在任何一个社会都是不可或缺的，它要求人们懂得不要逾越礼节，不要违反规范，不要破坏规矩，"礼不逾节"，此之谓也。因此说，此"礼"完全可以经过创造性转化和创新性发展用来滋养社会主义的法治思想。具体来说，是要适应着现代社会文明的需要，与民主建设紧密结合起来，剔除存在于封建社会中"礼"的等级不平等的消极因素，从而构建起符合社会发展方向以及符合人性地对待的社会主义特色的法治观。"义"德在中国传统文化中有着极其丰富的内涵，在不同的道德体系中亦有着特殊的规定性。就"四维"之"义"来说，它所要彰显的是公正无私的行为、原则。也就是让人懂得不要只顾自身的利益而全然不顾别人的感受一味冒然妄自求进，从而违反乃至破坏公正公平的原则，"义不自进"，此之谓也。可见，义即是公。此德当与社会主义核心价值观的"平等公正"之理念相合也。平等公正所要伸张的正是超越某些个人利益和自私之心以求大众之利益的精神。由此可见，四维之"义"德与社会主义核心价值观的"平等公正"理念有了相对更直接的关联性。一句话，只求自进而不顾他者的行为都是有违平等和公正原则的。此点亦应引起人们的高度重视。虽然"廉耻"二维无法找到与社会主义核心价值观具体德目的相对应的关系，但是，"廉"德所要彰显的"清廉""廉洁""廉正""廉明""廉白""廉公""廉忠""廉俭""廉让"当与社会主义核心价值观中的"文明""和谐""法治""敬业""友善"等思想存在着理论上的共通性。至于"耻"德，那更应该成为践行社会主义核心价值观所有德目的基础性理念。也就是说，以违反诸德为"耻"，从而起到真正保护所有价值观的贯彻落实的护栏功能，并最终实现维系国家和天下安危的纲维之目的。"礼义廉耻，国之四维。四维不张，国乃灭亡"，岂虚言哉？！

3. 儒道佛

我们已知，从思想的角度来看，国学或说中国传统文化所包含的内容主要是儒道佛三家思想。之所以作出这样的判断，是基于对"文化"概念的理解以及中国传统文化对中国人影响的实际状况等考量。一般来说，文化的范围极其广泛，物质的、非物质的、精神的、制度的都可被称为"文化"，所以"文化"的定义也是杂而多端、众说纷纭、莫衷一是。但如要问文化的核心和基础是什么，那回答一定是思想。思想包括价值取向和思维方式两个方面。或说，只有具体探讨和回答价值取向和思维方式的文化，才能称为思想文化。按此说法，"国学"或中国传统文化，其核心和基础当然是具有价值取向和思维方式内容的中国传统思想文化了。说得再具体点，这个部分的国学，或说中国传统文化是专指对中国人的精神、心性、人生价值、生命意义、生活方式、行为方式、思维方式以及深层的民族心理结构发生持久影响的思想文化。而能够并且实际上也是承担着上述功用的思想文化，那应该非儒、道、佛三家莫属了。

实际上，在这里存在着这样问题需要解决，即究竟谁是中国传统文化的主干？这是一个长期争论，但尚无结论的问题。或谓儒家为主干，或谓道家为主干，或谓儒道两家为主干，或谓儒道佛为主干。但我们现在暂时搁下这些争论，在这里至少应该承认这样一个事实，那就是对中国人精神和心灵层面，或说价值取向和思维方式产生影响的绝不仅限哪一家，毋宁说是儒道佛三家共同担起了这份责任。有鉴于此，我不能同意所谓"国学"就专指儒家的"六艺之学"的观点了。

3.1 儒道佛三家功用概说

前面提到过，从思想文化的格局来说，中国传统文化几千年来皆呈现着"内道外儒"（阴道阳儒）的格局，不懂中国佛教，就不懂唐宋以后的中国文化。纪晓岚说道家是"综罗百代，广博精微"，林语堂有言："儒家及道家是中国人灵魂的两面。"不唯儒道两家受到如此高度的评价和重视，对儒道佛三家各自的功能及特点，古人和今人也多有概括和比喻。宋人概括道：儒治世，道治身，佛治心。古人直谓"天有三光：日月星；人有三教：儒道佛"，古人有喻：儒是粮食，道是璧玉，佛是黄金。今人南怀瑾有喻：儒家是粮食店，道家是药店，佛家是百货店。本人曾对儒道佛三家的功用和特质作过这样的总结：一曰不治儒家不能"入世"（经世、治世、济世），它强调的是一种"有为"精神，因而具有"现实"的特点；二曰不治道家就不能"超世"（避世、忘世），它强调的是一种"无为"的精神，因而具有"超现实"的特点；三曰不治佛家就不能"出世"，它强调的是一种"空无"的精神，因而具有"非现实"的特点。总之，入世有为、超世无为、出世空无分别体现了儒道佛三家文化的各自特征。我也曾有喻：儒是牡丹，道是菊，佛是莲。入世者甚爱牡丹，超世者独爱菊，出世者厚爱莲。总之，世之安定、身之安康、心之安宁皆为社会人生之需，而它则绝非为一家思想所能提供也，相反，必须由儒道佛三家共同联手才能完成。正可谓"儒之治世求安定，道之治身求安康，佛之治心求安宁"。这也是本人对儒道佛三家功用概括出的"三安"论。

3.2 儒道佛思想的精要及其核心价值观

从上述对儒道佛三家思想尤其是其核心价值观的论述中，我们可发现三家思想的最大特点，即是对人的心性、人性、生命的最深入关注，这也算是中国传统文化中的终极关怀范畴。在中国古代，学问前往往会加两个字，一为"真"字，一为"大"字，于是构成中国传统对学问的两种独特称谓，即"真学问"和"大学问"。所谓"真学问"是指与人性和生命打通的学问。所谓"大学问"是指天人之学。所以说，中国古代的学问是要上升到"经济之道"的高度来谈的，即所谓"经天纬地，济世安民"之道也。离开生命的学问，就不是真学问。我们谈中国传统文化的价值取向，学中国传统文化，是为了加强自己的心性修养，是为了提高自己的生命质量，是为了实现自己的存在价值。值得注意的是，我在这里连用了三个"自己"，以此强调和提醒人们，学问究竟在什么层面与每个人"自己"发生着关系。儒家将此种学问称为"为己之学"，而与此相反的学问被叫做"为人之学"（做学问是为了给别人看的，而完全与自己的做人、与自己的生命脱勾）。

儒道佛都是生命之学，都是慰藉我们的心灵之学，都是真学问。儒之仁爱、道之慈柔、佛之慈悲表征的都是一个爱的精神，指向的都是一个至善的境界。只要有了真诚之爱、自然之爱、博大之爱，一定能化解一切怨愤和仇恨。儒家是通过"仁爱"之道，道家是通过"自然"之道，佛家是通过"慈悲"之道，以实现社会、人生的和谐与完善。

如果要问儒道佛三家核心价值观及其精神是什么？答案只有一个字，那就是"爱"。儒家表现为"慈厚"，道家表现为"慈柔"，佛家表现为"慈悲"。我以"三慈"来表述之。"慈"一词的中心之义乃是爱，具体当然又有许多表现，例如，给人欢乐、欢喜、祥和等。在儒家，"立人达人""为人谋"是慈，忠道是也；"勿施于人"和宽人以过是厚，恕道是也。"立达与勿施"之忠恕的慈厚之旨皆为爱。在道家，"利万物""利""为""为人""与人"是慈；"而不争""而不恃""而不害"是柔。"天之道，利而不害；人之道，为而不争"（《老子》81章），此之谓也。利而不害、为而不争、为而不恃之慈柔以及天道与人道之旨皆为爱。在佛家，给人以乐，是慈；拔人以苦，是悲。"给拔"之慈悲皆为爱。另外，表现佛道两家的其他思想，同样是在表征着爱的精神，这就是在佛家的忍的精神。佛家之所以强调对人对事以忍，是基于对他人的宽容和不计较之宽广之心，所以忍的精神是体现宽人以过的特点，从而表征的是爱的精神。老子的"不善者吾亦善之""不善者善者之资"的思想与佛教的"逆增上缘"的思想是一致的，同样表征着爱的精神。

从三家通过慈厚、慈柔、慈悲而表现出来的"爱"的精神，我们还可以发现一个共同的特征，那就是这种爱是超越的。凡是大爱一定是要符合超越的特性的。而通过分析，则可以清楚地看到，这一特性主要又是通过反面的

三身图

"宽容"和"忍耐"属性彰显出来。你对我好，我对你好，这较容易做到。你对我不好，但我仍然对你好，这较不容易做到。然而，儒道佛三家的爱的精神，无一不是在这点上强调爱的超越性。理解了这一点，也可以帮助我们去深切理会为什么说"终身可为者惟恕"而不是惟忠的真正的原因之所在。胡适有一句名言："忍耐比自由更可贵。"宽容的可贵在于，他明明知道对方错了，但我并不在意，我原谅他，我不计较。宽容的可贵在于，他承认差异是客观的存在，他不强求别人与自己始终保持一致，他给人以充分的尊重和自由的选择。这样才能呈现道的世界，率众物之性，率众人之性，那才能叫做真正的丰富多彩的世界。这样的世界才是真实的世界。所谓的爱，那不就是要呈现真善美的世界吗？宽容讲究的是平等，宽容意识统摄下的平等，方是真正的平等，因为它不是强迫，不是意志的强加，不是干涉别人的自由选择。平等意识由恕道开启，极而言之，超越性的恕道之爱和忍耐之爱呼唤的是平等，而有了平等当然就有了自由，而有了这一广泛的自由当然就有了博爱。结论是：正面与负面的爱，尤其是负面的爱，恰恰是能实现自由、平等、博爱的境界。由此可见，儒道佛三家的思想所宣扬的爱的核心价值观，其意义和价值是多么巨大。

而儒道佛三家则又是分别通过"社会"（人生）、"自然"（人身）、"涅槃"（人死）三极的设定来构建他们的思想体系，来宣扬他们的价值取向和思维方式，来展示他们各自的世界图景。儒道两家用他们或是经验的或是理性的或是哲学的或是科学的概念框架和思维方式向人们展示了非宗教的世界图景。佛教则用他的独特的超越经验、理性、哲学和科学的概念框架和思维方式向人们展示了宗教的世界图景。儒道两家，特别是儒家，强调的是人"生"学。孔子的"未知生，焉知死？""未能事人，焉能事鬼？""敬鬼神而远之"这样一种重生轻死，重人事、轻鬼事，重此岸、轻彼岸的"现实"倾向对儒家以及中国人的价值取向都产生了极其广泛而深远的影响。道家和道教也谈人"身"的修炼，同样的重"生"。总而言之，他们都主张把价值取向定在"此生""此身""此世"上。当然，在道教体系中也不乏超越性的境界的设定，像"天庭""鬼域"等等。不过，主张"此身"即在现世长生不死则是道教的根本教义之所在。而佛教则是喜谈"死"后的众生生活。或可称之为人"死"学。因此也才有了佛教所主张的"穿透生死""生死事大"之说。

当然，我们又要清晰地认识到，三家欲实现他们的三极目标，都共同主张首先应从人的最初和最深处即人的"心性"处入手。在他们看来，这是本根的存在，是大者的存在，是本来的存在。由此，"发明本心""存心养性""诚意正心"；"心斋坐忘""虚观静观""返朴归真"；"明心见性""即心即佛""恢复本来面目"遂分别成为三家修行的途径。如果选用一个词和一句话能表达他们共同旨趣的话，那就是"修身"，以及"自天子以至于庶人，壹是皆以修身为本"。因为三家皆明白，宇宙、世界、社会、人生等的本质属性的呈现是要靠"人"去"观想"，而人怎样来观想则是取决于人的"心"的状态，心态如何则又需要人"修"。套用佛教的一个名相来说，"诸法实相"的揭示和呈现是要在"行深般若波罗密多时"。因此之故，我习惯这样表述人们既已熟知的一些提法，即我会把"宇宙观""世界观""社会观""人生观"倒写成和读为"观宇宙""观世界""观社会""观人生"。这里是在突显"人"及"人心"的地位和作用。

如果要再对三家思想各自的特点及功能作一个更为生活化的概括，那就是儒家思想使得人"站得高，看得远"；道家思想使得人"进得宽，想得开"；佛家思想使得人"行得深，放得下"。具体言之，儒家欲使人进入一个与天地合德的最高境界，此不可不谓之高远〔（"大人者，与天地合其德，与日月合其明，与四时合其序，与鬼神合其吉凶。先天而天弗违，后天而奉天时。"（《周易》语）；"仁者浑然与物同体"（程灏语）；"为天地立心，为生民立命，为往圣继绝学，为万世开太平"（张载语）；"大人者，以天地万物为一体者也"（王阳明语））]。道家欲使人融入一个与天地精神往来的最高境界，此不可不谓之宽广[（"天地与我并生，万物与我为一"；"独与天地精神相往来"；"芒然彷徨乎尘垢之外，逍遥乎无为之业"；"出入六合，游乎九州，独往独来"（以上均为庄子语）]。佛家欲使人行入一个与宇宙万法无分别的最高境界，此不可不谓之深遂["诸佛体圆，更无增减，流入六道，处处皆圆，万类之中，个个是佛"（希运语）；"郁郁黄花莫非般若，青青翠竹尽是法身"]。

得儒家思想之精髓定会使人胸襟宽，得道家思想之精髓定会使人想得开，得佛家思想之精髓定会使人忍得了。胸襟宽方能仁爱对人，想得开方能自然待人，忍得了方能慈悲化人。

儒家对人对事很"在意"，道家对人对事很"适意"，佛家对人对事很"不在意"。由此，决定了儒家的人生观是乐观、进取、向上；道家的人生观是达观、退让、处下；佛家的人生观是冷观、忍让、放下。具体言之，因为儒家什么都"在意"，所以他有执着的精神，有为的气概，自强不息的勇气，敢为天下先的气魄。因为道家对待什么事均以"适意"为上，所以他才如此崇尚逍遥旷达，任性洒脱，空灵飘逸。因为佛家对待什么事主张"不在意"，所以他才任运自在，不执有无，解缚放下。"知其不可为而为之"表现出儒家"在意"的特性；"无为而无不为"表现出道家的"适意"的特性；"无所住而生其心"表现出佛家的"不在意"的特性。人生需要这三种精神和气质。该在意即在意，不该在意就不在意，在生活中寻求符合自然的适意。人既要有"乐观"的精神，也要有"达观"的心境，还要有"冷观"的智慧。

立得起，挺得直，这是儒家的品格。在儒家那里，特别尚志、扬气、重节，所以"立命"遂成为儒家的人生观。屈得起，受得了，这是道家的风骨。在道家那里，尤其尚柔、贵弱、崇顺，所以"安命"遂成为道家的人生观。辱得起，忍得下，这是佛家的修为。在佛家那里，非常尚和、重合、惜缘，所以"正命"遂成为佛家的人生观。儒家"立命"是为了得道成圣，道家"安命"是为了得道成仙，佛家"正命"是为了得道成佛。

我们可以注意到，"乐观""达观""冷观"之"三观"，"立命""安命""正命"之"三命"，体现了多重性的生活方式，也反映了儒道互补的特性，儒道佛三家互用的功能，满足了中国人的精神和灵魂多方面的需求。我常常这样说，作为一个中国人是极其幸福的，因为在中国有这么多的思想宝库能提供各种人生所需要的东西。但另一方面，作为现代的许多中国人又是非常遗憾的，因为他们全然不知有这么多的宝藏，或出于什么其他的目的，对自己的宝贝视而不见，甚至无端轻慢和毁侮。有鉴于此，我们应该站在中华民族伟大复兴的高度来重新审视国学的价值，使全体中国人民都对蕴含在国学中的精神和价值有高度自觉。只有具有了这种自觉，才能树立起对中华文化的高度自信。

3.3　儒道佛三家思想价值观与方法论的统一

儒道佛是中国哲学的三大主干。呈明"心性"之道是三家哲学的共同价值取向。在"心性"的基础上儒道佛各自建立了"仁爱之道""慈柔之道""慈悲之道"。儒道佛的价值观是与其方法论、思维方式紧密相联、高度统一的。具体言之，"人道法天""天人合德""体用不二"是儒道两家共同运用和遵循的方法论，它所要引出和突显的是人之为人的"明德""天德"之性，而欲实现的价值终的乃是"止于至善""与道为一"。而佛教的责任、敬畏、感恩、慈悲、忍让、放下等价值观恰恰是建立在其"中道"方法论的基础之上的。为儒道佛三家共同具有的价值观与方法论统一的思想也正构成了中国哲学的主要精神和重要特征。

一般说来，一个哲学思想体系中一定有它明确的价值观和方法论，而价值观和方法论又是建立在特定的价值取向和思维方式之上的。作为思想文化基础和核心，或说作为思想文化的时代精神的精华的哲学，它的基础和核心就是价值取向和思维方式。

3.3.1 儒道佛三教共同指向的是"心性"之道

中国哲学历史悠久,学派纷呈,内容丰富,但就其主体或说主干来说,即为儒道佛三家哲学。儒道佛一向又被称为"三教"。三教是否有共同的趋附、一致的目标,一句话,三教是否有共同的价值取向,是研究中国哲学必须要回答和解决的问题。答案是肯定的。儒之"尽心知性",道之"修心炼性",佛之"明心见性"正是三教所共同指向和呈明的"心性"之道。中国古人将此学问谓之"真学问"。这一学问所欲解决的是"修己""修身"的问题。用《大学》里的一句话最能概括这一点,"自天子以至于庶人,壹是皆以修身为本"。而修己修身的目的是为了"利人"。无论是儒之仁民、亲民,还是道之善人、慈人,抑或佛之救苦、悯人,无不是以"利人"为终的。由此"修己利人"就成为儒道佛一致的价值取向了。如果用一段话来完整表征三家趋附一也的价值目标的话,那还是《大学》之所谓:"大学之道,在明明德,在亲民,在止于至善。"

儒道佛三家是通过各自的方式来确立他们各自的价值观的。儒家通过追寻人性之源,确立了仁爱之道。道家通过探寻宇宙之根,确立了慈柔之道。佛家通过了悟诸法之相,确立了慈悲之道。

我们说,儒家仁爱之道是其总的价值观,或者称为"全德",其他诸如义礼智信、恭宽信敏惠、温良恭俭让、忠孝节义、礼义廉耻等等,无不是仁爱之道的具体展开和呈现。而道家慈柔之道是其总的价值观,或者称"全德",其他诸如处下退让、居后外身、不恃不争、清静恬淡、虚无谦逊等等,无不是慈柔之道的具体展开和呈现。而儒道之价值观的确证则是直接来源于他们的"人道法天"的方法论,或说天人合一的思维方法。

3.3.2 人道法天与天人合德是儒道二家共同的思维方法

儒家坚信作为人之为人的"明德""几希"(良心)这一超越社会道

德意义的美恶之"至善"之性，是外在天地自然所赋予的，即"天命之谓性"（《中庸》语）。孟子亦言："天之所与我者。"（《孟子·告子》上）而充当人性之源的"天"，其本身是有德性、有精神的神圣存在。《周易》说："天地之大德曰生。"（《周易·系辞》下）朱熹对此句曾有过解释，认为所谓"生道"即是"仁道"。也就是说，天地有性、有道、有理、有心，而此"性、道、理、心"即是"仁爱"。确证"天"性是为了给人性寻求一个绝对和神圣的"终极者"，从而提升人的尊严感和神圣性。因此，儒家哲学内在地要求人们当"尽其心，知其性"，最终实现"知其天"（孟子语）的目的。上下贯通、内外交融是实现天人合一的具体方式和途径。于是，唤醒、呈现、光明、遵循内心本存的天性也就当然地成为儒家哲学的逻辑进程和人道教化的必由之路。《中庸》："率性之谓道，修道之谓教"，此之谓也。人所率之性和所修之道乃是天性天道也，这是儒家典型的"人道法天"的方法论，也是"天人合德"的思维方式。而儒家的这种方法论和思维方式所直接表征的又恰恰是他要宣扬的价值观。换句话说，儒家的方法论直接呈明的就是价值观，它们完全是一而二、二而一的统一体。无论是《周易·贲》的"天行健，君子以自强不息。地势坤，君子以厚德载物"，还是《周易·文言》的"大人者，与天地合其德，与日月合其明，与四时合其序，与鬼神合其吉凶"，无不是非常明确地表达着这种统一性。

在中国哲学体系中，道家与儒家一样，其价值观的确立是牢固建立在其"人道法天"的方法论和"天人合德"的思维方式之上的。在老子和庄子那里，一方面将人之为人的根性称为"自然""天然""素朴""玄德"（老子语），另一方面将人的这一玄德也说成是来源于被老子视为"天地之始"（《老子》一章，下引只注篇名），"万物之宗"（4章），"万物之奥"（62章）的"渊兮湛兮"（4章），"惚兮恍兮"，"窈兮冥兮"

郭象《庄子注》

四库全书本郭象《庄子注》

清光绪二十年刊思贤讲舍
《庄子集释》

覆宋本《南华真经注疏》

（21章），"寂兮寥兮"（25章）的"道"。在道家看来，这一"道"是构成万物之性的"一"。也就是说，万物之性，当然也包括人性皆从此"一"而获得。此"道"、此"一"之性乃为"自然"也。也就是说，因为作为天地之始、宇宙之根的"道"的性德是"自然"，所以，由道而生的万物当然具有了这一"自然"之性德。这一点庄子较老子说得更加明白和直接。庄子说："夫虚静恬淡寂寞无为者，天地之本，而道德之至……夫虚静恬淡寂寞无为者，万物之本也"（《庄子·天道》）；"夫恬淡寂寞虚无无为，此天地之本而道德之质也。"（《庄子·刻意》）天道如此，人道何为？于是老庄又使用了非常著名的"人道法天"的方法论和"天人合德"的思维方式。老子说："人法地，地法天，天法道，道法自然。"（25章）庄子说："循天之理……虚无恬淡，乃合天德"（《庄子·刻意》）从老庄对"天地自然"之德性的论述中，我们会发现，道家所谓的"天德"乃为"自然"。如果说儒家的"天"与"人"要合的是"仁爱"之德的话，那么，道家的"天"与"人"要合的就是"自然"之德了。被道家称为"天之道""天之德"的自然，具体则又表现为"身退"（9章），"不有"、"不恃"、"不宰"（10章，51章），"不争"（68章，73章），"不害"（81章）。所有这些都反映着天道天德的慈柔之性。而人就应该效法这一天之德性，实现了天人合德的方法，也就践履了道家所主张的价值观了。老子说："天将救之，以慈卫之"（67章），"是谓不争之德，是谓用人之力，是谓配天，古之极"（68章），"天之道，利而不害。圣人之道，为而不争"（81章）。在这里，道家的方法论是直接服务于其价值观的。从而也鲜明体现出道家价值观与方法论统一的哲学特征。

3.3.3　体用不二是中国哲学的方法论

体用不二、本末一如，应是中国哲学一个显著的思维方式和方法论，当然也可以称之为中国哲学中的本体论思想。既可称为本体论，又可称为方法论，其本身就最能证明和支持本文所持的观点，即价值观与方法论的统一是中国哲学的重要特征。在具体讨论有关问题之前，有必要对本体论本身的问题及中西方哲学的本体论的差异性问题进行探讨。

在我看来，本体论应涉及以下几个方面的问题。要谈"先后"问题；要谈"本来以存"问题；要谈"源流问题"；要谈"根本"问题；要谈"永恒"问题；要谈本体与现象关系问题。

但在谈到"本体"与"现象"关系时，不同的本体论形态的观点就呈现着诸多的差异性了。西方本体论者认为"本体"与"现象"可以分离为二。而中国的本体论者绝不主张"本体"与"现象"的分离，而坚持认为是相即不离的。中国人用"本末"的范畴来表达这层意思再贴切不过了。树根谓之"本"，树枝树叶谓之"末"。树根树枝如何分得？一分，树就死矣！

但在主"不分"的本体论者那里又在对待"本体"自身的定性上产生了分歧，关于这一点恰恰应当引起我们的高度重视。一派认为本体现象虽然不分不离，但它们有主次、高下之别，主干为主、为贵、为高、为母；末枝为次、为贱、为下、为子。实际上，我们知道，这就是魏晋玄学的"以无为本"的"贵无派"的观点。也就是说，在他们看来，"本体"为更重要、更根本的存在。认为"它"相对于"现象""迹"来说具有"优先""优越""优势""优秀""优长"等属性和地位。一派认为本体是一理、一统，但分别而显著的"用""万理""分殊"之理同样是"体"，只不过把"一体""一理"具体化、显著化罢了。我们常说的中国哲学的本体论主张的"体用不二""即体即用""体是用之体，用是体之用"都是在也只有在上述的规定和意义上来理解和认识。说得再具体些，对那些将"体用"分高下的本体论者，你就不能用那些话去评价它。在中国哲学中，实际上先秦儒道两家都主此论，宋明理学当然更是如此。

3.3.4 儒家通过"理一"与"分殊"来体现它的本体论思想

比如儒家所谈的"人性之善"，此"善"是实然的、自然的、超然的（至善纯善：即是超越善恶的那种无善无恶之"善"也）。但此"善"一旦"流行"开来，就会以不同和别异的"名"和"言"，或说"概念""范畴"来表达和反映。所以这才有了那么多"德目"：仁义礼智信、恭宽信敏惠、温良恭俭让、忠孝节义礼义廉耻、忠恕敬诚、中和中庸、仁智勇三达德等等无一不是用来表达"善"的。《大学》中的"明德""至善"就是体。而"止于至善"具体展开那就是"用"。《大学》云："为人君止于仁，为人臣止于敬，为人子止于孝，为人父止于慈，与国人交止于信。"由此可见，"至善"（"明德""良心"）之体反映在不同身份、角色上，遂显出"仁、敬、孝、慈、信"之用。而就此"用"的性质、本质来说，那就是"体"的性质、本质，两者就不存在所谓高下、本末、精粗之别。

宋明理学为了强化和贯彻这一本体论的特征，试图通过对本体之"理""道"进行所谓"限制"性规定来实现这一目的。例如在"理"前面加上"实""天""一"等词，从而提出"实理""天理""一理"等范畴。如此是欲突显"理"的"实际存在性（有）"，"自然存在性（不是外力强加，不是人为设定）"，"统合存在性（至上性，超然性，与'用'无分高下、主次性）"。这样的"理"也就成为本体之"道"。理学家与《大学》一样，是把"至善"视为"体"，善在不同方面的流行和发用视为

"用"。程颐说："自性而行，皆善也。圣人因其善也，则以仁义礼智信以名之；以其施之不同也，故为五者以别之。合而言之皆道，别而言之亦道也。"（《河南程氏遗书》卷二十五，《二程集》上册，第318页）朱熹说："盖至诚无息者，道之体也，万殊之所以一本也；万物各得其所者，道之用也，一本之所以万殊也。"（《论语集注》卷三，《里仁第四》，《朱子全书》第六册，第96页）简单地说，在程朱看来，当作为"本体"的"善"一旦流行开来（用之体），就会以不同和别异的"名""言"，或说概念、范畴来表达和反映此"善"（体之用）。"体用"皆在"道""善"的意义上完全统合，此乃真正的"体用不二"，"即体即用""体是用之体，用是体之用"的本体论的本旨要归。

从对"体用不二"方法论的讨论中能清楚地看到，中国哲学这一方法论的运用的直接目的就是要表达和阐述其价值观的。它绝不是纯粹的思辨性运思，而是为了确证一个思想体系中的价值观的合理性和实用性。具体说来，包括宋明理学在内的儒家思想，欲通过"体用不二"的方法论来阐发儒家发明的"诸德目"以及通过这些德目以实现人的根性的呈明，即"止于至善"的目的。在这里，儒家的价值观与方法论就达到了高度统一。

3.3.5 佛教思想中的本体论及其价值观

用以上对本体论的认知来研究佛教思想，我们会发现在佛教思想里有着特殊的本体论思想。例如，在佛教那里是将"虚空""至道至理"视为不可断分、先前存在、构成万物等本体性质。"常乐我静"正是对"本体"永恒性、寂静性、超然性的最好注脚。从这个意义上说，佛教哲学是一种本体论。但值得注意的是，作为佛教思想的理论基石的"缘起性空"（中道）思想就不能诉诸本体论的范式下进行讨论。因为"空色"问题不存在先后问题，不存在高下、主次问题，也不存在"理一"和"分殊"的问题。换句话说，不管在什么意义和性质下的本体论都不在"缘起性空"的概念框架之列。"空"（缘起、相依、关系、联系、变化、发展）是"色"（诸行诸法，宇宙万有，一切现象）的属性。"色"的属性是"空"，"空"是"色"的属性。这就是《心经》所谓"色即是空，空即是色；色不异空，空不异色"。由此可见，这里要表达的意思和思想，与本体论要表达的"本体"与"现象"不相分离的思想是有着明显的不同，绝不能将此混为一谈。佛教的"我说即是空，亦为是假名，亦是中道义"之"三是偈"强调的仍然是空色（有）不异之旨。

"中道义"，或说"中道观"是佛教所建立和遵循的方法论。这一方法论的主旨在强调人们对"诸行""诸法"及其本性的把握和观想都不应偏执一端、落于一边。佛教喜用"非有非无""即有即无""不……不"等句式来表达它的"中道义""中道观"。

佛教所谓"空"是在宣扬这样一个观念：诸行诸法皆是一个"无"与"有"，"间断性"与"连续性"的对立统一体。认识它的实相一定要同时注意这两个维度，如只偏重一方，即为偏见，即为"偏执"。所以，佛教反复强调，如果你重空的"无"性，那你就同样犯了"执住"的错误。因而佛教主张不执"有"，也不执"无"，即做到"有无双谴"。这是佛教不变的思维方法。

为什么佛教思想喜谈"即有即无""非有非无"呢？其中关键点是，他们都是站在"运动和变化"的立场切入事物和问题的。"有"是在"间断性""当下"（现在性）上去理解和把握的，而"无"则是在连续性、发展性、变化性、未来上去理解和把握的。既然存在变化运动发展，那么世上没有一样存在是一成不变的，从"已经变了"的状况下来说，"它"已经不是原来的"它"了。在这个意义上说，"它"（原来的它）就不存在了。实际上，辩证法和佛教为什么会将"联系"（关系、相依、无我、因缘）与"发展"（运动、变化、无常）作为它们"两大法则"（佛教谓之"法印"）呢？问题的关键就在于，它们所申论的就是要人明白，宇宙间的一切，当然包括人，是在"关系网（场）"中的存在，是在"发展域"中的存在。既然是"关系场"中的存在，那你一定要觉悟到"你"是，但也只是"此场"

中的"一个"元素、分子、角色、部分、局部。也就是说，既然"你"是"关系场"的"一个"，那么"你"就要担负起一定的责任；既然"你"也只是"关系场"的"一个"，那么"你"就千万别以为"你"就能代表你的"整体"，所以"你"就不要妄自尊大、唯我独尊。同理，既然是"发展域"中的存在，那你一定要觉悟到"你"是，但也只是"此域"中的"这个"瞬间、部分、阶段。也就是说，既然"你"是"发展域"的"这个"，那么"你"就要有所敬畏；"你"也只是"发展域"的"这个"，那么"你"就千万别以为"你"就能代表你的"全部"，所以"你"就不能盲目乐观或盲目悲观，从而"你"就会平静和淡然地面对利、衰、毁、誉、称、讥、苦、乐这"八风"了。同样，你也就不应该"放不下"它，"想不开"它，"忍不下"它。你应该更轻松、更潇洒、更自由地来面对所有的对象才是正道。

总之，"空"论，或说佛教之"空"是强调万物存在的状态。万物存在的状态乃是既存在又不存在、既是有又是无。如果你抓住双方的任何一方，那得出的一定是假的、不真实的。而当你将双方都统一地体认了，才是对象的真实性。也就是说。通过"中观"方法所认识的"对象"才是"真实"的、"真理"性的认识。因此说，佛教的"中道观"实际上就是全面的观点（"诸法无我"），就是发展的观点（"诸行无常"），一句话，就是辩证法的观点，是"对立统一"的观点。

3.3.6 方法论、价值观、人生观是统一的

由此观之，所有方法论的终的，是使人们明白一个理论的真实性究竟在哪里？方法论错了，一切理念都会跟着错，包括价值观、人生观都跟着错。对孔子的那句名言也应站在这样的角度才能理解得更深些。子曰："工欲善其事，必先利其器。"（《论语·卫灵公》）也就是说，只有"利"好"器"，即正确、准确地掌握了方法论，才能做好事，才能解释对概念和范畴的真义，才能掌握真正的知识，才能引出与此方法论紧密相联的价值观和

人生观的许多内容。如前所述,儒道两家通过"人道法天""天人合德"以及"体用不二"的方法论各自所要阐明的是仁爱之道和慈柔之道。而无论是儒之仁爱还是道之慈柔,所欲呈明的都是人之为人的"明德""天德"之性,而欲实现的价值终的乃是"止于至善""与道为一"。在这里儒道的价值观与方法论实现了高度统一。而佛教的责任、敬畏、感恩、忍让、放下等理念以及慈悲之道,恰恰就是从它的"缘起相依""即有即无""非有非无"的"中道"方法中直接推导出的价值观和人生观。在这里,佛教的价值观与方法论也就达到了高度统一。而儒道佛三家都共同具有的价值观与方法论统一的思想也正构成了中国哲学的主要精神和重要特征。

3.4　儒道两家思想的生态思想

儒道两家关注"心性""生命""人生"的价值取向和关注"天人一体""万物一源""物吾共生"的思维方式,集中表征着中国古代哲学的独特智慧和精神。"仁爱""真诚""无私"为天人共德,这种德性和精神是儒道两家给现代社会贡献的最有价值的生态智慧。

作为中国传统文化基础和核心的中国哲学的主体是由儒道两家构成的,因为中国人的基本价值取向和思维方式乃是由这两家所培植的。中国哲学也是在处理和解决人的存在方式和人与自然的关系这一所有哲学皆应观照的问题中表征出它的哲学精神和民族精神。无论当下对"生态"概念有多少解释,或对中国哲学中所蕴含的生态智慧有多少歧义,但有一点一定要清楚:所有生态问题的讨论都离不开上述所说的哲学问题。中国哲学,或说儒道两家哲学所探讨和回答的人的存在方式和人与自然的关系问题无疑具有极其深邃的生态智慧。

3.4.1　儒家的仁爱与道家的慈柔是他们环境论的基础

人生于天地宇宙之间,他们按其本性的存在方式与他们相关的一切环境发生着关系。所有的哲学都表达这样一种观点,即人永远是在生存方式和生活方式这一矛盾、对立、二重的关系中存在的。我们说，儒道两家哲学都明确对这一问题进行了回答，并由此构成中国哲学的特殊性。这一特殊性的主要表现就是两家思想的价值取向的特殊性。一般说来，儒道皆把他们思想的价值选择落实到社会人生。换句话说，社会人生是他们关注的价值取向。作为儒道两家思想共同源头的《周易》有言："观乎人文，以化成天下。"（《周易·易贲》）"人文""天下"是指向人心、人性。这里有必要指出的是，在中国古代"天下"观念一定是与文化、文明、人文、人心、中华民族精神、中国人深层的民族心理结构等等紧紧相连的。也就是"天下"主要不是一个地理概念，而是一个文化概念。只有正确把握了这一点，你才能准确理解中国传统文化中的许多问题。《大学》中"格致诚正，修齐治平"的"平天下"，指平正世道人心。孟子的"达则兼济天下，穷则独善其身"的"济天下"，当指济世安民、安身立命也。而明末清初思想家顾炎武所谓的"天下兴亡，匹夫有责"也是在强调，"天下的兴亡"是关乎整个民族文化、民族精神、民族认同、民族心理、民族信仰的"大"者，因此之故，才关乎每个人的事。因为如若天下亡，文化即亡，文化一亡，民族即亡，民族一亡，所有皆亡。一句话，"观乎人文"即是关乎心性、人生、生命。由此，儒道两家思想的价值取向非常明了。

我们首先确立儒道两家的价值取向就是想使人们清楚地认识到，人在处理他与外在所有环境的过程中，人性的"殊胜"性是一定要确证的。换言之，解决环境和生态问题，首要的任务即是要对人性作出分析。在两家那里，都会把人作为"大者""贵者""灵者""秀者""翠者"来看待。儒家是将人之为人的根性称为"几希"、"良心"（孟子）、"明德"（《大学》）、"秀灵"（张载）。道家是将人之为人的根性称之为"自然""天

明末清初三大思想家之一顾炎武，引自清代叶衍兰《清代学者像传》

王阳明像

然""素朴""玄德"（老子）。当我们在谈人性的时候，实际上有一个问题是作为它的基础而存在的。那就是人性论的本体论问题。

本体论问题实际上也是关于一个哲学思想体系中的最高范畴问题。确定儒道两家思想的最高范畴是研究其所有思想的前提。儒家是把"仁"作为他们的最高范畴的，道家是把"道"作为他们的最高范畴的，两家在给他们各自最高范畴定性的时候，都共同遵循着一个原则，即超越的原则。在他们看来，唯有超越性的存在才能充当本体的存在。这一超越性，就是对一切差别、区分、对立、经验、常识等的超越。儒家认为，人获"天"性而有的"仁"德、"明德"、"良心"，即"天良"，是一个超越一切是非、善恶、美丑、好坏的最本始的存在。程灏的"仁者浑然与物同体"，王阳明的"无善无恶心之体"，乃至《三字经》开头的一句话"人之初，性本善"都是在这一超越性的意义上立论的。道家认为，"道"是一个完满、无限、普遍、大全的存在，是一个不能损益、断分、宰割的存在。《老子》在第4章、第14章、第25章分别用"冲""湛""寂""寥""夷""希""微""绳绳""惚恍"等来形容"道"的无象无声无形。这一无物的空虚之道，老子称其为"无"。而这一"无"的最本质特性就在于它的无限性、无规定性。在老子看来，能充当宇

《传习录》

宙万物之根的存在只有这种无限性、无规定性的"道"和"无"。因为无限性、无规定性包含着无限可能性，即包含一切存在者。老子对"道"的这一"无"的存在方式及其性质的强调，其目的乃是要向人们表明，"道"是一个不可断分、对待的整体性存在。老子同时还用"一"的概念去强化这一"道"性。老子说："圣人抱一为天下式。"（《老子》22章，以下引《老子》只注篇名）"昔之得一者——天得一以清，地得一以宁，神得一以灵，谷得一以盈，万物得一以生，侯王得一以为天下贞"（39章）。如果认为老子此论只是具有宇宙本体论或宇宙生存论的意义，那是非常不够的，甚至说是错误的。"主一""持中""知常""致虚""守静"乃是老子宇宙观、世界观、价值观、人生观一以贯之的思维方式，其终的就是要打碎、冲破一切相对的差别性的认知方式。一句话，超越现实人为所规定的是非、善恶、美丑的区分之见。

从儒道两家对各自本体或说最高范畴的规定中，我们清楚地看到，无论是儒家的"仁"，还是道家的"道"，所要表征和彰显的都是一个"至善""纯善""大善"的精神。这一精神的本质属性就是"爱"。儒家谓之"仁爱"，道家谓之"慈柔"。这是一个通向和实现社会、人生、生态和谐与完善的光明之道。有了这种"爱"的精神和情怀，才算得上是符合人性的对待，也才确立了作为人的存在方式。这就是两家对待一切存在、一切环境、一切生态的基本态度。

3.4.2　儒道两家的天人合德观

人的存在方式的确立是认识人与自然关系问题的必要前提。人与自然的关系问题是一切哲学无法回避的问题，但中西哲学对此关系的定位和定性都存在着不小的区别，由此形成中西哲学的不同特点。人与自然的关系问题，在中国哲学中是用"天人"关系得到体现的。作为中国固有哲学的两大派儒家和道家都是在穷究天人之际中显示出他们的思维方式，即"天人观"。

儒家天人之学的一个显著特点就是它欲解决的是人之根性的来源问

题，或说是回答人之性德是从哪里来的问题。所以儒家的天人观就其属性来说就不是一个纯粹的物理意义上的人与自然的关系问题。能典型代表儒家这一观念的有这样三句话，第一句是《周易·说卦》说的："昔者圣人之作《易》，将以顺性命之理：是以立天之道，曰阴曰阳，立地之道，曰柔曰刚，立人之道，曰仁曰义。"第二句是《中庸》开头那句："天命之谓性。"第三句乃孟子所言："天之所与我者。"（《孟子·告子上》）这里是把属于人之性德的"仁义"归结于外在的"天"（自然）。说得通俗一些就是，外在的天地自然赋予了人之为人的德性。儒家坚信，人的价值源头是天地自然。但你不能就此就认为，儒家是把人性来源者的天地自然视为一种无德性、无情感的纯粹物理性的存在。实际的情况恰恰相反，在《周易》以及儒家学者那里，直谓"天地自然"其本身即是具有"德性"和"情感"的存在。换句话说，儒家从来不把"天地万物"看成是一个死寂的存在，相反，它们是一个具有某种精神的"活"的存在。我们来看看他们是怎样具体说的。《周易》说："天地之大德曰生。"（《周易·系辞下》）朱熹对此句曾有过解释，认为所谓"生道"即是"仁道"。《中庸》说："诚者，天之道也。思诚者，人之道也。"《周易》和《中庸》是明确将"天"界定为"仁""诚"。也就是说，天地有性、有道、有理、有心，而此"性、道、理、心"即是"仁爱""真诚"。

朱熹对镜自画像

至此，儒家的天人之学的另一个层次的问题就显现出来了，那就是"天人合德"论。所以，在讨论儒家的天人之学的思维方式时，许多学者会用"天人合一""天人相通""天人相类""天人感应""天人一体""天人一源""天人同根""天人共生"等命题加以概括。应该说，所有这些概括都是不错的，也的确是儒家所倡导的思维方式，但没有突显"合一"者乃是"合德"者也。也就是说，儒家天人之学最本质和最大的秘密即在于他们始终强调的是"天人"是同德的。这一点被宋明理学家阐述得最为精当。张载在他著名的《西铭》中明确指出："天地之塞吾其体，天地之帅吾其

朱子书易系辞之一

性。"（《正蒙·乾称篇十七》）在张载看起来，"人之体""人之性"，也即"人之德"皆与"天地合"，这是儒家"天人合德"论的最典型的表述。因此，朱熹认为《西铭》之义"紧要血脉尽在'天地之塞吾其体，天地之帅吾其性'两句上"（《朱子语类·卷九十八》）。王阳明说："盖天地万物与人原是一体，其发窍之最精处，是人心一点灵明。风雨露雷日月星辰禽兽草木山川土石，与人原只是一体。"（《传习录》下）大程更直言："天人本无二，不必言合"（《河南程氏遗书·卷六》），"仁者浑然与物

上海扫叶山房发行的《传习录》

王阳明书法

同体"（同上）。可见，他是用一个极端的说法，来表明"天人"本来就是合德的，无需多言与此相合。王阳明也说："大人者，以天地万物为一体者也。""为一体"就是"为一德"，王阳明这句话显然是对《周易》思想的进一步强调。《周易》说道："大人者，与天地合其德，与日月合其明，与四时合其序，与鬼神合其吉凶。"（《周易·文言》）

　　道家与儒家一样，认为人是来源于最高的本体"道"，而且也同样主张"人德"与"道"、"人德"与"天德"是合一的。也就是说，道家与儒家一样是"天人合德"的倡导者。所以我们常说，儒道两家的思维方式皆主天人合一，因而代表了中国古代哲学的思维方式。但在这里有必要强调指出的是，道家所理解的"天地自然"之德与儒家理解的是有所不同的。在道家看来，自然无为乃是天地、万物之本质，同时也是道德的质素和极至。这一点庄子较老子说得更加明白和直接。庄子说："夫虚静、恬淡、寂寞、无为者，天地之本，而道德之至……夫虚静、恬淡、寂寞、无为者，万物之本也"（《庄子·天道》）；"夫恬淡、寂寞、虚无、无为，此天地之本而道德之质也"（《庄子·刻意》）。天道如此，人道何为？于是老庄又明确提出了极富道家思想及其思维方式的主张，这就是非常著名的"人道法天""道法自然"之论。老子说："人法地，地法天，天法道，道法自然"（二十五章）；庄子说："循天之理……虚无恬淡，乃合天德。"（《庄子·刻意》）从老庄对"天地自然"之德性的论述中我们会发现，道家所谓的"天德"乃为"自然无为"。这一"自然无为"之深义实际上集中在"无私"性上。"天无私覆，地无私载，日月无私照"（《礼记·孔子闲居》）

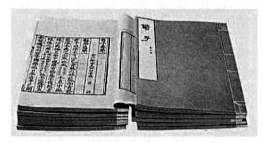

《荀子》

正是这一"天地万物"之"无私"之德的最好表述。如果说儒家的"天"与"人"要合的是"仁爱"和"真诚"之德的话，那么，道家的"天"与"人"要合的就是"无私"之德了。

谈到儒道两家的天人合一理论及其具有的生态伦理意义的时候，许多学者也从人是从自然界而来的所谓"天人同根"论来说明儒道思想蕴含有强烈的环境保护意识。例如，荀子说："天地合而万物生，阴阳接而变化起。"（《荀子·礼论》）庄子说："天地与我并生，而万物与我为一。""天地一指也，万物一马也。"（《庄子·齐物论》）"人之生，气之聚也……故曰：通天下一气耳。圣人贵一。"（《庄子·知北游》）这是从本源论上论证天人一体。但如果我们仔细分析的话，这一层次的论证属于物理、生理上的，从中当然可以引申出人与环境应有良好关系的结论，然而，它终究不表征儒道两家天人合一论的本旨要归。我们知道，在西方文化传统中，承认人是从自然界而来，是自然界的一部分，那是普遍的观念。但我们又知道，并不因为西方有了这一观念，使得西方社会产生了保护环境的意识。由此，我们再反观儒道两家的天人合一论，可以认识到，能称得上中国特色的天人合一论，那一定是"天人合德"论。"天"有仁爱、真诚、无私的德性和精神，"人"禀赋此而获性，因而也具有仁爱、真诚、无私的德性和精神。在这种价值观念和思维方式下，人还会对"那样"的天地万物不"尊重"吗？不"平等"吗？不"亲爱"吗？不"敬畏"吗？只要人在精神层次与天地有交往，你才不会"傲视"万物，你也才会对它们真正产生尊重感、平等感、亲爱感、敬畏感。诚如庄子所说："独与天地精神往来而不敖倪于万物。"（《庄子·天下》）惟其如此，它才真正具有了环境意识、生态智慧。这是中国人给世界提供的智慧，小视不得。

3.4.3　儒道两家的主体意识论及其在处理环境中的重大作用

当然，当我们反复强调儒道两家的价值取向和思维方式对处理人与自然万物的关系及建立良好的生态意识都具有极其重要的意义同时，应该不能对这样一个问题有所忽视。一般来说，我们在论述中国哲学智慧，尤其是儒道两家重人之心性和天人合德的时候，由于过于突出他们对人之为人的"几希""天良""明德""天然"这一"心性"问题的论述,而相对忽视他们对人的另一种"能力"的充分肯定。甚至可以这样说,有不少研究者在挖掘中国传统文化中的生态智慧时,为了契合现代生态学、环境伦理学、深层生态学等思想观念,提出了"非人类中心主义"的时代口号。我们认为,这种思考问题的出发点和用心都是不错的,对问题的反思也是深刻的,或者说都是值得充分同情和理解的。但我在这里要说的是,如果人没有"知"的能力,没有"反思"的能力,没有"主体意识"的能力,那么,人与自然的"关系"问题就不能形成,因此,宇宙观、自然观、天人观都不可能存在。因为道理十分简单,上面诸观的主体一定是"人",而"观"的前提是"观者"一定要有主体意识。这一主体意识,这一人的"知性"也是人从天地万物那里得到的殊胜"赠品"。用中国哲学的语言来说,人与万物"混然中处",而人"得其秀而最灵"。

"混然中处"表明的是人与万物的同根同源、共生共长,它要表达的是一种"平等"性。"得其秀而最灵"表明的是人对于万物而言,那是"超乎其类,拔乎其萃",它要表达的是一种"超越"性。对这种"超越"性的理解,我始终认为应从两个方面来把握。一是"知性",一是"德性"。尽管我们非常熟知荀子那段名言:"水火有气而无生,草木有生而无知,禽兽有知而无义。人有气、有生、有知,亦且有义,故最为天下贵也"(《荀子·王制》),这里虽然荀子将"知"的能力赋予了"禽兽",但谁也不能否认人在"知"的层次上要比禽兽不知高出多少。如果我们能真正进入荀子的精神世界,实际上他在这里将人与万物的差别最后落到"义"上,他一定深刻地洞察到,如果人高于禽兽的"知"(知性、理性)没有一个比其更根本的"东西"支撑和制约着,那么这种"高知"将极其可怕。倘若人失其、陷其"本心""大者",人完全"有能力"做出比禽兽残酷不啻千倍万倍的事来。但这只是问题的一个方面,我们不能设想,人的"德性"的呈现和发挥,知识、教育在其中完全没有作用。再退一步说,即便要抑制人由于"知性"而犯罪的行为,也不能完全靠人们"良心"的发现。有时富有知识理性的"法律"在其中所起的作用会更大。这是问题的另一个方面。就是说到生态问题，人与环境的问题，一句话，人与自然的关系问题，如欲实现彼此之间的和谐，知识和理性在其中的作用也是相当巨大的。

老子"域中有四大"的观点，似乎能从另一个方面证明和支持我们的讨论。老子所说的"故道大，天大，地大，人亦大。域中有四大，而人居其一焉。人法地，地法天，天法道，道法自然"（25章），其实还是在强调"禀承"和"效法"天、地、道而获性的"人"是有其"秀灵"的特性。而这一"秀灵"之性就体现在人的"观复""知常"。老子说："万物并作，吾以观复……知常曰明。不知常，妄作，凶。"（16章）

如果我们是在尊重客观事实的基础上承认人相对于其他万物来说确实具有超越性的"秀灵"之处，那么"人类中心主义"这一提法本身是没有什么不对的。问题的关键是要有符合人性的"定性"以及符合人与自然关系本质的"定位"。在一定意义上说，人的良心往往是靠人的主体意识去"外化"开来。换句话说，人不但以"良心"将己与禽兽区别开来，还以"主体意识"将己与禽兽区别开来。就此而言，你可以说人与万物是存在着差异性的。承认这一点，并不意味着看轻人以外的存在，倒不如说，承认这一点的目的恰恰是在于消除这种差别。因为只有人才能自觉到差别并试图去消灭这一差别，而其他任何存在都无法做到这一点。应该承认的是，人只有有了"主体"意识，他才能来审视人与人、人与物的"关系"问题。将意识与存在作为"关系"来反思，这是哲学的基本问题，而哲学思维是一种极其高深的理性思维、辩证思维。这种思维只有对于相对高级发展阶段的人才是可能的。简言之，此种能力"惟人为能"。承认人的这种特殊性，终的仍然是欲达到人与万物的一体和平等。我们批判所谓"人类中心主义"是基于这种理念，那就是将人凌驾于自然万物之上，并按照人类自己的私欲去任意掠夺和裁制它们。如果把这一观点再换一种表述，就是人类要真正实现与自然万物的"平等"，必须发挥人所特有的"不平等"的性德才是可能的。同理，真正实现"非人类中心主义"，一定要靠作为宇宙天地间最为"中心"者、

"秀灵"者的"人"，去发现问题、解决问题。因为我们知道，正视环境问题，探明环境问题的真正原因以及寻找解决环境问题的道路构成现代环境论的三大要素。

相对于儒家来说，道家在这方面似乎给人们提供了更多的信息。道家的天人之学的体系是由三部分组成的，一是从本体上论证天人一体、道人一源（包括物理与精神两方面）；二是洞察到天人分裂的状态及其原因所在；三是提出"道法自然""回真返朴"的主张以最终实现"天人合一"的目标。

道家看到了造成天人二分局面的最后的根源在于人自身受到"物役""情累""心滞""意染"。这与现代环境论者指出是由于人类滥用理性、膨胀物欲而造成了环境危机的思想是那样的遥契。

我们在前面已谈到，老庄是把其思想的最高范畴，也即宇宙世界的本体——道，视为一种"无""一""自然"的存在。进而认为，天人的这种合一整体性即是宇宙的真实存在方式。应该清楚地认识到，道家之所以强调宇宙万物存在方式的"一"性、"自然性"，恰恰是他们深刻洞察到这一存在方式一旦遭到破坏和改变，"天钧""天和""天乐"的局面就会丧失。用现代环境论的话说，就是出现了环境问题。道家天人之学的高明之处就在于，他们探明了造成环境问题的真正原因是在人类自身。在于人的本性的丧失，在于人类受到物之役、情之累、心之滞、意之染，即人欲的横流，理性的膨胀，私意的泛滥，一言以蔽之，人为的造作。所以，只有摒弃和破除它们，方可显现真性、复归素朴，并最终达到天人合一。老子提出的主张是："见素抱朴，少私寡欲"（19章），"圣人去甚、去奢、去泰"（29章），"知足不辱，知止不殆，可以长久"（44章），"祸莫大于不知足，咎莫大于欲得。故知足之足常足矣"（46章），"治人、事天莫若啬"（59章）。庄子提出的主张是："不以心损道，不以人助天"（《庄子·大宗师》），"无以人灭天，无以故灭命，无以得殉名。谨守而勿失，是谓反其真"（《庄子·秋水》），"虚无恬淡，乃合天德……能体纯素，谓之真人"（《庄子·刻意》）。由此可知，道家是力图通过"以天合天"（《庄子·达生》)的方法，即以自然去契合自然的方法来实现回归天人合一的目标。具体包括：无知、无欲、无心、无故、无为、虚无恬淡、知足知止，一句话，就是无人为造作。这就是道家对人的存在方式以及人与自然的关系所作的哲学反思。反思所要得出的结论是：自然万物能否按其本性存在着，其决定因素是人类能否按其本性生活着。人类的生活方式决定着自然万物的生存方式。人类如果不知"常"，处于暧昧的状态，进而妄作强为，那么万物自然就要遭殃。当然，天人之间的关系又是相互感应和影响的，自然的破坏必然反过来殃及人类自身。这就是为什么老子谆谆告诫人们"知常曰明。不知常，妄作，凶"（16章）的苦心所在吧。

3.4.4　儒道两家的智慧精神

综上所述，儒道两家的价值取向和思维方式表征着中国古代哲学的独特的智慧和精神。这种智慧和精神既是"关乎人文"的，又是"关乎宇宙"的。"关乎人文"决定了他们对"心性""生命""人生"这一人的存在方式问题的高度重视。"关乎宇宙"决定了他们对"天人一体""万物一源""物吾共生"这一人与自然关系问题的深度揭示。儒道两家在"天人合德"思维方式统摄下形成他们的价值观、自然观、世界观、宇宙观、人生观。天人所合之德者，仁爱、真诚、无私也。当人上达与下贯着这种性德和精神的时候，当人也凭借理性智慧的"助缘"去呈明"明德"的时候，当人用发明本心本性来"矫正"人的理性智慧的时候，那这个世界一定是符合人性和万物之性的世界。这是一个仁爱的世界、平等的世界、和平的世界。儒道两家所阐发的德性和哲学之光必定能照耀环宇。

3.5　说儒

3.5.1　儒家

儒家，是春秋末期孔子创立的学派。《史记·孔子世家》记载："孔子以诗书礼乐教，弟子盖三千焉，身通六艺者七十有二人。"由此形成一个以孔子为核心的学派及其学术，后世称为"儒家""儒学"。儒家虽然在以后几千年的历史发展中不断地被发展和改造，形成不同的统系，有"君统""道统""学统"等，但只要是被冠以"儒家"和"儒学"的，在发挥作用、理论基础、思想特点、依凭经典、核心观念、历史传承上都要有其共同性。而这一共同性又被《汉书·艺文志》深刻揭示："儒家者流……助人君，顺阴阳，明教化。游文于六经之中，留意于仁义之际。祖述尧舜，宪章文武，宗师仲尼。"也就是说，维护君权，帮助国君是儒家所要发挥的作用，在此基础上儒家也竭力维护父子、夫妇、兄弟、朋友等伦常关系；崇奉、顺应自然阴阳的天人合一是儒家思想赖以建立的理论基础；明确主张教化，反对暴政是儒家思想的一个非常重要的特点；《诗》《书》《礼》《易》《乐》《春秋》是儒家思想寄寓的六部经典；仁义是儒家思想体系的核心价值观，所以引起他们的特别留意和重视；尧舜是儒家远宗的大德，周文、武王制定的礼法是儒家所要遵守的，孔子是儒家尊崇的师表，由此构成儒家的历史传承。在此基础上，后又形成尧舜禹汤、周文武王、周公孔孟这一儒家信奉的"道统"。

孔子与弟子

尽管在历史上可以用许多概念、范畴和从不同视角来表达和反映儒家的价值观，诸如：仁义礼智信、恭宽信敏惠、温良恭俭让、礼义廉耻、忠恕孝慈等，我也曾将儒家的核心价值体系概括为：仁信敬诚礼义廉耻，但是，所有这些都应有一个最核心的价值观来统摄，而能充当这一任务的当是"仁"。在我看来，仁是儒家思想的最高范畴，是儒家所有德目的总纲，或说全德，一句话，仁是儒家思想体系的核心价值观。换句话说，在儒家那里，诸如义礼智信、恭宽信敏惠、温良恭俭让、礼义廉耻、忠恕孝慈等等，无不是仁爱之道的具体展开和呈现。

儒家之仁，其精神实质乃是表征"爱"的，这是毋庸置疑的。无论是"孝悌"之对亲，"忠恕"之待人，"同胞"之恤民，"与也"之体物，皆在仁爱的大道下聚合。这是一个对亲、对己、对人、对物的尊重和平等意识之呈现，这是一个由近及远、由己推人、由人至物的宽广和宽容胸怀之展现，此乃程颢"仁者，浑然与物同体"之谓也。

儒家坚信人之为人的这一仁爱之性德是外在天地自然所赋予的，即"天命之谓性"（《中庸》语），"天之所与我者"（孟子语）。而充当人性之源的"天"，其本身是一有德性、有精神的神圣存在。《周易》说："天地之大德曰生。"（《周易·系辞》下）朱熹对此句曾有过解释，认为所谓"生道"即是"仁道"。也就是说，天地有性、有道、有理、有心，而此"性、道、理、心"即是"仁爱"。确证"天"性是为了给人性寻求一个绝对和神圣的"终极者"，从而提升人的尊严感和神圣性。因此，儒家哲学内在地要求人们当"尽其心，知其性"，最终实现"知其天"（孟子语）的目的。上下贯通、内外交融是实现天人合一的具体方式和途径。于是唤醒、呈现、光明、遵循内心本存的天性也就当然地成为儒家哲学的逻辑进程和人道教化的必由之路。《中庸》"率性之谓道，修道之谓教"，此之谓也。人所率之性和所修之道乃是天性天道也，这是儒家典型的"人道法天"的方法论，也是"天人合德"的思维方式。而儒家的这种方法论和思维方式所直接表征的又恰恰是他要宣扬的仁爱这一核心价值观念。

3.5.2　论孔子的"仁"

孔子及其《论语》思想的核心范畴是"仁"，主要命题是"仁者爱人"，精神实质是"爱"。爱有孝悌之爱、忠恕之爱、惠民之爱。忠恕之道，尤其是恕道是人与人相处的"絜矩之道"，是超越时空、跨越国度、富有永恒魅力、具有当代价值的文化精神。有心，有情，给予，尊重，宽容，此十字是爱的本质内涵。

孔子是儒家的创始人，被后人尊称为"至圣先师"。儒家思想体系所需要的概念、范畴、命题及其价值观在孔子这里都有所涉及，特别是儒家一以贯之而"留意"的核心价值理念——仁，更为孔子所重。也正是因为孔子仁学思想体系的建立，才使得儒家思想源远流长。近代著名学者柳诒徵在其所著的《中国文化史》中说道："孔子者，中国文化之中心也，无孔子就没有中国文化，自孔子之前数千年文化，赖孔子所传，自孔子以后数千年文化，赖孔子所开。"通俗地说，我们讲中国文化，那就要讲孔子，为什么？我们中华文明有5000年，前面2500年由他老人家给我们继承了，以后2500年又由他老人家开创了，这叫继往开来。好了，既然孔子如此之重要，表现在哪里呢？他的思想寄寓在哪里呢？答案是，就在《论语》之中。而《论语》的核心价值观是什么呢？那就是仁。

3.5.2.1　仁的本义是表示人与多重对象的关系

仁在儒家的历史传承中都是按照仁的本意去逐渐展示它的内涵。那么究竟什么是仁的本意呢？过去在研究儒家特别是孔子仁学思想的时候，许多学者都喜欢从仁的字形上来首先确立仁的范围及其意义，并强调"仁"的写法，是左边一个单人旁，右边一个二字，所以"仁"即是表示人与人的关系。孔子强调"仁者爱人"，正是突出仁的人与人关系的性质。随着清人对仁作出了"相人耦"的定义以后，仁的范围就局限在人与人的有关系上似乎成为了大家的共识。但是我在这里想告诉大家的是，这种将仁的范围仅仅局限在人与人关系的观点是不对的。只要我们留意一下"仁"字的几种古体的写法，就可以清楚地知道，仁所要表征的关系那是非常全面的。仁的古字有这样几个写法。一是一个尸体的尸，再在尸的下面加一个二，读如" "（表示人与神的关系）；一是上面一个千字，下面一个心字，读如"忎"（表示人同此心）；一是上面一个身字，下面一个心字，读如"愳"（表示身与心的关系）。大家如果要再注意的话，便可发现，这个"仁"字怎么写法啊？左边单人旁，如将其拉直就是"—"的符号，右边那个二，就是"- -"的符号。"—"代表的是"阳爻"，"- -"代表的是"阴爻"。所以说，仁就是表示阴阳的相配与和合，从而表示人与自然的关系。如果再加上传统的定义，即二人为仁，表示人与人的关系。至此，我们将会得出什么样的结论呢？答案就非常清楚了。仁实际上是包括了人与神、人与自然、人与人、身与心的多重关系！

接下来的问题就是，表征多重关系的仁，是如何定性的呢？也就是说，各种关系要建立在什么样的共同基础之上呢？古人给出了答案。东汉许慎的《说文解字》说："仁者，亲也。"也就是说，不管你是人与神、人与自然，还是人与人和身与心，彼此的关系一定要建立在亲爱的基础上。应该说，这是仁所要反映的本质。儒家在其两千多年的历史发展中，实际上都把上述多重关系给充分展现了。我们说孔子的学说实际上就是"成己成人"之学。什么叫"成己成人"？"己欲立而立人，己欲达而达人"，这就叫成己成人。这是一个爱的基础，还有一个爱的根本基础，那就是孝悌。《论语》记载："有子曰：'其为人也孝悌……君子务本，本立而道生。孝悌也者，其为仁之本与！'"这是强调孝悌之爱。而孝悌之爱则是爱的最根本表现，或说是仁爱的基础。这是我概括的第一层次。但实施了这个孝悌之爱以后该怎么做呢？一个人生下来主要的活动场所是在家，但等你长大了，一定是要走出家门迈入社会的。所以说这个爱一定要落实在成己成人之上。在社会中主要体现的是人与人的关系。如何处理好这重关系，一直是包括孔子在内的所有儒家皆非常重视的问题。所以说你看孔子那么强调"己欲立而立人，己欲达而达人"与"己所不欲勿施于人"这两条原则。此处的"人"一定就是指自己父母兄弟之外的人。所以说人与人相爱是要建立在一个"忠恕之道"的基础上。孔子没有对一撇一捺的"人"作出规定，也就是说，孔子并没有明确将"仁爱"作为人之为人的本质属性来强调。到了孟子这里，情况就有了很大的变化。孟子直接地将仁视为人的本质属性。他说："仁者，人也。""仁者，人之安宅也。"不但如此，孟子还将仁爱的范围从人与人的关系，扩展到人与万物的关系。换句话说，孔子只讲"成己成人"，而孟子不仅讲"成己成人"，而且也讲"成人成物"。比如说孟子在讲"成己成人"时有两句大家非常熟知的话，这就是"老吾老以及人之老，幼吾幼以及人之幼"。"老吾老""幼吾幼"就是叫"成己"；"以及人之老""以及人之幼"就是叫"成人"。那什么叫"成己成物"呢？这就是孟子著名的"亲亲、仁民、爱物"的思想，"爱物"即是"成物"。正是在这个基础之上，唐代的韩愈发展了孟子的思想。他在《原道篇》中说："博爱之谓仁，行而宜之之谓义。"所谓博爱当然是最广泛的爱了，包括了宇宙间的所有存在。到了宋明理学那里，仁爱的范围不但扩大了，更为重要的是理学家将人与万物的关系定位在平等无二的高度了。北宋张载那句名言是这样说道："民，吾同胞，物，吾与也。"民胞物与这个成语即来源于此。这是典型的"天人合一"境界。顺便说一句，"天人合一"这个概念一直到北宋的张载才被第一次提出来。到了北宋的程颢，他直谓"仁者，浑然与物同体"。他还说："天人本无二，不必言合。"由此可见，强调"己、人、物"关系的合一仁爱，此乃儒家仁爱思想长期发展的结果。

3.5.2.2　孔子之仁的丰富内涵及其精神价值

所以说我们在读《论语》以及探讨孔子思想时应该抓住它的核心之所在，因为只有搞懂了孔子的仁爱思想，才能贯通整个儒家思想的主旨和深沉的精神追求。我们上面已经多次指出，孔子仁学思想的主旨和精神就是一个字："爱"，孔子以"仁"这个范畴来表达它。

孔子思想的最高范畴是"仁"，仁最本质的精神是"爱人"，这应该说是学界较为普遍的认知。但对孔子有关"仁"的界说，学界也是存在不同看法的。当然，其根本原因还是在于，究竟什么是"仁"，在孔子及其著作《论语》中有着大量不同的界定。过去人们喜欢将这一原因归结于孔子所主张的因材施教的教学方法。也就是说，孔子会针对不同学生和不同场景来展开对所谓"仁"进行具体而又鲜活的表述。然而，在我看来这只是表象上的解答，其实孔子之所以对"仁"有不同的解释和规定，真正的原因在于"仁"这个概念本身的丰富性和复杂性。于此，当然就应该从不同的方面、不同的层次来探析"仁"的含义及其精神实质。

作为一个研究孔子仁爱思想的学者来说，其任务和目的不仅是说清楚孔子是怎样定义和规范"仁"这一概念的，更为重要的是要揭示出"仁"这一概念的背后所要表征的是什么样的精神价值和精神追求。正是基于这一论述的考虑，我在这里将采取一种新的论述方法。具体来说，我是按照《论语》章节的先后顺序，将涉及的有关"仁"定义性的问题一一列出，这样做的目的是力求全面展现孔子及其《论语》对"仁"的论述。而为了方便不同层次和水平的人都能很好地理解，我会将所有段落先翻译成现代汉语。在此基础之上，再逐一进行辨析和讨论，并最终探究蕴含其中的思想理念及其精神。

《学而篇第一》1·2 有子曰："其为人也孝弟，而好犯上者，鲜矣；不好犯上，而好作乱者，未之有也。君子务本，本立而道生。孝弟也者，其为仁之本与！"（译文：有子说，他的为人，孝顺爹娘，敬爱兄长，却喜欢触犯上级，这种人是很少的；不喜欢触犯上级，却喜欢造反，这种人从来没有过。君子专心致力于基础工作，基础树立了，"道"就会产生。孝顺爹娘，敬爱兄长，这就是"仁"的基础吧！注：译文全按杨伯峻《论语译注》，中华书局1980年12月版，下同。）

《学而篇第一》1·3 子曰："巧言令色，鲜矣仁！"（译文：孔子说，花言巧语，伪善的面貌，这种人，仁德是不会多的。）

《里仁篇第四》4·15　子曰："参乎！吾道一以贯之。"曾子曰："唯。"子出，门人问曰："何谓也？"曾子曰："夫子之道，忠恕而已矣。"（译文：孔子说，曾参呀！我的学说贯穿着一个基本观念。曾子说，是。孔子走出去以后，别的学生便问曾子道，这是什么意思？曾子道，他老人家的学说，只是忠和恕罢了。）

《雍也篇第六》6·22　樊迟问知，子曰："务民之义，敬鬼神而远之，可谓知矣。"问仁，曰："仁者先难而后获，可谓仁矣。"（译文：樊迟问怎样才算聪明。孔子道，把心力专一地放在使人民走向"义"上，严肃地对待鬼神，但并不打算接近他，可以说是聪明了。又问怎样才叫做有仁德。孔子道，仁德的人付出一定的力量，然后收获果实，可以说是仁德了。）

《雍也篇第六》6·30　子贡曰："如有博施于民而能济众，何如？可谓仁乎？"子曰："何事于仁，必也圣乎！尧舜其犹病诸！夫仁者，己欲立而立人，己欲达而达人。能近取譬，可谓仁之方也已。"（译文：子贡道，假如有这么一个人，广泛地给人民以好处，又能帮助大家生活得很好，怎么样？可以说是仁道了吗？孔子道，哪里仅是仁道！那一定是圣德了！尧舜或者都难以做到哩！仁是甚么呢？自己要站得住，同时也使别人站得住；自己要事事行得通，同时也使别人事事行得通。能够就眼下的事实选择例子一步步去做，可以说是实践仁道的方法了。）

《颜渊篇第十二》12·1　颜渊问仁。子曰："克己复礼为仁。一日克己复礼，天下归仁焉。为仁由己，而由人乎哉！"颜渊曰："请问其目。"子曰："非礼勿视，非礼勿听，非礼勿言，非礼勿动。"颜渊曰："回虽不敏，请事斯语矣。"（译文：颜渊问仁德。孔子道，抑制自己，使言语行动都合于礼，就是仁。一旦这样做到了，天下的人都会称许你是仁人。实践仁德，全凭自己，还凭别人吗？颜渊道，请问行动的纲领。孔子道，不合礼的事不看，不合礼的话不听，不合礼的话不说，不合礼的事不做。颜渊道，我虽然迟钝，也要实行您这话。）

《颜渊篇第十二》12·2　仲弓问仁。子曰："出门如见大宾，使民如承大祭。己所不欲，勿施于人。在邦无怨，在家无怨。"仲弓曰："雍虽不敏，请事斯语矣。"〔译文：仲弓问仁德。孔子道，出门（工作）好像去接待贵宾，役使百姓好像去承当大祀典（都得严肃认真，小心谨慎。）自己所不喜欢的事物，就不强加于别人。在工作岗位上不对工作有怨恨，就是不在工作岗位上也没有怨恨。〕

《颜渊篇第十二》12·3　司马牛问仁。子曰："仁者，其言也讱。"曰："其言也讱，斯谓之仁已乎？"子曰："为之难，言之得无讱乎！"（译文：司马牛问仁德。孔子道，仁人，他的言语迟钝。司马牛道，言语迟钝，这就叫做仁了吗？孔子道，做起来不容易，说话能够不迟钝吗？）

《颜渊篇第十二》12·22　樊迟问仁。子曰："爱人。"问知。子曰："知人。"（译文：樊迟问仁。孔子道，爱人。又问智。孔子道，善于鉴别人物。）

《子路篇第十三》13·19　樊迟问仁。子曰："居处恭，执事敬，与人忠。虽之夷狄，不可弃也。"（译文：樊迟问仁。孔子道，平日容貌态度端正庄严，工作严肃认真，为别人忠心诚意。这几种品德，纵到外国去，也是不能废弃的。）

《子路篇第十三》13·27　子曰："刚、毅、木、讷。近仁。"（译文：孔子说，刚强、果决、朴质，而言语不轻易出口，有这四种品德的人近于仁德。）

《宪问篇第十四》14·1　"克、伐、怨、欲不行焉，可以为仁矣？"子曰："可以为仁难矣，仁则吾不知也。"（译文：原宪问道，好胜、自夸、怨恨和贪心四种毛病都不曾表现过，这可以说是仁人了吗？孔子道，可以说是难能可贵的了，若说是仁人，那我不能同意。）

《卫灵公篇第十五》15·10　子贡问为仁。子曰："工欲善其事，必先利其器。居是邦也，事其大夫之贤者，友其士之仁者。"（译文：子贡问怎样去培养仁德。孔子道，工人要搞好他的工作，一定先要搞好他的工具。我们住在一个国家，就要敬奉那些大官中的贤人，结交那些士人中的仁人。）

《卫灵公篇第十五》15·24 子贡问曰："有一言而可以终身行之者乎?"子曰："其恕乎! 己所不欲,勿施于人。"(译文:子贡问道,有没有一句可以终身奉行的话呢?孔子道,大概是"恕"罢! 自己所不想要的任何事物,就不要加给别人。)

《阳货篇第十七》17·6 子张问仁于孔子。孔子曰："能行五者于天下为仁矣。""请问之。"曰："恭、宽、信、敏、惠。恭则不侮,宽则得众,信则人任焉,敏则有功,惠则足使人。"(译文:子张向孔子问仁。孔子道,能够处处实行五种品德,便是仁人了。子张道,请问哪五种。孔子道,庄重,宽厚,诚实,勤敏,慈惠。庄重就不致遭受侮辱,宽厚就会得到大众的拥护,诚实就会得到别人的任用,勤敏就会工作效率高、贡献大,慈惠就能够使唤人。)

《阳货篇第十七》17·21 宰我出,子曰："予之不仁也! 子生三年,然后免于父母之怀。夫三年之丧,天下之通丧也,予也有三年之爱于其父母乎!"(译文:宰我退了出来。孔子道,宰我真不仁呀! 儿女生下地来,三年以后才能完全脱离父母的怀抱。替父母守孝三年,天下都是如此的。宰我难道就没有从他父母那里得着三年怀抱的爱护吗?)

《子张篇第十九》19·6 子夏曰："博学而笃志,切问而近思,仁在其中矣。"(译文:子夏说,广泛地学习,坚守自己志趣;恳切地发问,多考虑当前的问题,"仁"德就在这中间了。)

以上就是我从定义的角度归纳了《论语》中有关"仁"的论述,而不是仅仅指出《论语》当中出现过多少次"仁"。因为大家知道,《论语》总共出现109次"仁"字,但这其中许多不具有定义和规定的性质。那么,从以上引证中,我试图将《论语》中"仁"的几种含义归纳如下:

其一,仁是孝悌。或者倒过来说,孝悌是仁,且是仁的基础和根本。这是一种血缘和自然关系上的"爱"的情感和心理状态。此要引出的情怀和精神是"孝亲和敬顺"。

其二,出言谨慎,内外一致,言行合一是仁。反过来说,花言巧语,言不由衷，虚情假意，内外不一，言行不一等是"不仁"。此要引出的情怀和精神是"真实无华"。

其三，勤劳为先，迎难而上，索取次之是仁。此要引出的情怀和精神是"奉献和给予"。

其四，忠恕是仁。己立立人，己达达人是忠；己所不欲，勿施于人是恕。"忠恕"二字皆有"心"。说明它们是一种情感和心理状态。我将此概括为如下几心：宽广之心，真诚之心，实在之心，宽容之心。此乃"尽己之谓忠，推己之谓恕"之谓也。此要引出的情怀和精神是对他人"帮助和给予"；给他人"尊重、平等、独立、自由"。

其五，克制自己，按规矩和礼法行事是仁。此要引出的情怀和精神是"他人为上，社会为先"，具有牺牲"小我"、成全"他人"的胸怀，所以也关乎"克己奉公""恪守规范"的"奉献"精神和责任意识。

其六，严肃认真，小心谨慎，无怨无悔是仁。此要引出的情怀和精神是"恭敬、宽容、忍耐"。因为一个严肃认真和小心谨慎的人，那一定会对事对人，尤其是对人常怀敬重之心、尊重之情。另外，常常喜欢抱怨的人是缺乏宽容之心和忍耐之心的。爱是要体现在对他人缺点和过失的宽容和谅解。

其七，爱人是仁。这是仁的总原则和精神。"仁者爱人也"是孔子以及整个儒家思想的最高命题。所以，《论语·颜渊篇第十二》中的"樊迟问仁。子曰：'爱人'"这句话，一向被研究者视为是孔子对"仁"的内涵最直接明了的诠释。当然，这种"爱"正如我们上面所说到的那样，是需要通过许多具体的情怀和精神而得到体现的。

其八，恭敬、庄重、忠实是仁。行为举止谦恭有礼，做事工作认真敬业，待人真心实意。此要引出的情怀和精神是"诚信"和"真实"。实际上这涉及"仁爱"的前提问题。也就是说，只有出于真挚和诚信的情感，表现出"仁"概念所包含的那一切的情怀和精神，才能称得上"真爱"。说得通俗些，如果没有"真""诚""信"的爱，那只能被称为"假爱""虚伪之爱"。

其九，坚毅、果敢、坚强、质朴、谨慎、拘谨是仁。此要引出的情怀和精神是"真诚"和"恭敬"。谈话时不要夸夸其谈，全然不顾别人的感受，否则就是对他人的不尊重和不恭敬。本质朴实的人一定是真诚待人和小心谨慎的人。

其十，注意方式方法，团结依靠仁人贤士是仁。此要引出的情怀和精神是"尊重"和"虚心"。能够注意方式方法的人一定是能充分考虑到他人的感受的人，这就是一种尊重。不自以为是，依靠并团结他人，这就是一种虚心。

其十一，恭敬（谦恭、庄重）、宽容（宽厚）、诚信（诚实）、勤勉（勤敏）（道德践履）、恩惠（慈惠）是仁。这是仁的五个具体的德目，也是实行仁德的具体行为方式。此五德可视作是"仁"的含义及其精神的具体展开。

其十二，学、记、问、思是仁。学是广泛的学，记（志）是认真的取，问是恳切的问，思是律己切实的思。此要引出的情怀和精神是"谦虚、认真、恳切、律己"。也就是说，为什么一个人能够做到学得广泛，取得认真，问得恳切，思得切实，那还不是取决于实施这些行为的主体者对他人的尊重情怀吗？一个人之所以谦虚待人，放下身段，严于律己，其根本原因正是在于尊重别人的感受，给别人带去轻松、赞誉、信心和欢喜。

总结上述之论，《论语》之"仁"，其总的情怀和精神就是一个字，那就是"爱"。爱是一种忠诚和善意的情感和心理状态。它表现在多个方面。所以，如果你仅从一个或少许几个方面来论述孔子的仁爱思想，那一定是不全面的、不丰满的。更重要的是，只有在这样一个广泛的意义上去理解和把握孔子的"仁爱"才是符合真义和本义的。其重大的意义也只有通过这多种含义的展开才能实现。我认为，对存在于《论语》之中有关"仁"的定义和规定的归纳以及对其情怀和精神的抽象，对准确揭示和认识孔子仁学思想的意义有着直接的帮助。说得具体些，《论语》中有许多对"仁"的规定并不能直接呈现其意义，需要进一步转换，方能呈现其义。这是在以前研究

《论语》当中并没有引起人们太多关注的地方。例如，如何从《卫灵公篇第十五》"子贡问为仁。子曰：'工欲善其事，必先利其器'"这段话中抽象出"仁爱"本义呢？这显然需要通过转换和更深入的分析才能呈现出来。

3.5.2.3 孔子之仁表示的是人与人的相爱

以上我们在一个非常广泛的范围里和一个非常精深的理念面揭示了孔子"仁爱"思想的情怀和精神，从中可以发现，孔子是在人与人的关系框架内来定位和定性人与人相处的关系的。换句话说，孔子的"仁"是专门讨论人与人之间的关系的。他是完全从"仁"这个汉字的会义处来理解的。"二人为仁""从人从二""相人耦"，此之谓也。在孔子那里，人与人相爱的关系又是具体通过不同对象之间有关系来得到确证的。血缘关系表现为"孝悌"，人际关系表现为"忠恕"，落实到实际中表现为"惠民"。所以，我们可以从三个大的方面概括孔子的"仁爱"：其一是孝悌之爱，其二是忠恕之爱，其三是惠民之爱。

在此基础上，孔子则紧紧抓住"心"，也即情感和心理来展开他的仁学思想的构建。所以，在孔子看来，"仁爱"首先应被视作一种情感和心理的表现和状态。我们知道，繁体字的"爱"是有"心"的。但这是一种"真诚、忠诚、良善"之心，具体表现为亲近、关切、扶助、帮助、珍惜、恩惠、投入、奉献、给予、尊重、平等、宽容等等之情。此心此情凝聚成精神，就形成一种力量，就变成一种追求，从而内化为中国人的精神力量和精神追求。

但如果我们细心一点会发现，孔子论"仁"并没有直接从人性和人心的层面来论证和讨论。上面实际上也简单提到，儒家另一位代表人物孟子在孔子仁学思想的基础上，着重对"仁"的心性基础作了一定的阐发。孟子明确指出："仁，人之安宅也。"（《孟子·离娄上》）"仁，人心也"（《孟子·告子上》）。"人皆有不忍人之心……恻隐之心，仁之端也；羞恶之心，义之端也；辞让之心，礼之端也；是非之心，智之端也。"（《孟子·公孙丑上》）也就是说，在孟子看来，仁爱之心、仁爱之情是人之为人的根据和本质属性。不但如此，孟子还将"仁"的关系范围扩大，突破人与人的关系而拓展到人以外的存在，这就是他著名的"亲亲仁民爱物"的主张。以后的儒家，特别是宋明理学，正是在此基础上又进一步发展了"仁爱"思想。唐代的韩愈指出："博爱之谓仁。"宋代的张载提出了"民胞物与"的思想，程颢更直接将"仁"作了如下的定义，他说："仁者，浑然与物同体。"由此可见，由孔子建立的仁爱思想，从处理人与人的关系，进而拓展到人与宇宙天地的关系，从而在一个广大的范围内宣扬着"爱"的理念，弘扬着对待一切皆应保持着尊重、平等、宽容、善待以及和平的精神。正是"天人合一""天人合德""天人协和"这一人生的最高境界长期成为中华民族和中国人最深沉的精神追求。

3.5.2.4　孔子确立的价值具有世界性意义

我们喜谈要继承中国优秀传统文化，但什么是中国优秀传统文化是每一位中国人都应该弄清楚的问题。我们认为，不管从哪些方面去概括，或者不管你从哪些学派中去寻找，在寻找时一定要遵循思想文化以及中国历史发展的实际，一定要确立一个标准，如此，得出的结论才是符合实际的，并能得到认同的。我想这个实际和标准只能被确定为：这一文化是构成中国文化的中心；这一文化是符合人性地对待；这一文化是具有浓厚的人民性。而符合这一实际和标准的，我们认为当推孔子以及由他建立的仁爱思想。孔子是中国文化之中心这一观点在上面已有涉及，现在我想通过几则材料来向大家说明孔子思想的意义和价值及其优秀性。第一则：早在1988年，75位诺贝尔奖获得者在巴黎发表了如下宣言："如果人类要在21世纪生存下去，必须回到2500年前去吸取孔子的知慧。"第二则：1993年在美国芝加哥召开的世界宗教大会上通过的《世界宗教会议宣言》，孔子的"己所不欲，勿施于人"的"恕道"被确定为全球人类应遵奉的伦理原则，此又被称为"金规则"。而全球伦理的倡导者将这个伦理的基本原则表述为"每个人都应当得到符合人性的对待"，并认为，这就是人类共同文化遗产的最小公分母，或者用"宣言"的话说，是"世界诸宗教在伦理方面现在已有的最低限度的共同之处"。第三则：1989时任联合国教科文卫组织干事泰勒博士在孔子诞辰2540年纪念会上有这样一大段精彩并发人深省的论述："如果思索一下孔子的思想对当今世界的意义，人们很快就会发现，人类社会的基本需要在过去2500多年里，其变化之小是令人惊奇的。不管我们取得进步也好，或者缺少进步也好，当今一个昌盛、成功的社会，在很大程度上仍然是立足于孔子所确立和阐述的许多价值观。这些价值观念是超越国界和超越时代的，它属于中国也属于世界，属于过去并照耀着今天和未来。"

从以上材料我们可以看到，第一则和第三则是从最原则处来高度肯定和评价孔子的思想智慧和价值观对当今和未来中国和世界的意义和价值。而第二则明确将孔子的"恕道"思想确定为全球人类应遵奉的伦理原则，此又被称为"金规则"。这一被中国人几千年奉为"有一言可以终身行之者""终身可为者惟恕"的仁爱思想，与孔子以及整个儒家在多方面、多层次规定下的仁爱思想一起铸造和凝聚成中国文化的优秀品质，进而形成中国文化的优秀传统，并最终积淀为中华民族最深沉的精神追求。

孔子的仁爱思想所要确立的当然是"以人为本"的价值观，从而在一定程度上体现了人民性。唯其如此，这一表征了中国优秀传统文化和中华民族的精神追求的孔子的仁爱思想，必然在中国特色社会主义的建设中以及实现伟大中国梦的实践活动中越来越会发挥出它的巨大作用。我们的结论是，要讲清楚中国优秀传统文化，一定要了解成为这一文化中心的孔子；要了解孔子，一定要全面把握他的核心思想——仁爱思想；而要把握仁爱思想，一定要对构成仁爱思想的两个重要支点的"忠道"与"恕道"进行阐释。

首先我们应该弄清楚，在孔子思想中是否存在一条"大道"。关于这个问题，实际上孔子本人就给出了答案。《论语》云："子曰："参乎！吾道一以贯之。"曾子曰："唯。"子出，门人问曰："何谓也？"曾子曰："夫子之道，忠恕而已矣。"在这里，经过孔子弟子的口，明确交待了孔子思想中有一条一以贯之的"道",那就是"忠恕之道"。

查遍《论语》,孔子并未对"忠道"有过界定,只是后来学者根据孔子所倡导的"主忠信"以及弟子曾子对"忠"的解释,再来寻找与此义相通的孔子的主张,并确定那就是孔子所主张的"忠道"思想。

曾子有言:"吾日三省吾身。为人谋而不忠乎?与朋友交而不信乎?传不习乎?"可见,为别人尽心尽力地去谋划着,这就是忠。能符合此义的孔子之论又当推《论语·雍也》的一段话:"夫仁者,己欲立而立人,己欲达而达人。能近取譬,可谓仁之方也已。"所谓的"己立立人""己达达人"正是"为人谋"的意思。所以说,"己欲立而立人,己欲达而达人"就是被认为是孔子所主张的"忠道"了。与"忠道"相比,"恕道"就没有通过所谓的转换而获指谓,孔子在《论语》中明确说到了"恕道"的内容。《颜渊篇第十二》"仲弓问仁。子曰:'出门如见大宾,使民如承大祭。己所不欲,勿施于人'"。《卫灵公篇第十五》"子贡问曰:'有一言而可以终身行之者乎?'子曰:'其恕乎!己所不欲,勿施于人'"。可见,"己所不欲,勿施于人"即为"恕道"。至此,对孔子及其《论语》"仁道"思想的把握就实际落实到对"忠恕"二道的阐释上了。

3.5.2.5 仁道的主要精神就是忠恕二道

第一,忠道及其精神。"己欲立而立人,己欲达而达人"的忠道的意思是说,自己要站得住,同时也使别人站得住;自己要事事行得通,同时也使别人事事行得通。"己所不欲,勿施于人"的恕道的意思是说,自己所不喜欢的事物,就不强加于别人。意思明白是一回事,理解意思背后的精神和情怀又是一回事。理解和掌握忠恕二道所要呼唤的是一个什么样的精神和情怀,这是我们要关注的重点。简单地说,忠道恕道就是叫我们怎么做人、怎么做事。具体说来,"忠道"是告诉人们这样一个道理:我有了,我成功了,我这个有,这个成功,自己真的觉得蛮好,孔子认为,你觉得蛮好,你感受得也蛮好,那怎么办呢?是否就停留在自己的感觉和享受上而全然不顾别人了呢？显然不可以。所以，己立己达之人，应该想尽一切办法把你认为好的东西推给别人，帮助别人实现。为他人着想，为他人谋划，如此，才完成了"忠道"的全部步骤。接下来的任务就是剖析这样一个问题，就是我为什么帮助你实现成立和通达，即我为什么把这个好的东西给予你。答案是：因为我胸怀宽广，所以我要给予你；因为我充分地尊重你，所以我要给予你。概而言之，"忠道"所突显的是"给予"；所要求的是"胸怀宽广"；所反映的是"尊重"。值得强调指出的是，爱的本质一定是给予，而不是索取。一旦形成索取关系，爱就不存。而且这个给予一定是给别人，而不是自己。你仅自己捞，自己得，那就谈不上爱。再有爱的要求一定是胸怀宽广，而不是相反。但凡心胸狭窄的人，是不可能将好处推及他人的。这样的人只想自己获得某种荣誉地位，而不愿其他人获得，以显示自己的特殊和独有。最后，爱的意识一定是尊重，而不是轻视，甚至漠视。我为什么要给你？我尊重你才给你。如我不尊重你，我本身都看不起你，那我怎么会将好处给予你呢？所以说大家注意，给予、宽广、尊重，正是"忠道"要呼唤的精神、情怀和意识呢！著名的思想家、社会活动家费孝通先生用四句话给予"忠道"以经典性的概括："各美其美，美人之美，美美与共，天下大同。"

第二，恕道及其精神。说完忠道，再谈恕道。应该承认的是，相当一部分人不知道忠道即是"己欲立而立人，己欲达而达人"，但很少有人不知道恕道即是"己所不欲，勿施于人"。但是如果要问恕道究竟体现的是一种什么样的精神，反映的是一种什么样的意识，那就很少有人知道了。我这里试图给大家详细辨析一下。自己不喜欢的，自己厌恶的，不要把这些东西给予别人，这是对所谓恕的意思的直接表达。值得注意的是，忠道要求的是将好的东西给予别人，而恕道要求的是不要将不好的东西给予别人。现在需要解决的问题就是，什么样的东西叫不好的。尽管这个标准的确定有难度，但它总是要确定。中国古人给出了一个答案，这就是"人同此心，心同此理"。我的理解，这个超越标准一定是体现和符合人之为人的人性与一切文明之社会发展的方向。毒品一定是不好的，对不对？当年林则徐跟当时的英国女王说，你们英国人都知道鸦片是毒品，你们自己不要吃，但你非要把你不愿吃的东西强给我们中国人吃，你这样的做法就是"己所不欲，施于人"，所以有违"己所不欲，勿施于人"的恕道精神。如果说，上面所谈的恕道还显得一般的话，那么《论语》中还有另外一段话，从另外的视角体现了恕道的精神。《论语·公冶长》说："子贡曰：'我不欲人之加诸我也，吾亦欲无加诸人。'"意思是说，我不想别人强加于我的，我也不想强加于别人。此论与儒家另一部经典《中庸》中的一段话的意思是相近的。《中庸》说："施诸己而不愿，亦勿施于诸人。"意思是说，我不愿意别人这样对待我，那么你也不要这样去对待别人。那什么是每一位正常人不愿意和不想的事情呢？答案尽管很多，但我在这里只举些例子。我不愿意别人不尊重我，看不起我，把我当狗马来驱使，把我视为土芥和小草。现在的问题是，你自己不想受到别人这样地对待，恕道就要求你，切勿不尊重别人，看不起别人，把别人当狗马来驱使，把别人视为土芥和小草。还有，我自己不想被人骗，我自己不想得到那些假冒伪劣的商品，恕道就要求你，切勿去骗别人，去向别人兜售那些假冒伪劣的商品。

另外，《大学》里面有一句话，"所恶于上，毋以使下；所恶于下，毋以事上"，也是在申论着恕道情怀，我们对它的认知是能够挖掘出恕道的另一种深义。上面那句话是什么意思呢？是说如果你厌恶、痛恨上级对你的态度和行为，那么你就不要对你的下级采取那样的态度和行为。同理，如果你厌恶、痛恨下级对你的态度和行为，那么你就不要对你的上级采取那样的态度和行为。《大学》给它起了一个名字，叫"絜矩之道"。在这里不妨个例子，我不喜欢厅长、部长对我颐指气使，非常讨厌他们把我搞得滴溜溜转，十分痛恨他们不尊重我的人格，这就是"所恶于上"的意思。那么"絜矩之道"就告诉你，你就不要以同样的态度对你的下属，这就是"毋以使下"的意思；我不喜欢下属对我不忠，非常讨厌下属对我阳奉阴违，我十分痛恨他们散布谣言，这就是"所恶于下"的意思。那么"絜矩之道"就告诉你，你就不要以同样的态度对你的上级，这就是"毋以事上"之意。值得大家注意的是，"己所不欲，勿施于人"的恕道实际上还有一层更为深刻的道理和情怀。什么意思呢？就是你自己不喜欢，甚而非常憎恨某些人或某些事，但你不要强求其他人跟你持有同样的立场也去不喜欢，甚而非常憎恨某些人或某些事。在现实生活中，为什么许多单位党政领导，上下级关系搞不好呢？其中一个很重要的原因就是缺乏恕道精神。一方的好恶总想影响和左右他方的好恶，或者说，总是想别人都按照自己的意志和做法去做，我不喜欢的，你也要与我一样不喜欢，否则就不行。举一个典型的例子，我们为什么常说美国很霸道，原因就在于，如果美国不喜欢某些国家，他就要求其他国家与他保持一致，也不喜欢那些国家。而我们中国常常即以孔子的"己所不欲，勿施于人"的恕道思想来加以驳斥，你所反对的国家为什么强求我们也反对呢？这不符合恕道啊。所以，我们中国外交上坚持的始终是独立自主的路线，也就是说，绝对不是以美国的好恶为转移。由此可见，恕道所要宣扬的意识和精神正是：宽容、独立、自主。要宽容别人与你的不一样，要尊重别人正当的个性选择和追求。道理十分清楚，每个人的经历都不一样，每个国家都有着他们自己的历史和文化，并根据自己的实际来选择发展道路，去建立适合自己需要的社会制度。任何其他人、其他国家都不应该予以干涉。尊重个性，尊重不同，尊重差异。而充分尊重不同、差异和个性也正是自由的本质特征。

上面对恕道进行了比较全面和深入的探讨，我们会发现，存在于恕道思想中有很多做事做人的深刻道理。惟其如此，这一思想千年以来一直受到人们的高度重视。我在这里简单归纳一下，大家就可知道它的重要性。第一看孔子自己的选择，当有弟子向他询问可以作为一个终身奉行的人生原则的时候，孔子明确给出了答案，如果说是一个字，那就是"恕"，如果是一句话，那就是"己所不欲，勿施于人"。《论语》记载："子贡问曰：'有一言而可以终身行之者乎？'子曰：'其恕乎！己所不欲，勿施于人。'"第二看孔子对恕道的定位，当有弟子表达要以恕道行事的时候，孔子说他做不到。《论语》记载："子贡曰：'我不欲人之加诸我也，吾亦欲无加诸人。'子曰:'赐也!非尔所及也。'"第三看《大学》的评价,它是把恕道视为人生的"絜矩之道"。絜,度量;矩,画直角或正方形用的尺子,引申为法度、规则。所以所谓"絜矩之道"乃是道德上的规范。第四看近人如何评价恕道的。近代著名思想家严复曾指出:"终身可为者惟恕。"最后看前面也已提到的两则现代西方人的认知。早在1988年,75位诺贝尔奖获得者在巴黎已发表了如下宣言:"如果人类要在21世纪生存下去,必须回到2500年前去吸取孔子的智慧。"孔子的智慧正是仁爱的智慧,而仁爱又具体通过忠恕二道得到体现,在忠恕二道中,孔子又选择了恕道作为人们可以终身奉行的原则。也正是这个"己所不欲,勿施于人"被称为"恕道"的思想,于1993年在美国芝加哥召开的世界宗教大会上通过的《世界宗教会议宣言》,被确定为全球人类应遵奉的伦理原则,此又被称为"金规则"。而全球伦理的倡导者将这个伦理的基本原则表述为"每个人都应当得到符合人性的对待"。可以说,这就是人类共同文化遗产的最小公分母,或者用"宣言"的话说,是"世界诸宗教在伦理方面现在已有的最低限度的共同之处"。当然,我们也不会因为是西方人对中国传统文化、对孔子思想作出了高度评价,就觉得怎么样了,但是同时要有一个清醒的认识,那就是,孔子的智慧不仅是中国可运用的智慧,也是全世界可以运用的智慧。说明存在于中国传统文化中的东西仍然是有生命力的,过去、现在以及未来都将会发挥着它的作用。我们今人在研究包括孔子思想在内的中国传统思想时,都应该从这样一个角度和深度去挖掘它的意义和价值。关于这一点,我认为习近平同志的话最有代表性,他指出:"把超越时空、跨越国都、富有永恒魅力、具有当代价值的文化精神弘扬起来。"正是因为在孔子思想中存在着大量的"超越""永恒"的东西,所以才显示出他的思想的重要和伟大,也才决定了它的当代价值,从而给我们提出了弘扬它的历史和现实的使命和任务。

3.5.2.6 仁之惠民之爱

仁爱的本质在理论上得到了展开和阐发,但《论语》并没有到此止步,它还回答和解决如何将这一仁爱思想具体落实的问题。这正是孔子的"德政"思想所要做的事，此也是孔子的"惠民之爱"的内容。《论语・为政》篇明确指出："为政以德，譬如北辰居其所而众星拱之。"意思是说，用道德来治理国家，即以德治国，那么当政者就会像北极星一样高居天体北极，人臣和人民就像群星一样环绕在他的周围，服从他的领导和驱使。现在需要回答的问题是，"为政以德"这个"德"具体又是指什么呢？否则的话就显得很抽象、很笼统。孔子在回答其弟子请教何为仁的时候，给出了具体答案，《论语・阳货》指出："子张问仁于孔子。孔子曰：'能行五者于天下为仁矣。''请问之。'曰：'恭、宽、信、敏、惠。恭则不侮，宽则得众，信则人任焉，敏则有功，惠则足以使人。'"在孔子看来，能够处处实行庄重、宽厚、诚、勤敏、慈惠这五种品德便是仁人了，而以此五德来为政便是德政了。值得引起注意的是，孔子还深入地分析了实行这五德以后的结果。在他看来，庄重就不致遭受侮辱，宽厚就会得到大众的拥护，诚实就会得到别人的任用，勤敏就会工作效率高、贡献大，慈惠就能够使唤人。能做到这五点，在政治上你就落实了"仁者爱人"的思想。如果要继续追问，孔子为什么如此竭力主张德政呢？他是不是不知道行政和刑法等的统治方法和手段在治国理政方面的作用呢？回答显然是否定的。实际上，孔子非常明白这一方法和手段的作用，只是孔子是从更高、更深、更久的角度和层次上来看待和选择统治方法和手段的。对此，孔子有过如下的精彩论述，他说："道之以政，齐之以刑，民免而无耻。道之以德，齐之以礼，有耻且格。"（《论语・为政》）意思是说，用政法来诱导他们，使用刑罚来整顿他们，人民只是暂时地免于罪过，却没有廉耻之心。如果用道德来诱导他们，使用礼教来整顿他们，人民不但有廉耻之心，而且自知检点和改正，从而达到人心归服的最终目的。孔子所主张的"为政以德"的心理和理论基础牢牢地建立在"仁爱"两个字之上，所以我们完全可以将孔子的"德政"思想也称为"仁政"思想。

3.5.2.7 仁爱就是有心、有情、给予、尊重、宽容

我们以上在一个比较广泛的范围内对《论语》以及孔子的仁学思想进行了梳理和探讨，有力地证明孔子及其《论语》思想的主旨正是集中体现在"仁者爱人"上。这一爱的对象是广泛的，这一爱的内涵是丰富的，这一爱的精神是深沉的。我们要爱我们的父母，爱我们的兄弟姐妹，爱别人，爱草木动物，爱天地万物，一句话，爱宇宙间的一切。那么究竟怎么爱呢？也就是说，你要学会如何爱，这实际上非常重要。我的概括是：第一，爱一定要有心。没有心哪叫爱呢？上面我已经提到了，爱的繁体字是有"心"的，所以，我经常强调这一点，爱一定要有心，没有心怎么能爱呢？同样，如前述，仁的古字没有一个不跟心相联系的。千心为仁，身心为仁。而仁道的两大原则，忠恕二道，全是由心构成。如果再以孔子以后的孟子之论来加以强化，则更能突显"仁"字与心密不可分的关系。无论是他说的仁之端的恻隐中有心，怵惕中有心，不忍中同样有心。孟子的"仁，人心也"说的就是这个道理。第二，爱一定要有情。没有情哪叫爱呢？所以讲"仁者，亲也"。亲就是要体现亲密、亲近、亲切、亲爱之情。《说文解字》的"仁者，亲也"，此之谓也。第三，爱一定要给予。没有给予哪叫爱呢？爱一定要建立在给予的基础之上。在这里我还可以以道家与佛家相关思想加以说明。老子的《道德经》81章，也即最后一章给出如下结论："既以为人己愈有，既以与人己愈多。"老子是要告诉人们这样一个道理，尽力为别人，帮助别人，自己反而愈加充实，全部给予别人，奉献别人，自己反而愈加丰富。可见，老子的"为与"思想就是"爱人"也。佛教更是以"给人以乐谓之慈，拔人以苦谓之悲"的慈悲情怀宣扬着它的"布施""给予"的"爱人"思想。现代佛教大师、台湾佛光山开山宗主星云也曾有"四给"理念，非常通俗地诠释了佛教的慈悲精神。所谓"四给"就是，给人方便，给人欢喜，给人信心，给人希望。这些都是给别人带去幸福和快乐。第四，爱一定要尊重。没有尊重哪叫爱呢？第

五，爱一定要宽容。没有宽容哪叫爱呢？概而言之，爱就是有心，有情，给予，尊重，宽容。我将其谓之爱的十字真言。

3.5.3 孟子思想研究

孟子是儒家第二号人物，被后人尊称为"亚圣"。孟子不但继承了儒家的"留意于仁义之际"的文化传统，而且将"仁义礼智""仁义忠信"等德目相连加以探讨，更为重要的是，孟子力图从人的心性的深度和天的德性的高度来论证诸德的根源性问题，他为以后儒家伦理本体论思想的建立奠定了坚实的基础，从而也确立了他在儒家以及中国传统文化发展中的崇高历史地位。诚如唐代大儒韩愈所说："故求圣人之道者，必自孟子始。"

孟子主张"人性本善""天性本善"，所以他的人性论就是天人合德论；孟子认为修身就在于"存心"与"寡欲"，并强调"反求诸己"在修养中的重要作用；"求善""可欲"构成孟子"为善论"的内容；为了具体展现人的为善，孟子欲通过对"大人"的行径的描述和规定来实现这一点；人心向善，一切为善，哪怕牺牲生命，孟子通过他的"舍生取义"思想的论述证明了这一价值取向；孟子认为实行仁政者将无敌于天下；最能表征"人心向善"的"仁爱"是孟子给人们指明的信仰追求；存在于《孟子》之中的"道"，必将以其超越时空、跨越国度、富有永恒魅力的特性，光耀现实和未来的中国与世界。

儒家称孔子为"至圣"，称孟子为"亚圣"，他们创立的思想被称为"孔孟之道"。而"孔孟之道"又与"老庄之学"共同构成中国传统文化的两大主体思想和价值观念。儒家一以贯之地"留意于仁义之际"，孟子即直言"亦有仁义而已矣"（《孟子·梁惠王上》，以下引《孟子》均只注篇名）。孟子之所以被唐代著名思想家韩愈推崇为"功不在禹下"，原因正是在于孟子明确提出人性本善、人心向善、可欲谓善以及"人皆可以为尧舜"（《告子下》）等思想，从而奠定了中华民族的信仰追求。宋代思想家大程曾盛赞道："孟子有功于圣门，不可胜言。"但他又强调指出："孟子有大功于世，以其言性善也。"因为在大程看来，"孟子性善、养气之论，皆前圣所未发"，也就是说，说孟子有功于圣门也好，有大功于世也好，正是因为他提出了前圣并没有阐发的性善论。

3.5.3.1 人性本善论及其内容

第一，人性本善：世称"孟子道性善，言必称尧舜"（《滕文公上》），也就是说，孟子是人性本善论的倡导者。他说："人性之善也，犹水之就下也。人无有不善，水无有不下。"（《告子上》）这是说，人性的善良，正好像水性的向下流，人没有不善良的，水没有不向下流的。孟子又说："乃若其情，则可以为善矣，乃所谓善也。若夫为不善，非才之罪也。"（同上）在孟子看来，从天生的资质看，可以使人善良，这便是我所说的人性善良的意思。至于有些人不善良，不能归罪于他的资质。也就是说，善是天生的资质，不善不是天生的资质，而是后天环境造成的结果。所以孟子又说："富岁，子弟多赖；凶岁，子弟多暴，非天之降才尔殊也，其所以陷溺其心者然也。"（同上）丰收之年，少年子弟多半懒惰；灾荒之年，少年子弟多半强暴，这不是天生的本质不同，而是由于外在环境使他们心灵受到腐蚀污染。通俗地说，人之所以会表现出懒惰和强暴的所谓"恶行"，这不是人的天生本质使他们这样的，而是由于"富岁与凶岁"这一外在环境造成的。

第二，人的这种本善之性叫做"良能""良知"和"良心"。孟子说："人之所不学而能者，其良能也；所不虑而知者，其良知也。"（《尽心上》）意思是说，人不待学习便能做到的，这是良能；不待思考便会知道的，这是良知。所谓"良能"就是天赋之能，"良知"就是天赋之知。孟子使用"良知良能"概念，实际上就是在强调人性的本然之善，从而突显它乃是人的一种本有之性、本有之能。孟子又将人的这种本有之性和本有之能称为"良心"。孟子说："虽存乎人者，岂无仁义之心哉？其所以放其良心者，亦犹斧斤之于木也，旦旦而伐之，可以为美乎？"（《告子上》）就是说，在一些人身上，难道没有仁义之心吗？他之所以丧失他的天良之心，也正像斧子对待树木一样，天天砍伐它，能够茂盛吗？《孟子》全书只出现过一次完整的"良心"概念，而在其他地方提到的"尽其心者""存心也""养心""求其放心"等"心"的概念，实际上都是指的"良心"。

第三，孟子只将人的"良能""良知""良心"构成的本质属性称作"人性"：孟子对"人性"的界定是有其特殊范围的，也就是说，孟子只将"人之为人"的天生本质称作"人性"，从而将人的物理和生理上的那些天生属性排除在"人性"之外，明确这一点，对准确把握和理解孟子的思想是极其关键和重要的。请看孟子之论：孟子首先以反问和诘难的口气表明他不同意告子将人的本性规定为饮食男女的观点，他说："然则犬之性犹牛之性，牛之性犹人之性与？"（《告子上》）你能说狗性犹如牛性，但绝对不能说牛性犹如人性。孟子是反对从自然生理性上来规定人性的。孟子明确指出："口之于味也，目之于色也，耳之于声也，鼻之于臭也，四肢之于安佚也，性也，有命焉，君子不谓性也。"（《尽心下》）意思是说，口舌对于美味，眼睛对于美色，耳朵对于好听的声音，鼻子对于芬芳的气味，手足四肢对于喜欢舒服安逸，所有这些都是天性，但是能否得到，则是由命运决定，所以君子不把这些认为是天性的必然，因此就不去强求得到它们。孟子在这里承认人天生是具有种种出于自然生理的本性的，但值得注意的是，孟子认为君子并不认为它们是天性的必然，也就是说，君子是不把它们当作人之为人的根据来看待的。那么，孟子是将什么视为人之为人的"人性"呢？

第四，人性表现为"几希"。孟子说："人之所以异于禽兽者几希。"（《离娄下》）理解这句话的关键就是怎么理解"几希"。所谓"几希"就是很少、极少的意思。孟子是告诉人们这样一个事实，即人和禽兽不同的地方微乎其微，而正是这一极微小的部分构成了人之为人的人性，也正是这一本性最终将人与动物禽兽区分开来。饱食、暖衣、逸居也可叫做"性"，且为人所有，但诚如上面所述，孟子是将此种属性视为人与动物禽兽所共有之本性，所以当然不能被视为人之为人的根据性的"人性"，而一个人如果只是追求饱食、暖衣、逸居，而或缺了道德的教化，那么就只能将这种存在方式定性为动物禽兽般的。孟子说："人之有道也，饱食、煖衣、逸居而无教，则近于禽兽。圣人有忧之，使契为司徒，教以人伦——父子有亲，君臣有义，夫妇有别，长幼有叙，朋友有信。"（《滕文公上》）就是说，作为一个人，如果吃饱、穿暖、住得舒适但没有教育，那么这就和禽兽差不多。圣人为此感到忧虑，便委派"契"这个人担任管教育的官，用伦理道德教育人民，使他们懂得父子之间有血缘之亲，君臣之间有仁义之道，夫妻之间有内外之别，老少之间有上下之序，朋友之间有诚信之德。

第五，作为本善之人性的"几希"究竟指什么呢？也就是说，作为人之为人的根据的"人性"具体是指哪些呢？这是孟子人性本善论所要揭示和论述的重要内容，也是孟子关于人性论着笔最多的地方。为了呈现其全貌，现引述如下：

孟子曰："人皆有不忍人之心。先王有不忍人之心，斯有不忍人之政矣。以不忍人之心，行不忍人之政，治天下可运之掌上。所以谓人皆有不忍人之心者，今人乍见孺子将入于井，皆有怵惕恻隐之心——非所以内交于孺子之父母，非所以要誉于乡党朋友也，非恶其声而然也。由是观之，无恻隐之心，非人也；无羞恶之心，非人也；无辞让之心，非人也；无是非之心，非人也。恻隐之心，仁之端也；羞恶之心，义之端也；辞让之心，礼之端也；是非之心，智之端也。人之有是四端也，犹其有四体也。有是四端而自谓不能者，自贼者也；谓其君不能者，贼其君者也。凡有四端于我者，知皆扩而充之矣，若火之始然，泉之始达。苟能充之，足以保四海；苟不充之，不足以事父母。"（《公孙丑上》）

孟子曰："乃若其情，则可以为善矣，乃所谓善也。若夫为不善，非才之罪也。恻隐之心，人皆有之；羞恶之心，人皆有之；恭敬之心，人皆有之；是非之心，人皆有之。恻隐之心，仁也；羞恶之心，义也；恭敬之心，礼也；是非之心，智也。仁义礼智，非由外铄我也，我固有之也，弗思耳矣。故曰，'求则得之，舍则失之。'或相倍蓰而无算者，不能尽其才者也。"（《告子上》）

孟子曰："仁，人心也；义，人路也，舍其路而弗由，放其心而不知求，哀哉！"（《告子上》）

孟子曰："人之所不学而能者，其良能也；所不虑而知者，其良知也，孩提之童无不知爱其亲者，及其长也，无不知敬其兄也。亲亲，仁也；敬长，义也；无他，达之天下也。"（《尽心上》）

孟子曰："君子所性，仁义礼智根于心。"（《同上》）

孟子曰："仁也者，人也。合而言之，道也。"（《尽心下》）

孟子曰："人皆有所不忍，达之于其所忍，仁也；人皆有所不为，达之于其所为，义也。人能充无欲害人之心，而仁不可胜用也；人能充无穿踰之心，而义不可胜用也。"（《尽心下》）

在这里孟子是要告诉人们，他所认为的人之为人的"人性"实际上就是指以下几种心，即"不忍人之心"（也叫怵惕之心、恻隐之心）、"羞恶之心"、"辞让之心"（也叫恭敬之心）、"是非之心"，而这四种心则又是人才具有的四种道德，即仁义礼智的开端。换句话说，因为人天生具有了恻隐、羞恶、辞让、是非这一善心善性，所以才有可能具备了仁义礼智等道德能力。故我们说，孟子所谓的"良能""良知""良心"之"才"，乃是产生道德和判断道德的人之本能，唯其如此，这种"才"，才被称做"善"的，才被认为只有是人才具有的。上引的孟子的"仁，人心也""仁也者，人也"等命题所要表达的都是这个意思。

如果我们足够留意的话，孟子在论述四心的时候，特别反复提到了第一个心，并使用了多个不同的概念来说明它，这个心就是不忍之心，就是怵惕之心，就是恻隐之心。因此，对此心的准确把握和理解就显得十分重要了。什么叫"不忍"？就是看不下去，就是可怜、怜悯、同情。什么叫"怵惕"？"什么叫"恻隐"？怵，就是恐，惕，就是惧，恻和隐，就是痛。所以说，怵惕就是恐惧害怕的意思，恻隐就是悲痛同情的意思。当人面对恐惧悲痛而看不下去的事情，自然会排除一切外在因素的考量，诸如突然看到一个小孩快落入井里的时候，这个人会毫不犹豫地冲上去将这个小孩拉上来，他之所以这样做，不是为着要与这个小孩的父母攀亲结交，不是为着要在乡里朋友中间博取赞誉，也不是厌恶那小孩因为惊吓而发出的异样的哭声。通过以上的论证，孟子得出了结论：包括恻隐之心在内的善恶之心、辞让之心、是非之心是人天生就有的善心善性，它们是人之为人的根据所在。因此，如果没有它们，就不能叫做"人"。虽然这四种心是仁义礼智等道德的开端和萌芽，但人们只要能够将其扩充和发扬光大，便会像刚刚燃烧的火焰而最终会形成燎原之势，会像刚刚涌出的泉水而最终会汇聚江河之势一样，从而便足以使四海天下安定。而如果不去扩充和发扬光大的话，就连服侍父母都做不到。

值得指出的是，孟子在这里是用"才"这个概念，以强化"四端者"，即"四心者"，也即"四德者"乃是人之为人的本质属性，除此之外，皆不能被用来指称为"才"，所以说，孟子所谓"才"，乃是与"良能""良知""良心"同等程度的概念。而只为人所独有的"良能""良知""良心"的"几希"之"才"，构成了人之为人的"人性"。这个"才质"是特殊的"DNA"，是天下最为宝贵的"基因"。这种"才"是人本来就有了，不是外面的人给予的，关于这一点，只是没太引起人们的思考和注意，甚而探求罢了（"非由外铄我也，我固有之也，弗思耳矣"）。所以说，一经探求，便会得到；一经放弃，便会失掉（"求则得之，舍则失之"）。在孟子看来，人与人之间为什么会出现相差一倍、五倍甚至无数倍的（"或相倍蓰而无算者"）情况呢？根本原因正是不能充分发挥人的本存良善的才性呢（"不能尽其才者也"）！换句话说，人能够把不想害人的心扩充开来，仁就用不完了；人能够把不挖洞跳墙行窃（"穿踰"）的心扩充开来，义就用不完了（"人能充无欲害人之心，而仁不可胜用也；人能充无穿踰之心，而义不可胜用也"）。

从以上论述中可知，孟子的人性本善论是强调那个"几希"，即"良能""良知""良心"所具体表现出的"恻隐之心""羞恶之心""辞让之心""是非之心"分别产生出的仁义礼智诸德，所有这些都是人本有的。它所要强调的是两点：一、不是外人给予的；二、不是后天才有的（"仁义礼智，非由外铄我也，我固有之也"）。

这里值得指出的是，孟子虽然主张仁义礼智是人本有的，但这并不表明人性之善根是没有外在的来源的，恰恰相反，在孟子看来，作为"几希"的人性是人之外的根源性的"天"所赋予的。这一思想正是孟子著名的"天性本善论"。

3.5.3.2　天性本善论及其天人合一论

在孟子的思想里，"天"这个概念有的是指自然天生，有的是指天地自然，有的是指命运，例如在运用"天爵"概念时，就是指自然的爵位，在运用"天道"概念时，就是指天地自然的本质和规律，在运用"天""命"概念时，就是指必然的命运。

第一，天性本善论。当孟子将"天"与某种德性特别是与人性形成关系的时候，这一属性的天就被规定为德性之天，或说道德之天了。这一"天论"是孟子思想中最具特色的地方。也正是由于孟子这一有着特殊意旨的"天论"的建立，才奠定了儒家德性之天及其天（德）人关系论的大格局，并最终形成中国哲学的思维方式。更为重要的是，天人合一也最终成为中华民族追求的最高境界。我们来看一看孟子之论：

"我善养吾浩然之气——其为气也，至大至刚，以直养而无害，则塞于天地之间。其为气也，配义与道。"（《公孙丑上》）

"夫仁，天之尊爵也，人之安宅也。"（同上）

"是故诚者，天之道也；思诚者，人之道也。"（《离娄上》）

"心之官则思，思则得之，不思则不得也。此天之所与我者。先立乎其大者，则其小者不能夺也。此为大人而已矣。"（《告子上》）

"有天爵者，有人爵者。仁义忠信，乐善不倦，此天爵也；公卿大夫，此人爵也。"（《告子上》）

在孟子看来，在天地之间是存在着一种叫"浩然之气"的东西，而它的本质属性则在于"义与道"。通俗地说，天地之气是具有"义与道"的德性的。仁是天最尊贵的爵位，当是在申明天的德性表现为仁爱之性也。诚信乃是天的规律和本质，更是直接认为"天"具有诚信之德性也。至于思考人的善性的"心"这个器官乃是"天"特意、专门给我们人类的。而仁义忠信这些德性以及不疲倦地好善向善之心，这是自然的爵位，即是天的德性也。

概而言之，孟子是将"天"的本质属性规定为仁、义、忠、信、诚以及好善之德。也就是说，天本身是有其善性的，故称之为天性本善论。问题的关键在于，天不但自己有德性，而且要担负起将这些德性赋予、遗传给一个特殊且唯一的对象"人"这一神圣的使命。"此天之所与我者"，说的就是这个使命。由此可见，本善的人性直接来源于本善的天性！此乃孟子"天人合一"论所要昭示的道理。

第二，天人合一论。孟子是"天人合一"论的倡导者。实际上，孟子的"天人合一"论准确的表达应该是"天人合德"论。这也可以视为包括孟子在内的所有中国古代哲学所呈现的"天人合一"的思维方法最大的秘密之所在。以上已提到，天人合一（德）乃是中国古代哲学的一个非常重要的思维特征和中国传统文化追求的最高境界。具体到孟子的"天人合德"论，它又包括三个紧密关联的部分。一是天德论，二是天生论，三是知天论。所以，我们与其说孟子主张的是人性本善论，毋宁说孟子主张的是天性本善论+人性本善论。在孟子那里，天性即人性，人性即天性；天德即人德，人德即天德。"上下与天地同流"（《尽心上》），此之谓也。这也证明了孟子的人性论是有超越的外在源头的。但是值得强调指出的是，孟子这种外在超越论又是带有强烈的中国哲学特点的，这就是外在超越与内在超越的有机统一。而这一统一性正是具体反映在孟子的"尽心—知性—知天"等逻辑结构之中。

天赋予人心，人心内含天德，人性只特指天德所赋予的善心善性，所以，孟子才会在上述逻辑的基础上提出他的那段著名的命题。孟子曰："尽其心者，知其性也。知其性，则知天矣。存其心，养其性，所以事天也。"（《尽心上》）意思是说，一个人能够充分扩张天良的本善之心，这就是懂得了人的本性。而懂得了人的本性，就懂得天性、天道、天命了。能够保存住人的天良的本善之心，培养起人的天良的本善之性，这就能够完成天命的任务了，从而实现天人合德的神圣使命了。孟子正是在此基础上，对人道提出了要求。孟子说："思诚者，人之道也。"（《离娄上》）

孟子所言的"善养""直养""尽心""知性""思诚""充之""人能充""扩而充之"，这是人道与天道贯通的功夫；"达之于""求则得之""思则得之""塞于天地之间""上下与天地同流""知天"，这是人道与天道合一的境界。

3.5.3.3 "存心""寡欲"的修身论

所谓"存心与寡欲"论是孟子思想中的修养论。实际上在中国哲学发展的几千年的历史中，自孟子建立其人性本善论和天性本善论及其天人合德论之时起，就自然地会向着这种理论提出一个无法绕开的问题，即既然人性本善，为什么还存在存心求善的问题，也就是说，为什么人还会作恶以及社会上还有大量的坏人和恶人存在等现象？要回答这些问题，其前提一定是建立在对孟子"人性"概念及其整个人性论的准确全面认知的基础之上。换句话说，一定要将"人性"概念放入符合孟子本义的概念框架中来理解。

第一，人身中的人之性、人之才。孟子实际上非常明确地告诉人们，他所说的人的本善之性只占"人身"上的极少的比例，孟子谓之"几希"。孟子就是怕将"人身"上存在的所有属性笼统地称为"人性"，而特别强调指出，他所说的"人性"就是专指区别于其他存在，特别是不同于禽兽的那个被称为"几希"的属性。这个"几希"之"才"才是孟子认为的"人性"，而存在于人之身并占有绝大部分比例的那些属性，都不可以被称为"性"。

正因为如此，孟子也才明确反对与他辩论的告子所提出的一系列立论。告子曰："生之谓性。"（《告子上》）"食色，性也。"（同上）孟子是不同意将食色等这些生理之性称为人性的。换句话说，"几希"以外的属性都不可以被称为"人性"，孟子叫做"非才"。实际上孟子是想告诉人们，他所说的"几希""性""才"是只有人才具有的，其他存在，包括动物禽兽也不曾有的属性，所以才叫"人性"。最通俗地来表达孟子的这层意思，就应该是，性、才，是专指人所独有的本质属性，此可谓之"人之性""人之才"，而构成"人之性""人之才"的就是"良能""良知""良心""本心"，其具体表现为"恻隐"（不忍、怵惕）、"羞恶"、"辞让"（恭敬）、"是非"等心，而又呈现为仁义礼智忠信孝悌诸德。理解了这些，你才能真正理解孟子所说的"尧舜，性者也"（《尽心下》）意义之所在。

第二，作恶不是本性的罪过。孟子在作出了如此分明的规定和说明以后，实际上正是要回答所有人追问和关心的问题，即怎么解释人性本善而人又会做恶事这一看似矛盾的现象呢？按照孟子的思想，他认为人之所以会做坏事和恶人，那是"本心"不显的原因，或说本善之心被迷失的结果。而造成这一情况发生的原因不能归结为本心自身，要归结的话，那只能是后天和外在环境所致。通俗地说，后天的境遇和外在的环境使得本心受到"陷溺"而不显。一句话，后天外在的环境是造成本善之心迷失的根本原因。所以孟子才不断地强调指出："若夫为不善，非才之罪也……不能尽其才者也。"（《告子上》）"非天之降才尔殊也，其所以陷溺其心者然也。"（同上）"非才之罪""不能尽其才者也""非天之降才"都是在说，人之所以做不善的事，那不能归罪于人之为人的"几希"之才（天生的资质）的。

孟子当然懂得，只要是人，那他一定要参与属于他的生存环境之中。而属于人的生存环境即指人类所要活动其中的社会、历史和文化。一句话，人当然地要在"社会人间"立处。

第三，如何修身？那么人带着本善之性而又必须进入到会被污染（"陷溺")的"社会人间",如何应对呢?这是包括孟子在内的所有思想家必须要解决的矛盾。这正是关涉一个非常重要的理论和实践问题,就是如何"修身"的问题。孟子通过多个方面来论述他的修身思想。

(1)承认本心有失。孟子首先是承认、正视和重视本善的"本心""人性"不存、不显和跑掉的问题。

孟子曰:"人之所以异于禽兽者几希,庶民去之,君子存之。"(《离娄下》)

孟子曰:"富岁,子弟多赖;凶岁,子弟多暴,非天之降才尔殊也,其所以陷溺其心者然也。"(《告子上》)

孟子曰:"虽存乎人者,岂无仁义之心哉?其所以放其良心者。"(同上)

孟子曰:"此之谓失其本心。"(同上)

孟子曰:"仁,人心也;义,人路也。舍其路而弗由,放其心而不知求,哀哉!人有鸡犬放,则知求之;有放心而不知求。学问之道无他,求其放心而已矣。"(同上)

孟子曰:"既得人爵,而弃其天爵,则惑之甚者也,终亦必亡而已矣。"(同上)

孟子曰:"求则得之,舍则失之,是求有益于得也,求在我者也。"(《尽心上》)

孟子曰:"用之而成路;为间不用,则茅塞之矣。今茅塞子之心矣。"(《尽心下》)

由上可知,孟子用了诸如"去之""陷溺其心者""放其良心者""失其本心""放其心""弃其天爵""舍则失之""茅塞子之心矣"等,来向人们表明"本心"(本善之性)在后天环境下的"不在"状态。孟子为什么能够直面这一问题,关键就在于他不但让人们有神圣感和绝对感,坚信人性本善,而且也要让人们有危机感和忧患感,清醒地认识到人性虽然本善,却不代表当你进入社会人间以后就自然地能够呈现善心实施善行,如果对本心没有一个很好的态度和方式来加以保存、养护、扩充的话,那么这一本存的良心照样会不显和丢弃。正是看到了这点，孟子也才能有针对性地提出一系列修养方法。

（2）从正面讲就是要存心与求心。在这个层次实际上也存在两个修行的功夫。首先表现为存养的功夫。存养的目的是要防止本心的丧失和丢失。所有这些都集中在"养""存""充"等几个关键词上。

孟子曰："我善养吾浩然之气……以直养而无害。"（《公孙丑上》）

孟子曰："凡有四端于我者，知皆扩而充之矣。"（《同上》

孟子曰："人之所以异于禽兽者几希，庶民去之，君子存之。"（《离娄下》）

孟子曰："君子所以异于人者，以其存心也。君子以仁存心，以礼存心。"（同上）

孟子曰："夜气不足以存，则其违禽兽不远矣——故苟得其养，无物不长；苟失其养，无物不消。"（《告子上》）

以上论述，存心、存之、直养，扩而充之都是指对本心，或说良心的保存、养护和扩充，但孟子还特别提出一个保存"夜气"的问题。所谓"夜气"乃是指夜里所产生的善念，或直谓人的善念。所以说，保存和养护"夜气"实际上就是保存和养护本心或说良心的问题，而不能将其视为另一种修行方法。孟子还强调，有此心在，人就异于禽兽，而此心不在，人就和禽兽相距不远了。推而广之，此心得到滋养，万物无不生长，而此心得不到滋养，万物无不消亡。

其次就是寻求的功夫。寻求的目的是要找回和恢复本心的状态。如果说，孟子提出"存养"的第一种修养功夫是由于他已经认识到本心会在后天的状态下完全有丢失的可能性而采取的"防范"措施的话，那么，孟子提出的"寻求"的第二种修养功夫则是面对本心已经丢失的现实而采取的"补救"措施。孟子之所以能正视这一现实，实际上也想劝导人们，不要因为丢失和放逸了本心而就此丧失信心、自暴自弃，而应该想办法将跑掉的良心找回来。所以，在这一修养功夫上孟子就使用了一个关键词，那就是"求"。

孟子曰："仁，人之安宅也；义，人之正路也，旷安宅而弗居，舍正路而不由，哀哉！"（《离娄上》）

孟子曰："仁，人心也；义，人路也。舍其路而弗由，放其心而不知求，哀哉！人有鸡犬放，则知求之；有放心而不知求。学问之道无他，求其放心而已矣。"（《告子上》）

由上可见，孟子最哀叹的事情就是知道了自己的本心丢掉了却不愿意去将其寻找回来，没有此心就没有仁义，没有仁，人就没有安宁家园；没有义，人就没有安全正道。人生最悲哀之事，莫过于此。值得注意的是，孟子是将寻求跑掉的良心视为一切学问最终所要达到的唯一目的，可见其重视程度。在这里孟子实际上道出了中国传统文化一个非常具有特色的思想，那就是，能够成为真正的学问的，那一定是"为己"之学，一定是与生命打通的学问，除此以外，都不可以被称为学问。这就是由孔子和孟子奠定的价值取向和价值标准。为己之学，心性之学，在中国传统文化中被称做"大学"。而这一"大学的精神"的精华就体现为"人学"。

（3）从反面讲就是要寡欲。实际上寡欲问题的提出是直接与上述的正面修养方法紧密相连的，或者说是相互制约的关系问题，更明确地说是此消彼长的关系问题。换句话说，如何才能将本心保存住呢？如何去保养本心呢？孟子给出了非常明确的方法，那就是"寡欲"。孟子曰："养心莫善于寡欲。其为人也寡欲，虽有不存焉者，寡矣；其为人也多欲，虽有存焉者，寡矣。"（《尽心下》）孟子明确告诉人们，修养就是养心，而养心没有比减少人的物质欲望更好的方法了。简单地说，最好的修养方法就是寡欲。孟子为了强化这一观点，甚至说道，一个人如果做到了寡欲，虽然善性有丧失情况的发生，但丧失的也不会太多；而一个人如果物质欲望过多，虽然想保持善性，但也会太少。通俗地说，欲望少，善性就多；欲望多，善性就少。但这里值得强调指出的是，孟子所谓的"欲"一定是指人的自然生理而发出的种种"物欲"，即指那些"从（纵）耳目之欲"（《离娄下》），也就是说，他这里讲的"寡欲"绝对不是指"求之得之""可欲"以及"乐善不倦"之欲。当然，有关问题下面还要进行专门论述。所以我们应该清楚地看到，孟子对"善""欲"关系的定位和定性，奠定了宋明理学"存天理，灭人欲""革尽一分人欲，复尽一分天理"的基本格局。顺便说一句，如果你要对孟子上述之论持正面的肯定的态度，那么你也应当对宋明理学的价值观持同样正面的肯定态度。

谈到修养论和功夫论的时候，我喜欢以提问的方式来向人们昭示这样一个带有普遍性的问题：为什么所有的宗教和真正的哲学思想都一致地主张对人的物质欲望的控制？就拿构成我们中国传统文化三大主体的儒道佛三家来说，他们无一不是这样。儒家主张"寡欲"，道家主张"少欲"（也称"无欲"），佛家主张"无欲"。这是一个非常值得思考和重视的问题，也是人身修养必须要认清的问题，因为它涉及为何修、如何修的问题。

从以上对孟子修养论的论述中我们可以认识到，实际上修养首先要弄清楚你要修的这个对象，即"此身"的构成及其属性问题，在此基础上你才能提出正确的方法。孟子正是针对"人身"上的两个部分"性"和"非性"提出了两种修养方法。一是针对"性"（善性）采取的是"存养"方法，一是针对"非性"（耳目等人欲）采取的是"减除"方法。

3.5.3.4　反求诸己

为了加强人的修养，使自己真正能按照善心善性善德去做，孟子又提出了他著名的"反求诸己""反身而诚"的修养方法。换句话说，"反求诸己"和"反身而诚"的思想是孟子为了贯彻他的"人心向善"，或说实践以仁德为主体的道德而提出的一种从自身寻求原因的修行方法，也可以被看作是儒家一以贯之的修行方法。它是为了保证"人心向善"这一信仰始终而又真实地被人所坚守的。

第一，何谓"反求诸己"？所谓"反求诸己"，就是反转过来从自身寻求自己的不是，或者说，严于律己，要求自己，多从自身找原因，且是以真诚的态度来找原因。如果说得再通俗些，"反求诸己""反身而诚"就是当你做好事却没有得到别人的相应反应的时候，你自己要诚心诚意地从自身中去找原因，检查自己是否真正做到了你想做的那些好事，而不是轻易地去指责别人的不是或要求别人什么。孔子实际上是非常重视这一点的。子曰："躬自厚而薄责于人，则远怨矣。"（《论语·卫灵公》）"君子求诸己，小人求诸人。"（同上）意思是说，多责备自己，少责备别人，这样就会避开怨恨和埋怨。君子要求自己，而小人要求别人。孟子显然是继承了孔子的这一思想。

孟子曰："仁者如射：射者正己而后发；发而不中，不怨胜己者，反求诸己而已矣。"（《公孙丑上》）

孟子曰："爱人不亲，反其仁；治人不治，反其智；礼人不答，反其敬—行有不得者皆反求诸己，其身正而天下归之。"（《离娄上》）

孟子曰："万物皆备于我矣。反身而诚，乐莫大焉。"（《尽心上》）

孟子曰："君子所以异于人者，以其存心也。君子以仁存心，以礼存心。仁者爱人，有礼者敬人。爱人者，人恒爱之；敬人者，人恒敬之。有人于此，其待我以横逆，则君子必自反也；我必不仁也，必无礼也，此物奚宜至哉？其自反而仁矣，自反而有礼矣，其横逆由是也，君子必自反也，我必不忠。自反而忠矣，其横逆由是也，君子曰：'此亦妄人也已矣。如此，则与禽兽奚择哉？于禽兽又何难焉？'是故君子有终身之忧，无一朝之患也。"（《离娄下》）

就是说，行仁的人好比赛箭一样，先要端正自己的姿态，然后发射，而如果没有射中，不埋怨胜过自己的人，而是从自身中找原因。同理，如果我爱别人，可是别人却并不与我亲近，不是去责怪别人，而是反过来问自己是否对人爱得还不够；管理别人却并没管好，不是去责怪被管理者，而是反过来问自己是否对人管理的智慧和方法还不够；我礼敬别人却并没有得到相应的反应，不是去责怪别人，而是反过来问自己是否对人礼敬得还不够。结论是：任何行动如果没有得到想要的效果都要反躬自责，从自身找原因（"行有不得者皆反求诸己"），自己身正了，天下的人自然会归向你。孟子非常自信，认为天地赋予我的一切我都具备（"万物皆备于我"），特别是最尊贵的仁爱精神更是充满于我身，所以只要能反躬自问，觉得自己真真实实地具备了并做到了，达此境界便是人生最大的快乐。

"行有不得者皆反求诸己""反身而诚"实乃可被视为包括孟子在内的所有儒家给我们提供的绝妙的修养方法。这是仁者的胸怀，这是君子的风度，这是善者的境界，这更是天道与人道的合一，所合之处正是在"诚"处。孟子的天人合德论最典型地反映在这一思想之中。孟子说："是故诚者，天之道也；思诚者，人之道也。至诚而不动者，未之有也；不诚，未有能动者。"（《离娄上》）自然天道的本质是诚，社会人道的本质是思诚。天诚，人亦诚，此之谓极端和最高的诚了，而面对此诚却不被感动者那是不会有的事，反过来说，如果做不到诚心诚意，是不能感动别人的。所以说，以诚相待是天道与人道的共同本质，它既是一种方法论，又是一种境界论。正因为如此，你做到了"反身而诚"，你才能享受到"乐莫大焉"。由此观之，功夫论、方法论与境界论往往是如此有机统一。"工欲善其事，必先利其器"（孔子语），此之谓也。

第二，反求诸己的底线。当然，从上面孟子的话语中，我们可以清楚地发现，孟子所提倡的"行有不得者皆反求诸己"的修养方法及其精神境界，也并非完全不根据具体对象、具体情况而一味作出绝对的责求自己。也就是当面对孟子所说的那些情况都做到了，对方还是不曾被感化和作出相应的反应，那么，自己又要作出正确的判断，以避免有朝一日遇到的祸害。具体言之，当你首先做到了有心去爱别人，去恭敬别人，但你遇到了一个蛮横无理的人而得不到他相应的回答（"其待我以横逆"），作为一个君子你一定要反躬自问，我一定哪里做得不够仁爱、不够恭敬，不然的话那人怎么会有如此的态度呢（"则君子必自反也；我必不仁也，必无礼也，此物奚宜至哉"）？反求自己以后，确认自己确实做到了仁爱和礼敬，但还是得不到那个蛮横无理的人认可和理解，作为一个君子接着一定要反躬自问，我一定没有做到全心全意、诚心诚意（"我必不忠"）。反求自己以后，确认自己确实做到了全心全意、诚心诚意地去爱了去敬了，但那个蛮横无理之人仍然一样，不曾有任何改变（"其横逆由是也"），此时君子就会说，这个人不过是个狂人罢了，既然如此，那与禽兽有什么区别呢？与禽兽又有什么好计较责怪的呢？（"君子曰：'此亦妄人也已矣。如此，则与禽兽奚择哉？于禽兽又何难焉'"）由此可见，孟子是一个现实主义者，他非常注意处理"经"与"权"的关系问题，就是对原则性问题他是始终如一地坚守，但对于具体情况他又灵活变化地处理。前面曾经谈到的有关"大人者，言不必信，行不必果，惟义所在"（《离娄上》），以及他所说的"男女授受不亲，礼也；嫂溺，援之以手者，权也"（同上），正是反映着孟子的"经权观"。在对待忧患问题上，孟子坚持的同样是终身与一朝的关系问题。孟子主张，作为一名真正的君子要有终身的忧患意识，如此才能没有突发的痛苦（"是故君子有终身之忧，无一朝之患也"）。但值得强调指出的是，在孟子看来，所有这些都是建立在那个"大者"，即"良心"不失的基础之上，也就是说，君子当要终身忧患着自己良心不给人造成危害性，而尽力存住它、养护它、扩充它，即便丢失了也要将其寻找回来，并努力地按照良心生出的道德去做。反过来说，不是仁爱的事不做，不符合礼的事不做，这样即便有朝一日遭遇祸害，君子也不以为痛苦了［"非仁无为也，非礼无行也。如有一朝之患，则君子不患矣"（《离娄下》）］。

3.5.3.5 "求善""可欲"的为善论

对于孟子的"求善"思想当没有任何疑义，他如此费力地来向人们证明人性本善，如此被世人强调"孟子道性善，言必称尧舜"，又如此坚信"人人皆可以为尧舜"，所有这些都逻辑地要求孟子一定要"求善"的。

第一，好善乐善。他明确告诉人们，一个人只要你求了，那一定能够得到，而如果放任不求，那一定不能够得到。这就是他著名的"求则得之，舍则失之"之论。更重要的是，在孟子看来，"求有益于得也，求在我者也"（《尽心上》），就是说，求即得善，求善在我。人心向善、与人为善乃是孟子为中国人指引的道路，也大大强化了中国传统文化的价值取向，更重要的是它形成了中华民族最深沉的信仰追求。请听孟子的召唤！

孟子曰："然后驱而之善，故民之从之也轻。"（《梁惠王上》）

孟子曰："故君子莫大乎与人为善。"（《公孙丑上》）

孟子曰："教人以善谓之忠。"（《滕文公上》）

孟子曰："乃若其情，则可以为善矣，乃所谓善也。"（《告子上》）

孟子曰："仁义忠信，乐善不倦，此天爵也。"（《同上》）

孟子曰："夫苟好善，则四海之内皆将轻千里而来告之以善。"（《告子下》）

孟子曰："穷则独善其身，达则兼善天下。"（《尽心上》）

孟子曰："及其闻一善言，见一善行，若决江河，沛然莫之能御也。"（《尽心上》）

在孟子看来，当规定了人们的产业并满足了人们的物质生活以后，再去引导他们趋于向善，这样人民就容易听从了。君子最高的德行就是与别人一道行善。通过善去教化人，这就叫做尽心尽力的忠，按照本性可以成善的就叫做善，热忱而不倦怠地爱善，这是天赋予人的自然之性，如果有了这样的好善之情，四海之内的人都会一道行善。任何时候都应该向善和行善，只是有穷困时独善其身，得意时兼善天下不同而已。孟子所向往的最高境界正是像舜那样的圣人所体现出来的，当听到善言、见到善行就仿佛江河决口、泻淌的澎湃之水无法阻挡一般。孟子是在激励人们奋勇之善、为善、乐善、好善、独善、兼善、闻善、见善，一句话，奋勇向善也！

第二，"可欲之谓善"。孟子认为，向善是人的一种本能，是一种心念，是一种自觉，是一种力量。而且孟子坚信一切向善的心意、向善的言行、向善的追求都取决于每个人自己。"求在我者也"，此之谓也。孟子又将这种思想归结为"可欲之谓善"（《尽心下》）。

自古以来，对孟子"可欲"这一概念有着不同的理解和解释，但我在这里想给人做最简单的解释。当然，这也是建立在前面对孟子所谓"性"的理解之上的。因为我们已知，孟子只将人之为人的"几希"的本善之性称为"性"，而其他也为人所有的"食色"之性，孟子却不将它们视为"性"。同理，孟子只将人本具的善心而生出的诸德称为人的"可欲"的内容，至于其他也为人所有的"耳目之欲"，孟子却不将它们视为"可欲"的内容。概而言之，孟子说的"可欲"就是他说的"性"，就是他说的"良能"。所以，现在的问题就清楚了，孟子的"可欲"的内容就是仁、义、礼、智、忠、信、孝、悌、诚、敬等，而所有这些又统称为"善"的内容。这就是孟子"可欲之谓善"命题所要表征的意思。

现在我们可以比较通俗地来理解孟子的"可欲之谓善"了。只要你想做好人，只要你有这个愿望，只要你有这个诉求，即只要你想要行仁、义、礼、智、忠、信、孝、悌、诚、敬等，那么这叫做"善"。所以说，"可欲之谓善"强调的是：善是我们人的本能啊！只要你想为善，一定能做到，世界上最容易的一件事情莫过于这件事。我做好事、说好话、存好心，不是人叫我做，你自己就可以做，大家想一想是不是这个道理？孟子说："仁义礼智，非有外铄我也，吾固有之。"不也是在说明这个道理吗？仁义礼智是我本来具有的一种能力，我践行它们，这是我的自由，这是我自主的能力，并不是外人和外在的因素强迫我这样做的。这难吗？儒家讲这是最容易的。所以孔子说"我欲仁，斯仁至矣"（《论语·述而》），"为仁由己，而由人乎哉？"（《论语·颜渊》）这话讲得多好啊！"为仁"，完全是我自己想做就可以实现的事情，完全有能力可以不必依靠外力和他人就能够做到的事情。孔子认为，这是最本己的、最自主的、最自由的人的一种欲望和能力。

从这里我们可以发现，实际上孟子的"可欲之谓善"的思想是来源于孔子思想的。孟子的"可欲"就是孔子的"我欲"。只不过是孔子直接指明了"欲"的内容，那就是"仁"。而孟子却把"欲"的内容抽象地规定为"善"。

大家看一看，以上就是孔孟儒家给出的中国人的自由观、自主观、自觉意识和自由意志。应该说，这在世界所有文化中是一个比较独特的价值观，值得我们很好地品味和继承。所以说大家千万不要认为，做好事、做好人是一件困难的事情，向善之心，这是我们人的本性；人心向善，这是我们最本己的可能性；乐善不倦，这是自然的爵位和属性。在孟子看来，无论是人之性、人之能，还是人之道、人之欲，所有这些皆为天赋，"此天之所与我者"（《告子上》），此之谓也。所以说，知天事立天命，最终达到"上下与天地同流"（《尽心上》），这是人类需要完成的使命。一句话，"向善"是我们最神圣的职责和使命，我们的中国传统文化，我们的儒家文化，就是要号召我们为此去努力、去追求、去信仰。这是作为全体中国人的信仰，"人人皆可以为尧舜"，正是这一信仰的表现形式。当然，这一信仰需要一些更杰出和特殊身份的人负起更大的责任，从而起到引导和表率作用。

3.5.3.6 大人及其所为

第一，何谓"大"人？孟子心目中的"大"人，即理想人物，是通过好几个概念来描述的。

孟子曰："君子之于禽兽也，见其生，不忍见其死；闻其声，不忍食其肉。是以君子远庖厨。"（《梁惠王上》）

孟子曰："故君子莫大乎与人为善。"（《公孙丑上》）

孟子曰："焉有君子而可以货取乎？"（《公孙丑下》）

孟子曰："且古之君子，过则改之；今之君子，过则顺之。古之君子，其过也，如日月之食，民皆见之；及其更也，民皆仰之。今之君子，岂徒顺之，又从为之辞。"（《同上》）

孟子曰："富贵不能淫，贫贱不能移，威武不能屈，此之谓大丈夫。"（《滕文公下》）

孟子曰："唯大人为能格君心之非。君仁，莫不仁；君义，莫不义；君正，莫不正。一正君而国定矣。"（《离娄上》）

孟子曰："非礼之礼，非义之义，大人弗为。"（《离娄下》）

孟子曰："大人者，言不必信，行不必果，惟义所在。"（同上）

孟子曰："大人者，不失其赤子之心者也。"（同上）

孟子曰："人之所以异于禽兽者几希，庶民去之，君子存之。"（同上）

孟子曰："君子所以异于人者，以其存心也。君子以仁存心，以礼存心。仁者爱人，有礼者敬人。爱人者，人恒爱之；敬人者，人恒敬之……非仁无为也，非礼无行也。如有一朝之患，则君子不患矣。"（同上）

孟子曰："养其小者为小人，养其大者为大人……从其大体为大人，从其小体为小人……先立乎其大者，则其小者不能夺也。此为大人而已矣。"（《告子上》）

孟子曰："君子之事君也，务引其君以当道，志于仁而已。"（《告子下》）

孟子曰："故士穷不失义，达不离道。穷不失义，故士得己焉；达不离道，故民不失望焉。"（《尽心上》）

孟子曰："有大人者，正己而物正者也。"（同上）

孟子曰："君子有三乐：父母俱存，兄弟无故，一乐也；仰不愧于天，俯不怍于人，二乐也；得天下英才而教育之，三乐也。"（同上）

孟子曰："君子所性，仁义礼智根于心。"（同上）

王子垫问曰："士何事？"孟子曰："尚志。"曰："何谓尚志？"曰："仁义而已矣。杀一无罪非仁也，非其有而取之非义也。居恶在？仁是也；路恶在？义是也。居仁由义，大人之事备矣。"（同上）

上面材料是按照《孟子》章节顺序来引述的，几乎囊括了《孟子》中被孟子视为崇高人格理想之人的品质和做法的所有言论。我们之所以如此大段地引述这些原文，其目的就是试图给人完整呈现孟子有关思想的全貌，并通过论述让人懂得一个有着良善之心性的人究竟是一个怎样的人？以及如何做一个道德高尚的人？

第二，大人的具体素养：从孟子的思想来看，他实际上是把"君子""士""大丈夫"都包括在他所谓的"大人"范畴之内的。综合起来，这样的"大人"应该具备以下素养：其一，具有"不忍之心"之人（"是以君子远庖厨"）；其二，乐于与大家一起为善之人（"故君子莫大乎与人为善"）；其三，不为物利所动之人（"焉有君子而可以货取乎？"）；其四，勇于改正过错之人（"且古之君子，过则改之"）；其五，具有富贵不可淫乱、贫贱不可改志、威武不可变节的高尚心志和气节之人（"富贵不能淫，贫贱不能移，威武不能屈"，"尚志"）；其六，能够纠正君主的不正确思想之人（"唯大人为能格君心之非"）；其七，说话行事不一定守信有终，一切只服从于道义之人（"大人者，言不必信，行不必果，惟义所在"）；其八，保持天真纯朴童心之人（"不失其赤子之心者也"）；其九，注意"存良心"之人（"君子所以异于人者，以其存心也。君子以仁存心，以礼存心"）；其十，不做非礼、非义之人（"非礼之礼，非义之义，大人弗为"）；其十一，不被外物所蒙蔽而始终能挺立之人（"先立乎其大者，则其小者不能夺也。此为大人而已矣"）；其十二，能让君王行于道，志于仁之人（"君子之事君也，务引其君以当道，志于仁而已"）；其十三，穷困而不丧失义，显达而不背离道之人（"故士穷不失义，达不离道"）；其十四，正己且能正物之人（"有大人者，正己而物正者也"）；其十五，拥有父母健在，兄弟平安；仰俯而无愧于天与人；教育天下的英才这三种快乐之人（"君子有三乐：父母俱存，兄弟无故，一乐也；仰不愧于天，俯不怍于人，二乐也；得天下英才而教育之，三乐也"）；其十六，将根植于人心的仁义礼智称做"性"之人（"君子所性，仁义礼智根于心"）；其十七，以仁为居所，以义为道路之人（"居仁由义，大人之事备矣"）。这里所列17项，基本上概括了孟子心目中的"大人"标准和准则。从中我们也可以非常清楚地看到，孟子所建立起来的"人心向善"的信仰都集中具体反映和体现在这些标准和准则之中。换句话说，这些标准和准则就是"善"的表征，而"善"也就是体现"道义""节操""精神"的崇高品德。孟子也正是在这个意义上高扬着他的"义"旗的。

3.5.3.7　舍生取义就是舍生取善

元代的民族英雄文天祥在其绝灭诗中这样写道："孔曰成仁，孟曰取义。""成仁取义"已然成为中华民族几千年来激励无数仁人志士为了国家、民族、人民而英勇无畏、甘愿牺牲的民族精神，而这种精神的锻造和培育正是由至圣孔子与亚圣孟子共同完成的。孔子直言："志士仁人，无求生以害仁，有杀身以成仁。"（《论语·卫灵公》）意思是说，有志向和有道德的人，绝对不会求得保全性命而做出损害仁德的事情，而是宁可牺牲自己生命来成就自己所追求的真理和信仰。孟子正是在孔子这一价值观的基础之上，提出了他著名的"舍生取义"思想。

孟子曰："鱼，我所欲也，熊掌亦我所欲也，二者不可得兼，舍鱼而取熊掌者也。生，亦我所欲也，义，亦我所欲也，二者不可得兼，舍生而取义者也。生亦我所欲，所欲有甚于生者，故不为苟得也；死亦我所恶，所恶有甚于死者，故患有所不辟也。"（《告子上》）

这是说，鱼和熊掌都是我喜欢的，如果两者不能同时拥有，那就舍弃鱼而选择熊掌。生命和义都是我喜欢的，如果两者不能同时拥有，那就舍弃生命而选择义。生命本是我喜欢的，但是还有比生命更让我喜欢的东西，因此我不能做苟且偷生的事。死亡本是我厌恶的，但是还有比死亡更让我厌恶的东西，因此有的祸患我不能躲避。由此可见，孟子是在生与义二难的选择当中突显他重义贵义的价值取向的。应该说，生命对于每个人来说都是极其珍贵的，但人之为人的最可贵的属性也正是表现在他能够自觉到有比生命更珍贵的存在，并能够为了它甘愿抛弃极其珍贵的生命。

第一，"义"的多重意义。在这里有必要指出的是，在孟子思想中"义"这个概念是有多重含义的，因此如何全面准确把握它就显得十分重要。总括起来，孟子所谓"义"有下列含义，一是指由羞恶之心而产生的公正之德，且是用来实行"仁"德的。孟子也正是在这个意义上运用了比喻的方式指出"义，人之正路也"（《离娄上》）。也就是说，此处的"义"是突出其"正"性。二是指敬长从兄之德。孟子曰:"敬长,义也。"(《尽心上》)"义之实,从兄是也。"(《离娄上》)这可以看做是孟子对"义"的特殊属性及其功用的概括。三是指与利相对的存在,这是一种比生命还要珍贵的存在。

第二,义即善。上述"舍生而取义者也"的"义","惟义所在"之"义",以及为大家非常熟知的"王何必曰利?亦有仁义而已矣"之"义"。此处的"义"乃是指道义、节操、精神等品德。这个概念框架下的"义",其实又与"善"这个概念等同了。孟子曰:"欲知舜与蹠之分,无他,利与善之间也。"(《尽心上》)孟子认为,圣人舜与大盗蹠两人之间的差别,没有别的,就在于利和善的不同而已。孟子在这里选用了"善"这个概念而与"利"形成相对的两个概念。由此,我们才说,"义"即"善"。如果我们将孟子的此种意义上的"义"都替换成"善"的话,那么,就会自然使得问题清晰许多。具体说来,"舍生取义",就是表示"舍生取善"矣。另外,与此相关的还有一个问题应该引起注意,那就是在孟子那里,所谓"尚志"的内容明确地被规定为能表征"善"的"仁义"之德。孟子在回答"何谓尚志?"的问题时给出的答案就是"仁义而已矣"(《尽心上》)。在孟子看来,"舍生取善"和"尚志"这便是"人心向善"的最高形式的体现,人心向善也即是崇道义尚志向者也。

3.5.3.8　仁者无敌

"仁者无敌"是孟子用来鼓励统治者实行仁政的一句影响深远的口号。因为在孟子看来,人心向善的信仰一定要落实在具体的政治和经济主张之中,否则就是流于空洞和玄远的理想而已。

第一,仁政基于仁心的呈现及推及。要将仁心呈现,并将善行和仁爱由近及远地推广开来,以及将善具体地化为行动,这是孟子着力要做的事情。

孟子曰:"人皆有不忍人之心。先王有不忍人之心,斯有不忍人之政矣。以不忍人之心,行不忍人之政,治天下可运之掌上。"(《公孙

丑上》）

孟子曰："老吾老，以及人之老；幼吾幼，以及人之幼。天下可运于掌……故推恩足以保四海，不推恩无以保妻子。古之人所以大过人者，无他焉，善推其所为而已矣。"（《梁惠王上》）

孟子曰："亲亲而仁民，仁民而爱物。"（《尽心上》）

孟子曰："王如施仁政于民，省刑罚，薄税敛。"（《梁惠王上》）

孟子曰："是故明君制民之产，必使仰足以事父母，俯足以畜妻子，乐岁终身饱，凶年免于死亡；然后驱而之善，故民之从之也轻。"（同上）

孟子曰："王欲行之，则盍反其本矣；五亩之宅，树之以桑，五十者可以衣帛矣，鸡豚狗彘之畜，无失其时，七十者可以食肉矣。百亩之田，勿夺其时，八口之家可以无饥矣。谨庠序之教，申之以孝悌之义，颁白者不负戴于道路矣。老者衣帛食肉，黎民不饥不寒，然而不王者，未之有也。"（同上）

孟子曰："乐民之乐者，民亦乐其乐；忧民之忧者，民亦忧其忧。乐以天下，忧以天下，然而不王者，未之有也。"（《梁惠王下》）

孟子曰："得天下有道：得其民，斯得天下矣；得其民有道：得其心，斯得民矣；得其心有道：所欲与之聚之，所恶勿施，尔也。民之归仁，犹水之就下，兽之走圹也。"（《离娄上》）

孟子曰："是君臣、父子、兄弟去利，怀仁义以相接也，然而不王者，未之有也。"（《告子下》）

孟子曰："不仁而得国者，有之矣；不仁而得天下者，未之有也。"（《尽心下》）

孟子上述思想可以说是他的仁政思想的最集中表现。这一思想有几个要点必须强调：其一，孟子认为仁政乃是怜悯别人之良心推广的结果，以及行爱是一个由近及远地推广的过程。先有"不忍人之心"，后必然有"不忍人之政"，先爱自己的父母与儿女，然后再推广到爱别人家的父母与儿女。孟子所宣扬的爱是一个从"亲亲"（亲爱自己长辈）到"仁民"（仁爱全体人民）再到"爱物"（爱护天地万物）的推及过程。"推恩"（把恩惠推广开去）是孟子认为的最简单、最有效的仁政手段，就像手里转动东西那么简单容易。他两次使用了"可运于掌"这种比喻。其二，孟子认为的仁政乃是一项多维度的民生工程，具体包括，减刑罚，轻赋税（"省刑罚，薄赋敛"）；规定人们的产业（"制民之产"）；白发老人不因为生计所迫而头顶背负物件走在路上，五十七十的老者个个有棉衣穿有肉吃，黎民百姓过上温饱的生活（"颁白者不负戴于道路矣。老者衣帛食肉，黎民不饥不寒"）；在此基础上再兴办各级学校，反复地向人民宣传敬顺父母和敬爱兄长的孝悌之道（"谨庠序之教，申之以孝悌之义"）。其三，统治者和天下之人要同乐同忧（"乐以天下，忧以天下"）。其四，得民心者得天下。而得民心的方法也就是，从正面说，把百姓希望得到的给他们，从反面说，不把百姓厌恶得到的强加给他们，如此而已（"得其心有道：所欲与之聚之，所恶勿施，尔也"）。其五，君臣、父子、兄弟都去掉利，而怀抱着仁义来互相对待（"是君臣、父子、兄弟去利，怀仁义以相接也"）；其六，没有仁心的人，不行仁政的人是无法得到天下的（"不仁而得天下者，未之有也"）。

如果大家注意的话，孟子喜欢使用"然而不王者，未之有也"这一词语，以此来表达他对推行和实施仁政的坚定信念。所谓"不王者"意思就是"无敌于天下者"。孟子仁政思想的最后落脚点正在这里。孟子说："仁者无敌"（《梁惠王上》），"如此，则无敌于天下"（《公孙丑上》），"仁人无敌于天下"（《尽心下》）。无敌者没有敌手，无敌者往而不胜。

第二，重道重民。在这里还值得强调指出的是，孟子也正是在上述思想的指导下，又在不少地方继续申论着他的"重道""重民"思想，而这些思想观念往往是振聋发聩的，惟其如此，这些思想才在中国传统社会产生重大影响。例如："天时不如地利，地利不如人和"（《公孙丑下》）；"得道者多助，失道者寡助"（同上）；"民为贵，社稷次之，君为轻"（《尽心下》）；"贼仁者谓之'贼'，贼义者谓之'残'。残贼之人谓之'一夫'。闻诛一夫矣，未闻弑君也"（《梁惠王下》）。就是说，人心所向和内部团结的"人和"在与阴阳寒暑的"天时"以及地理环境的"地利"相比较来说是最重要的，所以，行仁政者就能得到更多的帮助，反之就会少。人民、国家和君王三者比较起来，人民最重要，国家较重要，而君王最不重要。破坏仁义的人叫"贼残"，而"贼残"的人就叫着"独夫"。所以孟子说他只听说周武王诛杀了独夫民贼殷纣，没有听说过他是以臣弑君的。应该承认的是，孟子上述的"人和""得道多助""民贵君轻""诛独夫民贼"的思想观念是构成中国古代民本思想的重要元素。在这里可以顺便提一下有关孟子著名的"君臣关系"论，从中实际上也可以看出孟子思想的进步性和人性的光辉。孟子在其"五伦"思想中提到了"君臣有义"一伦。所谓"有义"就是指双方应该遵循的原则，这一原则就是君仁臣敬。在孟子看来，君臣的关系是相对的关系而非绝对的关系。通俗地说，你对我好，我就对你好；你对我坏，我就对你坏。孟子曰："君之视臣如手足，则臣视君如腹心；君之视臣如犬马，则臣视君如国人；君之视臣如土芥，则臣视君如寇仇。"（《离娄下》）意思是说，君把臣当手足看待，臣就把君当腹心看待；君把臣当狗马看待，臣就把君当路人看待；君把臣当尘土小草看待，臣就把君当仇敌看待。总之，君臣正常关系的建立是有条件的，是有原则的，因而他们的关系是平等的。

3.5.3.9　仁者无不爱也

"仁，人心也""仁，人之安宅也"可以看做孟子对"人"的本质最精当的概括；"仁者爱人也"可以看做是孟子对"仁"的本质最精当的概括。所以说，"仁"是孟子思想的核心范畴，"爱"是孟子思想的精神实质，可见，最能表征"人心向善"之"仁爱"是孟子给人们指明的信仰追求。

我们虽然有这样的说法，认为孔子重仁，孟子贵义，上面也提到文天祥也说过，孔曰成仁，孟曰取义，但是不可否认的是，孟子思想体系的最核心的范畴及其主要精神仍然是"仁",尽管孟子自己也说过"亦有仁义而已矣"和"居仁由义"的话,但我认为,"仁"一定被孟子当做全体大德来看待的。正因为如此,在《孟子》中对仁的论述往往是最为集中和突出的。更为重要的是,将仁的爱的实质的呈现一直成为孟子所着力要完成的任务。

孟子曰:"夫仁,天之尊爵也,人之安宅也。"(《公孙丑上》)

孟子曰:"三代之得天下也以仁,其失天下也以不仁。国之废兴存亡者亦然。天子不仁,不保四海;诸侯不仁,不保社稷;卿大夫不仁,不保宗庙;士庶人不仁,不保四体。"(《离娄上》)

孟子曰:"苟不志于仁,终身忧辱,以陷于死亡。"(同上)

孟子曰:"仁,人心也。"(《告子上》)

孟子曰:"仁者无不爱也。"(同上)

孟子曰:"仁也者,人也。合而言之,道也。"(同上)

在孟子看来,仁是天最尊贵的爵位,是人最安逸的居所("夫仁,天之尊爵也,人之安宅也")。天下、国家的废兴存亡就在于仁与不仁。特别是作为一个人如果不仁的话,那么就不能保全自己的身体("士庶人不仁,不保四体"),就终身都会受忧受辱,以至于死亡("苟不志于仁,终身忧辱,以陷于死亡")。仁是人之为人的本心("仁,人心也"),所以仁就是人,而仁和人结合在一起便是"道"("仁也者,人也。合而言之,道也")。仁的最实质的精神正体现在一个字上,那就是"爱"("仁者无不爱也")。这一爱的精神是内存于我本身之中,天地赋予我的一切我都具备,特别是最尊贵的仁爱精神更是充满于我身,所以只要能反躬自问,觉得自己真真实实地具备了并做到了,达此境界便是人生最大的快乐。诚如孟子所言:"万物皆备于我矣。反身而诚,乐莫大焉。"(《尽心上》)

余论:

孟子给中华民族描绘了一幅贯通天地、符合人性的"善"的画卷。他全心地在"道性善",用心地在确证"人性本善",精心地在昭示"天性本善";他谓"乐善不倦"是天之性,他谓"生善知善"是人之能;他谓"能善向善"是人之欲，他谓"存善扩善"是人之智；他让人尽心尽力以"行善"（"教人以善谓之忠"），他让人一心一意以"求善"（"学问之道无他，求其放心而已矣"）。在孟子那里，充塞于宇宙天地之间的浩然之气是与"善"相配的（"其为气也，配义与道"），崇尚的志气是以"善"为内容的（"何谓尚志？曰：'仁义而已矣'"），舍去生命而去求取的东西是"善"（"舍生而取义者也"）。由此可见，孟子所描绘的这幅画是要引导"人心向善"。这一向善之心又具体化为诸种德行，此乃仁义礼智、忠信孝悌、敬诚圣贤。所以，孟子竭力主张，为了仁义，为了礼智，为了忠信，为了孝悌，为了敬诚，为了成圣，为了真理，为了道义，为了节操，为了志向，为了可欲，为了信仰，一句话，为了向善，我们不会苟且偷生，我们不会逃避祸患，我们可以牺牲生命来维护和捍卫它。

在孟子看来，有了"善"作为根本，其他诸如"信""美""大""圣""神"属性即会相应展现。孟子曰："可欲之谓善，有诸己之谓信，充实之谓美，充实而有光辉之谓大，大而化之之谓圣，圣而不可知之之谓神。"（《尽心下》）也就是说，能有做好人行好事的欲望就叫做"善"，能有真诚地要求自己的就叫做"信"，能将善与信充满于身的就叫做"美"。由此可见，如果我们将"信"的概念转换成"真"的概念，实际上孟子这里涉及了"真善美"三个理念！在此基础之上，我们再来理解"充实而有光辉之谓大，大而化之之谓圣，圣而不可知之之谓神"的意思就会清晰得多了。在孟子看来，能将真善美光辉地表现出来的就叫做"伟大"，能将伟大融化贯通的就叫"圣"，圣到了神妙不可测度的境界就叫做"神"。也就是说，"善"既是基础，也是目的，还是境界。能将以"善"为基础的"真善美"光大增辉的就是伟大的举动，而能通化和实现"真善美"的代表人物就是圣人，圣人禀承本心本性去做而又高深莫测。达此境界，这便最终完成了神圣的使命了。而我们说，孟子所谓的"尧舜，性也者"（《尽心下》），"人皆可以为尧舜"（《告子下》）的思想都可以在此意义上获得呈现。也就是说，作为圣人的尧舜正是性善以及行仁等诸德的集中体现者，性善为善不仅仅是尧舜个别人的专利，还是所有人都可以向着的方向和达到的目标。

"人性本善""人心向善""人可成善"这就是孟子给中华民族创造的理念，是孟子给中国人指明的方向，是孟子给中国人设计的道路。而经过千年的锻造，并最终形成中国人的脊梁，成为中华民族的精神，构成中华民族的信仰。我们有理由相信，存在于包括孟子在内的所有儒家以及中国优秀传统文化中的思想、精神以及信仰，一句话，存在于中国传统文化之中的"道"，必将以其超越时空、跨越国度、富有永恒魅力的特性，在现实和未来的中国，乃至世界范围内越来越会发挥出它的强大力量！

3.6　说道

道作为中国传统文化三大组成部分之一，实际上是包括作为哲学思想的以老庄为代表的道家和作为宗教派别的道教两个部分。所以说，道家和道教都可用"道"来称谓。

3.6.1　道教和道家

3.6.1.1　道教

研究中国传统文化离不开对中国传统宗教的研究。中国也创立了自己有组织、有经典、有教义、有教规、有教主、有神灵的宗教——道教。我们习惯称其为中国本土宗教、中华民族固有的传统宗教。作为本土的宗教对中华民族文化的方方面面都产生了极其深远的影响，以至有了鲁迅先生的那句名言："道教是中国文化的根底。"所以说，不懂道教就不懂中国传统文化，也由此决定了道教研究的重要性。

对道教任何学说思想和宗教教义的研究，都应该首先弄清楚道教的性质及其特点。何谓道教？道教包含的内容究竟是哪些？对它的性质如何确定？诸如此类问题是每一位研究道教人士应给予关注的问题。我认为上述问题的回答就应按刘勰《灭惑论》中的说法，即"道家立法，厥有三品：上标老子；次述神仙；下袭张陵"。这就简单指出了道教文化从学术上讲包括老子思想、神仙思想以及宗派教义三个主要部分。

老子的道家哲学构成道教思想的理论基础。老子所有关于道论的内容都是道教所要凭借的。道是最原始的存在，这一存在是无限的存在。"无名，天地之始""有物混成，先天地生""渊兮，似万物宗"等都是道教借以利用的思想。道是永恒的存在，"长生久视之道"等是道教借以利用的观念。道生一切，一切归道，"道生一，一生二，二生三，三生万物""衣养万物与万物归焉"等是道教借以利用的理念。但老子坚持人死是自然现象，不可避免，老子提出"出生入死"的观点，就是说人一出生就往死里去。庄子更是强调以"生死为一条"。所以关于生死观，道教是不能吸取老子和庄子道家这种观点的。所以它就要吸收有关能不死和长生的观念。而关于这一点在中国又有着丰富的思想资料。此时应该说，老子和庄子的道家是他们该"离场"的时候了。而神仙之道应该"入场"（"出场"）了。尽管道教的神仙之学以及长生不老、长生不死之说有不同的发展阶段，各派也有不同的主张，但作为一种信仰应是道教信仰的内在构成部分。道教的所有道功道术都是紧紧围绕着这一最终信仰目标而设定的。我常这样评价道教，作为中国本土的道教，其追求的目标真可谓胆子太大，完全有别于其他世界宗教。也就是说，宗教最重要的目的之一是帮助人们消灭死亡而获得"不死"。但除了中国的道教以外，其他宗教都是在承认人的肉体死亡后再谈"不死和恒生"。例如，基督教和伊斯兰教宣扬"永生"，佛教宣扬"往生"。只有道教认为人可以肉体长存，人可以永远不死。道教的这一神仙论不能不说特点突出。《灭惑论》所谈的"下袭张陵"指的就是道教的创教问题了。每一个宗教都要有创教始祖、宗教领袖，当然在此基础之上，再选定本教的精神上的教主。在此时又该"老子"登场（"出场"）了。老子是被道教奉为教主的。

当然，道教在其长期历史发展中，有许多东西渗透到民间，化做不少迷信在社会上传播。所以如果我们能严格按照道教所构成的三个部分的原则标准的话，就应该将老子的道家哲学、神仙的宗教学、教派教主以外的内容排除在道教范畴之外。研究道教的学者，应是抵制打着道教外衣的一切封建迷信的坚强生力军，这也是为了净化道教的研究的学术环境。

由于道教在其早期的发展中派别不一以及思想来源杂而多端，呈现多元，因此，要给道教的起源一个确定的时间，将是一件很难的事。道教渊源于中国古代盛行的自然崇拜和鬼神崇拜，先秦道家老庄哲学，儒学与阴阳五行思想，先秦至西汉的方仙道，东汉的黄老道，以及秦汉以来民间流行的巫鬼道等等。一般认为，道教创立时间是汉末，其组织形式是民间结社性的。一是在东汉顺帝（125—144年在位）时，由张陵、张衡、张鲁先后领导的五斗米道，一是在东汉灵帝（167—189在位）时，由张角领导的太平道。"五斗米道"，是由于入道者需交纳五斗米供道或用五斗米谢师而得名。它奉老子为教主，以《老子千文》为主要经典，其道术主要是召神劾鬼、符箓禁咒等，以长生成仙为最高目标。"太平道"奉《太平清领书》为主要经典，"以善道教化"，符水治病。太平道和五斗米道都成为当时农民起义的旗帜。张角利用了太平道领导了黄巾农民大起义，张鲁则雄踞汉中，建立了政教合一的政权。

东晋建武元年（317）葛洪撰《抱朴子》一书，整理并阐述战国以来神仙方术理论，丰富了道教的思想内容。北魏太平真君（440—450）年间，嵩山道士寇谦之在崇信道教的魏太武帝（423—451在位）支持下，自称奉太上老君意旨，"清整道教，除去三张伪法"，制订乐章诵诫新法，刻召鬼神之法，制作符箓以召神驱鬼、除灾治病，是为北天师道。在南朝宋末则有庐山道士陆修静"祖述三张，弘衍二葛"，整理三洞经书，编著斋戒仪范，道教的理论和组织形式因而更加完备，是为南天师道。齐梁时，茅山道士陶弘景（456—536）吸收儒佛两家的思想以发展道教的神仙学说和修练理论。经过葛洪、寇谦之、陆修静、陶弘景等人对道教的改造和充实，道教逐步改变了早期的原始状态和民间性质，并最终成为官方及上层信奉的宗教。

正因为如此，道教在以后的发展中便一直受到封建统治者扶植和支持。隋文帝来陈统一中国后，开国年号"开皇"便取自道经。唐朝建国以后，李氏的皇族自认为是老子之后，更加推动了道教的发展，尤其是对老子的崇拜。唐太宗命令卢思道校订《老子》，并且刻石，和五经同列。又令玄奘将《老子》译成梵文，将此书介绍到国外。唐高宗（650—683在位），将老子上"太上玄元皇帝"尊号，诸州各建观一所。武则天当政，一度下令停习《老子》，至唐玄宗（712—756在位）又加以恢复。他令士庶皆家藏《老子》一本，置崇玄学，分别号《老子》《庄子》《列子》《文子》为《道德真经》《南华真经》《冲虚至德真经》《通玄真经》。此四部"真经"成为唐代官方指定的四大道教经典。到了唐玄宗开元年间，唐玄宗下令搜访道经，加以校刊，汇编为《开元道藏》，这是中国历史上第一次编辑《道藏》。

北宋的统治者继续走着崇奉和扶植道教的道路。宋真宗（998—1022在位）仿效唐代宗老子为圣祖，制造道教中的赵玄朗天尊（赵玄朗称为轩辕黄帝的化身）。这赵氏王朝圣祖，以此为主题表演了一幕幕"天尊降临"和"天书下降"的事件。道士张君房受命主持修编了《大宋天宫宝藏》。宋仁宗天圣年间，张君房又摘录《大宋天宫宝藏》之精要，编成《云笈七签》，此被称为"小道藏"。这在道教发展史上意义十分重大。宋徽宗（1101—1125在位）为历史上著名的崇道皇帝，自称"教主道君皇帝"，诏天下访求道教仙经，编成《万寿道藏》，并将全藏镂板刊行，这也是中国历史上第一次。又于太学置《道德经》《庄子》《列子》博士，一时道教大盛。

《南华真经》

唐、宋以后，南北天师道与上清、灵宝、净明各宗派逐渐合流，到元代归并于以符箓为主的

王重阳

正一派中。金代大定七年（1167）王重阳创立以道为主、兼融儒佛的全真道。金元之际又有刘德仁创立的大道教（后称真大道教），萧抱珍创立的太一道，均行之于河北，历世不久，即湮没无闻。惟有全真道，以王重阳之徒丘处机受到元太祖（1206—1227）器重而盛极一时。此后道教正式分为正一、全真两大教派。明代仍然继续流传，至清逐渐式微。

道教以"道"名教，表明道教是将"道"作为本教的最高存在并加以信仰和崇拜的。道教的基本教义和核心信仰是长生不死、得道成仙。长生成仙，就是肉体不死，精神长存，以至成为长生不死的神仙。道教的理论基础是"道"，它来源于先秦道家老子和庄子的思想。老庄都认为"道"是宇宙天地万物的本始和根源，"道"是一个"无为无形""生天生地""神鬼神帝""有情有信""长生久视""谷神不死""无所不在"的最高的、无限的、永恒的、普遍的存在。当人实现了与道同体、天人合一以后，人也就完成了超越生命的有限性而获得生命的无限性和永恒性。道家的道论为改造成道教的基本教义和核心信仰提供了可能性。

道教的第一部经典《太平经》说："夫道何等也？万物之元首，不可得名者。六极之中，无道不能变化。元气行道，以生万物，天地小大，无不由道而生也。"五斗米道宗的经典《老子想尔注》说："一者，道也……一在天地外，入在天地间，但往来人身中耳，都皮里悉是，非独一处。一散形为气，聚形为太上

丘处机

老君。"葛洪《抱朴子·畅玄》说："玄者，自然之始祖，而万殊之大宗也。""其为玄道，可与为永。"唐吴筠《玄纲论·道篇》说："道者何也？虚无之系，造化之根，神明之本，天地之元。其大无外，其微无内，浩旷无端，杳冥无际……混漠无形，寂寥无声；万物以之生，五行以之成。生者无极，成者有亏。生生成成，今古不移。此之谓道也。"道教对"道"的理解，最终是要用它来论证其长生不死和得道成仙教义的。"玄道"就是宇宙中的无限者、永恒者，它存在于万物，包括人体之中。存在于人体内的"玄道"，在道教看来就是"元一"或"真一"。人如果能"守一"，使自己与"元一"合而为一，那么就能通神，就能永生不死。也就是说，因为"玄道"是存在于人体内的神秘的灵物，人只要修道、得道，便可以获得这种神秘的生命力，从而像"道"一样永恒存在。诚如葛洪所说："守一存真，乃能神通。"（《抱朴子·地真》）

为了达到和实现长生不死和得道成仙的目的，道教提出了一系列道功、道术，即修道之法。道教修练的具体方法有服食、导引、行气、房中、辟谷、内丹、外丹、符箓等等。在这众多修练方法中最重要的是符箓、外丹和内丹。道教称之为"符箓"和"丹鼎"两大派。

符箓是道教中的一种法术，亦称"符字""墨箓""丹书"。符箓是符和箓的合称。"符"指书写于黄色纸、帛、木片或建筑物上的笔画屈曲、似字非字、似图非图的符号、图形；"箓"指记录于诸符间的天神名讳秘文，一般也书写于黄色纸、帛等物上。道教声称，符箓是天神的文字，是传达天神意旨的符信。这些文字符号和图形千奇百怪，均难以辨认。道士称它们具有神力，可以召神驱鬼、镇魔压邪、治病消祸、祈福禳灾等。

道教符箓使用十分广泛。有用于为人治病者：或丹书符箓于纸，烧化后溶于水中，让病人饮下；或将符箓缄封，令病人佩带。有用于驱鬼镇邪者：或佩带身上，或贴于寝门上。有用于救灾止害者：或将符箓投河堤溃决处以止水患，或书符召将以解除旱灾等。至于道士作斋醮法事，更离不开符箓，或书符于章表，上奏天神；或用符召将请神，令其杀鬼；或用符关照冥府，

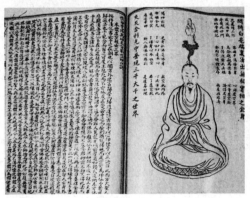

道教炼丹文献　　　　　　　　　古人炼丹图

炼度亡魂。整个坛场内外，张贴、悬挂各式符箓。

　　符箓术的思想基础是鬼神信仰，道教却认为此术是合符自然阴阳之道，称其用些纸，在上面画些常人根本看不懂的文字和图像，即可号召鬼神，还故弄玄虚，鼓吹心诚则灵。《道法会元》卷一《道法枢纽》是这样说的：

道教符箓

"符者，阴阳合符也，唯天下至诚者能用之，诚苟不至，自然不灵矣。故曰，以我之精合天地万物之精，以我之神合天地万物之神。精精相附，神神相依，所以假尺寸之纸号召鬼神，鬼神不得不对。"这种所谓召神劾鬼、镇魔降妖之功效者，完全是一种封建迷信思想，也是应该被否定的思想。

　　在中国道教发展史上，早期道教承袭此术，五斗米道和太平道，就是以造作符书和以符水为人治病来吸引信徒、创建组织的，此后符箓术一直是天师道、正一道的主要修习方法。东晋中期出现的上清派虽主存思，亦兼符箓；灵宝派更以符箓术为主。唐末宋初，天师道和上清、灵宝派分别以龙虎山、茅山、阁皂山为活动中心，形成著名的"三山符箓"。南宋金元之际，

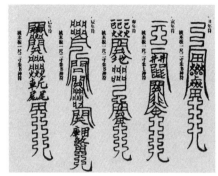
道教符咒

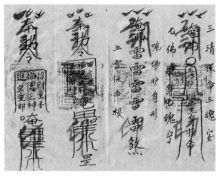
道教符箓咒语

更在"三山符箓"基础上，分衍出神霄、清微等众多符箓派。可以说，宋元以前，符箓道法是道教的主流。金元之际，全真道内丹兴起，但擅长符箓的正一道仍在南方与之鼎足而立。直至明清，重符箓的正一道和主内丹的全真道一直分统着道教。符箓术发展史实与道教的历史相始终。

炼丹是道教的另一种法术，它源于古代方术，原指在炉鼎中烧炼矿石药物以制"长生不死"丹药（即"金丹"）。后道士将此方术加以扩充，除将上述用炉鼎烧炼矿石药物称作"外丹"外，又将人体拟作炉鼎，以炼体内的精、气、神，称作"内丹"。"炼丹"即二者的统称。

外丹是指用铅、汞等矿物和植物类中草药作原料，放在炉火中烧炼而成的丹药，道教谓之"仙丹"或"金丹"，认为服食它可以长生不老而成仙。葛洪《抱朴子·金丹》说："夫金丹之为物，烧之愈久，变化愈妙。黄金入火，百炼不消，埋之，毕天不朽，服此二物，炼人身体，故令人不老不死。""凡草木烧之即烬，而丹砂烧之成水银，积变又还成砂，其去凡草木亦远矣。"在道教看来，丹砂烧炼变化后，能还原为丹砂，所以，外丹也叫"还丹"。"还成丹砂"的过程称为"转"，还一次叫一转丹，还二次叫二转丹，一直到九转丹。葛洪说："其转数少，其药力不足，故服之用日多，得仙迟也。其转数多，药力盛，故服之用日少，而得仙速也。"（同上）据该篇说，一转丹服后需三年才能成仙，二转丹则需二年，三转一年，四转半

降真观，旧名白云庵，司马承祯修道处

年，五转百日，六转四十日，七转三十日，八转十日，九转立即白日升天。外丹在六朝隋唐时期非常兴盛，于唐代发展至极盛。有许多道士如葛洪、陶弘景、孙思邈、陈少微等都是著名的炼丹家，并著有大量炼制丹药的著作。但所谓"仙丹""金丹"，人服了以后非但没有不死成仙，反而因为其毒性

司马承祯

太大，服食后往往中毒而亡。唐代就有六位皇帝服丹中毒致死的。所以唐代以后外丹逐渐衰落下来，但并未断绝，到北宋便转向外丹的旁支——黄白术方向发展。我们也应该知道，以炼丹求长生不死的外丹术，固然有其荒谬的地方，但必须承认它是我国古代化学的主体，是我国现代化学的先驱，同时在医药、火药发明等方面都作出过重大贡献。

由于外丹术的衰落，道教试图去寻求其他方法以达到长生不死、得道成仙的目的，最终

他们找到了与外丹相对的"内丹"修练术。以人自己的身体为"炉鼎"，以体内的精、气为药物，运用"神"去修炼，可使精、气、神凝聚成"圣胎"，即"内丹"，如此便可以长生不死，化为神仙。内丹术视精、气、神为"三宝"。有的内丹著作，将内丹术分为"炼精化气""炼气化神""炼神还虚"几个阶段。道教认为炼成内丹后，可以从脑户出入，化为身外之身而永世长存。道教除了讲炼丹、服气以外，还重点讲心性的修养。他们把"合道""得道""入圣"作为道教的最高追求目标，其代表人物就是唐代的司马承祯（647或655—735）。他著《坐忘论》，肯定神仙可成，但主张"修心主静"以得道，认为人能得道则"与道同身而无体"，如此可以成仙长存。他引《西升经》说："身与道同，则无时而不存；心与道同，则无法而不通；耳与道同，则无声而闻，眼与道同，则无色而不见。"至此便进入与道同体的神仙境界。

修炼内丹而成仙不死，这是道教作为宗教始终追求的境界，其中的神秘成分是不言而喻的，但内丹术确有不少值得研究和开发的地方，尤其对于修身健身去病是有裨益的。

作为宗教的道教，创造一个高高在上的神灵和悬设一个超越现实的彼岸世界，那是其理论的必然。道教根据"一气（道）化三清"的宇宙生存论，创造出三清尊神，又谓三清神，即玉清元始天尊、上清灵宝天尊，太清道德天尊（道德天尊即太上老君，也就是老子）。三清神是道教所崇奉的最高神灵。再有是仅次于三清神的四位天帝，又谓四御神，即玉皇大帝、中央紫微北极大帝、勾陈上宫天皇上帝、后土皇地祇。应该说，道教的主神中实际上以元始天尊、太上老君、玉皇大帝影响最大，其中元始天尊是道教公认的至上神。在道教中元始天尊不但是最高的神灵，同时又是道的化身。早期道教奉老子为教主，以《道德经》为教典，太上老君实际上是以创教的教主神面目出现的，他同时又是道的人格化。还有对于中国百姓非常熟知的真武神、八仙、碧霞元君等等。道教神灵系统是由一个庞杂的各种天神、地祇、人鬼及众多的仙真所构成。道教是一个多神崇拜的宗教。洞天福地之仙境是道教对彼岸世界的称谓。他们认为仙境乃神仙居住之胜境。南北朝后，洞天福地逐步确定为"十大洞天""三十六小洞天"和"七十二福地"。宋代张君房所辑《云笈七签》卷二十七，记载了十大洞天、三十六小洞天、七十二福地具体的处所。

作为宗教的道教也有其特定的宗教仪式，主要有斋醮、祈祷、诵经、礼忏等。在斋醮中道教的许多仪式都可以得到具体体现，因为道教的祭祷仪式即称为"斋醮"。"斋"是祭祷之前的整洁身、心、口的行为，"醮"是祭祷活动。一般说来，斋醮仪式主要包括设坛、摆供、焚香、化符、宣戒、念咒、上章、诵经、赞颂，并配以烛灯和音乐等，通过这些仪式和活动以祭祷神灵、祈求神灵、敬颂神灵，并最终期盼神灵保佑、降福、消灾。

任何宗教团体和组织都有对其信徒在道德修养和宗教活动等方面提出所要遵守的戒律，道教也不例外。道教戒律的种类繁多，这里仅介绍一下"五戒"和"元始天尊二十七戒"。"五戒"是道教最基本的戒，被称为持身法根，《初真戒》载：一者不得杀生；二者不得荤酒；三者不得口是心非；四者不得偷盗；五者不得邪淫。此五戒被称为"老君五戒"。"元始天尊二十七戒"即妙林经二十七戒。元始天尊告四众（出家与在家男女）一切众生，应奉戒修行。《云笈七签》卷三十八载：不得盗窃人物；不得妄取人

张君房

《云笈七签》

财；不得妄言绮语；不得因恨杀人；不得贪嗔痴狠；不得慢老欺人；不得咒诅毒心；不得骂詈高声；不得訾毁谤人；不得两舌邪佞；不得评人长短；不得好言人恶；不得毁善自誉；不得自骄我慢；不得畜毒药人；不得投书谮善；不得轻慢经教；不得毁谤圣文；不得恃威凌物；不得贪淫好色；不得好杀物命；不得耽酒迷狂；不得杀生淫祀；不得烧野山林；不得评论师长；不得贪惜财贿；不得言人阴事。

上述道教的戒律与佛教的戒律一样，其主旨就是让人为善去恶，提倡过一种有道德、有意义的生活。这一戒律中所体现的道德伦理思想有其正面和积极的意义。

3.6.1.2　道家

道家是先秦时期的重要学派，创始人是老子，集大成者是庄子。学术界习惯把老庄学派称为道家。道家与儒家发展道路有所不同，在老庄以后，道家始终没能作为一个独立的学派传承和发展下去，其思想是通过其他学术思想体系，如玄学、道教、理学而得以延续和反映，但正如上面论述儒家时强调的那样，虽然道家在以后几千年的历史发展中不断地被发展和改造，但只要被称为"道家""道学"的，那一定有其共同的最高范畴以及在此统摄下价值观和思维方式。《汉书·艺文志》这样介绍道家："道家者流……历记成败、存亡、祸福、古今之道，然后知秉要执本，清虚以自守，卑弱以自持，此君人南面之术也。"意思是说，道家这个学派，始终关注和记载成功失败、生存灭亡、灾祸幸福、古往今来的道理。然后在此基础之上便知道秉持要点把握根本，提倡坚守清静无为，保持谦虚柔弱的态度，并认为此乃国君治理国家的方法。司马迁的父亲司马谈在其《论六家要旨》一文中对道家进行了有倾向性的肯定和评价，他说："道家使人精神专一，动合无形，赡足万物。其为术也，因阴阳之大顺，采儒墨之善，撮名法之要，与时迁移，应物变化，立俗施事，无所不宜，指约而易操，事少而功多。"意思是说，道家使人精神专一，行动合乎无形之"道"，并能使万物丰足。道家的思想理念及其方法是依据了阴阳家关于四时运行顺序之说，吸收了儒墨两家之优长，撮取了名法两家之精要，依时势而动，应物性而变，因世俗而用事，如此无所不适宜。道家思想，意旨简约且容易掌握，用力较少且功效众多。从以上可以知道，它们只是介绍了道家有关"德"的部分，即道家在社会人事方面的表现和功用问题，而对道家的"道"论则不曾涉及，但我们又知道，道家的宇宙观、政治观、价值观、人生观等都是牢固建立在其道论的基础之上的。

3.6.2　论老子的"道"

在老子看来，"道"是一种超越时空的存在。道与万物的关系是呈现多重关系性质的，它们有派生义、构成义、呈现义、创造义等等。唯有超越了有形、有状、有声、有象、有始、有终等的存在，才有资格承担"生成"万物与"构成"万物之性的"任务"，老子将此种存在谓之"无"。无"之性，即道的无限性，无始无终性，无限的开放性。对老子之"道"，应该运用"体用""一多""主客"等范畴和思维方式来加以把握。

3.6.2.1　道是超越时空的存在

在老子看来，有一种存在是超越时空的，他把它叫做"道"，并通过"始""母""宗""先""根""奥"等词来表示道的这一属性。

老子说："无名，天地之始；有名，万物之母。"（《老子》1章，下引《老子》，只注篇名）"道冲，而用之或不盈。渊兮，似万物之宗——湛兮，似或存。吾不知谁之子，象帝之先。"（4章）"谷神不死，是谓玄牝。玄牝之门，是谓天地根。绵绵若存，用之不勤。"（6章）"有物混成，先天地生。寂兮寥兮，独立不改，周行而不殆。可以为天下母。吾不知其名，字之曰道，强为之名曰大。"（25章）"天下万物生于有，有生于无。"（40章）"道生一，一生二，二生三，三生万物。"（42章）"道者，万物之奥。"（62章）

如果以上是从"道"的起始和本根意义上来阐述"道"的功能的话，那么在老子看来，"道"还有一个功能，那就是它充当了万物与万事的"构成"者和"赋予"者的角色。也就是说，是"道"赋予了万物万事的属性。请看老子之论："譬道之在天下，犹川谷之于江海。"（32章）"大道泛兮，其可左右。万物恃之而生而不辞，功成不名有。衣养万物而不为主，常无欲，可名于小；万物归焉而不为主，可名为大。以其终不自为大，故能成其大。"（34章）"昔之得一者……天得一以清，地得一以宁，神得一以灵，谷得一以盈，万物得一以生，侯王得一以为天下贞。"（39章）"故道生之，德畜之，长之育之，亭之毒之，养之覆之。"（51章）

在老子看来，本体之道的性德之一就在于"道"具有能"生"、能"成"、能"畜"、能"势"、能"形"等作用和功能。"道生之"的意思是，所有万物万事的被创造，包括文化的被创造，都是道的显现。所以老子所谓"生"，即是"现"，即是"成"，即是"造"等义。"生"字有生成、构成、呈现、创造诸义也。请务必注意到这一点，因为只有你懂得了"道生之"的多重含义后，你才能真正理解和掌握"道与万有万事万物""无与有"的关系问题。换句话说，道与万物的关系是呈现多重关系性质的，它们有派生义、构成义、呈现义、创造义等等。也就是说，宇宙间已存在的、未来才能出现的、将来才能被创造的所有一切的存在都是"道"生的。我们常说的物不离道、道无逃乎物皆是在此意义上立论的。

而道的所有这些属性，在老子看来又是一个无穷无尽的展开过程，是一种用之不竭的存在，即所谓"用之或不勤"（4章），"虚而不屈，动而愈出"（屈者穷竭）（5章），"谷神不死，是谓玄牝。玄牝之门，是谓天地根。绵绵若存，用之不勤"（勤即尽也）（6章），"独立而不改，周行而不殆"（通"怠"，松弛，停止）（25章），"道之出口，淡乎其无味，视之不足见，听之不足闻，用之不足既"（既者尽也）（35章）等之论是在告诉人们，"道"永远是开放性的、创造性的存在，它需要不断展开。例如，"文化"的创造是永远的，宇宙间一切物质、生物的不断被发现和被创造就是例证。而我们哲学上所讲的"社会是永远未完成的存在""人永远是未完成的存在"也是印证"用之或不勤"（勤者穷也，完也）之理的。

总之，对"道"之性应该抓住两个关键词：第一个是"不尽"，第二个是"不停"，通俗地说，就是没完没了。"道即万物"的思想又在这个层面体现出来。否则，你说这些时，思维又总是将道与万物隔离和割裂开来，机械和形而上学地认为，道是无尽的存在，万物是有尽的存在。从而使道成了"别有一物"的纯粹抽象存在。由此又可想到的是，你可以说道家之"道"是很抽象的，但这种抽象不是悬空意义上的抽象，而是要落实在具体事物之中的抽象。这也就是我们哲学上常说的，无限存在于有限之中，有限不断地展开就是无限。如此的哲学思维就避免了一切将"无限者"绝对化、独立化的倾向。在有限之上、之外或将有限叠加以寻求无限者，那是被黑格尔称之为的"恶的无限"。所以我们有理由相信，老子的思想无不是在反对这种恶的无限性的思维方式。

3.6.2.2　道的存在方式是无

"道"充当了如此"重任"，它的存在方式一定是极为独特的。究竟以怎样的方式、形式才能"承担"和"完成"这一任务呢？老子作出了明确回答：只有是"无"才能做到。所以在《老子》里有许多处是谈论这个问题的。老子说："无名天地之始，有名万物之母。故常无欲以观其妙，常有欲以观其徼。"（1章）"谷神不死，是谓玄牝。玄牝之门，是谓天地根。绵绵若存，用之不勤。"（6章）"绳绳不可名，复归于无物。是谓无状之状，无物之象，是谓惚恍。迎之不见其首，随之不见其后。执古之道以御今之有，能知古始，是谓道纪。"（14章）"道常无名。"（32章）"道之出口，淡乎其无味，视之不足见，听之不足闻，用之不足既。"（35章）"天下万物生于有，有生于无。"（40章）"大象无形。道隐无名，夫唯道，善贷且成。"（41章）（马王堆乙本，作"善始且善成"。敦煌本"贷"作

"始"。意思是万物从始至终都离不开"道"。）

也就是说，在老子看来，唯有超越了有形、有状、有声、有象、有始、有终等的存在才有资格承担"生成"万物与"构成"万物之性的"任务"。老子将此种存在谓之"无"。所以，如何正确理解老子所谓"无"的性质和意义，是研读《老子》必须要解决的问题。老子所谓"无"，绝不能从字面上来理解，即将其理解成"没有"或"不存在"。老子是要告诉人们，因为"道"是一个"大"到无法和不能有任何"规定"和"限制"的程度，而能契合此义的词，如果让大家来选，你也一定只能选"无"这个词。所以，这个"无"就是表达以下几个意思："无限""普遍""大全""不能规定""不能限制""不能范围""无时不有""无处不在""无始无终"等。

那么，对这样一种存在，即所谓"道"，你还能"定义"吗？你还能"命名"吗？回答当然是否定的了——"道"不能被"定义"和"命名"，一句话，"道"不能被限制和范围。所以，你只要理解到这个层次，那你们再来研读《老子》的许多论述，你就会明白他老人家的用心良苦了。老子说："道，可道，非常道；名，可名，非常名。"（1章）"视之不见，名曰夷，听之不闻，名曰希，搏之不得，名曰微。此三者不可致诘，故混而为一。其上不皦，其下不昧，绳绳兮不可名，复归于无物。是谓无状之状，无物之象，是谓惚恍。迎之不见其首，随之不见其后。"（14章）"道常无名"（32章）；"道隐无名"（41章）；"道常无为"（37章）所要表达的都是此义。

老子为了强化"道"之"无"性，他又用了许多形容词和诸如用"兮"这一虚词来描述和强调"道"的无限性和不可规定性。读懂这些词，也是研读《老子》所必需的。老子说："道冲，而用之或不盈。渊兮，似万物之宗……湛兮，似或存。吾不知谁之子，象帝之先。"（4章）"孔德之容，惟道是从。道之为物，惟恍惟惚。惚兮恍兮，其中有象；恍兮惚兮，其中有物；窈兮冥兮，其中有精，其精甚真，其中有信。自古及今，其名不去，以阅众甫。吾何以知众甫之状哉？以此。"（21章）"有物混成，先天地生。寂兮寥兮，独立不改，周行而不殆。可以为天下母。吾不知其名，字之曰道，强为之名曰大。大曰逝，逝曰远，远曰反。故道大，天大，地大，人亦大。域中有四大，而人居其一焉。人法地，地法天，天法道，道法自然。"（25章）

"渊兮""湛兮""惚兮""恍兮""恍兮""惚兮""窈兮""冥兮""寂兮""寥兮"都是在形容"道"的无形、无象、无状、无声、深远、模糊、不清等。

老子视"道"是宇宙之根、天地之始、万物之宗、万物之奥的存在。实际上应从更广阔的范围和视野上来把握。具体来说，宇宙之根、天地之始是在道的本根、本源意义上立论的，而万物之宗、万物之奥是在道的"构成"意义上立论的。前者表示的是"起始"，后者表示的是"过程"，且是一个永不停止、永不断灭的"过程"。另外，如你欲寻求"天地之始"的具体时间的话，那你一定是不懂"道"了。老子反复告诉人们的即是，"道"没有开始，谓之"无始"；同理，如果你欲寻求"道"的具体终结时间的话，那你一定是不懂"道"了。老子反复告诉人们的即是，"道"没有结束，谓之"无终"。由此可见，老子无论在"起始"义，还是在"构成"义上，都是在始终强调"道"的"无"之性，即道的无限性、无始无终性、无限的开放性。所以我们说，"道"的最大特性在于它的"无"性，其他所有概念皆是对道的这一"无"性的或具体展开，或加强说明。也就是说，"无"不仅是道的存在方式，而且是道的本质属性和特点。

3.6.2.3 老子之"无"的真义

实际上对老子，包括庄子所谓的"道不可道""道不可言"的思想要从"道不可名"上去解，即"道"是"无名"的，是"无限"的，因而是无法以名词概念来给以规定的。但所有这些并不表明不能用语言来说道，这是两个不同性质的问题。所以，不能将此翻译成"道是不可说的"。这样翻译极容易发生误解，或引起歧义。最明显的例子，就是人们会常常诘问，既然你说道不可说，为什么老庄又说得那么多。所以要将"可道之道"的前一个"道"翻译成"名"更贴切。因为在《老子》中即谓"道常无名"。庄子所谓的"道不可言，言而非也"，此处"言"也应作概念性的、规定性的、定义性的"名"来理解。它说明，道不能"名"，而非指不能说道。《庄子》十余万言皆在说道呢。如果非要名的，用老子的话，那只能"强谓之名曰大"。那么，道是大，是什么意思呢？老子接着说："大曰逝，逝曰远，远曰返。""逝""远"都是在表示道的无限性，还是在强调道的"无"性。这里的"返"字，实际上是值得玩味的。不是仅指返回道体的意思，在我看来，还在强调"逝""远"的过程是循环反复、永不停止的意旨，这还是申论"无"性。

究竟怎样理解老子所谓"道可道，非常道"的思想，也就是为什么不能用名词和概念来规定"道"呢？老子一切所论都是欲告诉"人们"这样一个道理：人类所闻所视所搏的"对象"只是"道"的很小一部分。老子告诉你，你看不到的东西，听不到的东西，掌握不到的东西太多了。也就是说，人类局限太多了，你不要自认为你是了不起的，你绝不是宇宙的"全部"，也不是宇宙的中心。例如，人"视之不见，听之不闻，搏之不得"的"对象"，其他存在可以见闻搏到的啊！鹰之视力比"人"强大多少倍？当然，你又可以说，人借助科技达到了超过了动物那些能力的好多倍。但"人"不要忘了，更不要狂妄，不要认为借助仪器看到的宇宙就是那个样子了，就是它的全部和真实了。绝不是这样的，人永远不可能穷尽"大道"的。当然，"动物"在某些能力上高于人，也不表明"动物"把握到的"对象"就是"道"的全部了。要懂得，"道"是全、是大、是小，而全、大、小就是无限、无规定。另外，"道"永远是不停息地被"呈现"和"创造"出来。"道"要不停地通过"具体"和"显著"（合称为"具显"）的存在反映出"它"的无限的丰富性。对"道"的这一无限的丰富性的展开和具显是所有"存在"（即万类万物）都"参与"其中的。即"万类万物"都积极参加了"显"道的工作。老子说"道"的无限性当然、自然地包括无限的开放者——大者与小者。

另外，"不可道"的意思是，不管人类用什么样的语言表述都无法描述"它"的无处无时不在的特性。你即便"道"（说出来了，规定下了、概念化了），但人们以外的存在也无法知晓你的语言表述。而"道"对"它们"来说是以符合"它们"的方式而存在的。如你一规定，就只变成了你认识到的东西了。况且，人类的历史、文化也在不断被创造着、变化着，语言不但有时代的差异性，更有地域（区）的差异性。你能奢望通过一时一地的语言来规定那样一个有着"无限开放空间和时间"的"大道"吗？显然是不能的。老庄通过"道可道，非常道""道不可言，言而非也"的语式所要最终昭示的就是此理。

所以，认识和研究道家思想最为关键的是能否正确理解和把握道家老子和庄子所谓的"无"。

首先是"无形"。与此相同的概念有"无象""无状"，这都在表示"道"的空间意义上的无限性。其大无外，其小无内者是也。实际上老子和庄子所使用的"无物"概念也就是在这个意义上的。另外，像"无声""无味"等都是在此意义被使用的。

其次是"无名"。正因为"道"是一无穷、无尽、无止，即无时不有、无处不在的存在，所以没有任何办法对它规定，即名它，只有"字之曰道，强为之名曰大"。这不是给它名（规定、限定之义的下定义之名也），而是在强调"道"是"大"的，无法"名"也。诚如庄子在《则阳》篇所云的那样："无穷无止，言之无也。"

此道是一个无穷无止的存在，是一个无处不有、无时不在的存在，是一个永恒不断的存在。过去现在未来，已有未有（未有不等于没有，而是没被发现和被创造出来，但它之理永远在那里等待被发现和创造而已），道都在其中（相对于任何存在，道的存在都是"不为高，不为深，不为久，不为先，不为长，不为大，不为小"），凡一切存在都逃不出道的范围。

再次，如此的存在，怎能规定？怎能命名？它只是一个无限。而无限乃无名也，它无量无边，无定无住。此"无"包括了空间的无限性和时间的无限性。

其四，如此的存在不是不存在，恰恰相反，它是一个有情有信的存在。宇宙间过去现在未来的一切"有"的存在形式，无一不是"道"的赋予和构成。换句话说，宇宙间的万物万有皆是"道"的呈现，它呈现的是殊异的个性的千差万别的存在。

3.6.2.4 道即万物论

对"道"的"无分"状态应正确理解。不是说"道"永远只是停留在"天地之始"的原始状态才是"道"的状态，而一旦落实到万物万有，包括人类社会，"道"就不存在了，或说就完全"分裂"了。这样理解放入人类社会尚好理解些，或说容易说得通些。你可以说，由于人性的堕落，遮蔽了道性而使道性不显。但对万物、万类的存在就不能作如此解。更重要的是，你如果认为天地开始，社会产生，万物产生以后，"道"就被破坏了，那你就无法解释道家的"道泛万物""道即万物，万物即道"的重要思想，或不能解释老子所谓"昔之得一者——天得一以清，地得一以宁，神得一以灵，谷得一以盈，万物得一以生，候王得一以为天下贞"（39章）之论了。老子这里明白告诉你，"天"得"道"性即为"清"性矣。所以一定要注意，"道"是一个无限的"创造力"的存在，"它"通过永续的时间和无限的空间时时在"具显"着这种"创造力"。这样一种"生命体""生命力"的存在，不可能老"呆"在一个时间和空间里。

"此两者同出而异名，同谓之玄，玄之又玄，众妙之门"（一章），此句甚是。"常无"即"妙"，"常有"即是"曒"。"妙"是无限的创造力；"曒"（边界）是无限的"具象"的显著的展开。而此"妙"（常无）则又必须通过、借助"曒"（常有，确切的说是具体的事物）来体现"道"之创造性，或说，此"有"恰是道之创造力的"表现"。如此才能说"同谓之玄"。所谓"同",就是"无与有"的统一,就是"道物""微显"的统一。惟其如此,这种"力量"才可被称为"玄之又玄""众妙之门"!

所以,对老子之"道"的理解涉及体用、一多、主客等关系问题。其一,对于本体之道,你无法只以你的方式把握。其二,本体之道是可以,应当被不断地,以不同形式、方式呈现和表现"用"。其三,"万有"中的"每个"都是完整的"道"性的体现。即道与万物体性一也。其四,万物是分殊的存在,是在不停地,时时地在展开着、彰显着"道性"。这种"彰显"和"展开"是对道的无限性的实践的一个阶段、一个部分。其五,这种"创造"与"运动"永远不可终结和完成(完了)。其六,"道"既存在于万物,也存于人心。人的创造力的每一个成果都是"道"性的体现。其七,但要同时看到,社会人道中的不真实状态,那一定不是"道"的"具显"。人的一个主要任务就是要"实现"纠偏工作,从而返回于道的本真状态。其八,于是"道"落入"人心"与"人间"应是合符的落入——虚无恬淡寂寞慈柔平静等等。如果不是,"人"就需要"修练"矣。

3.6.2.5　道之无性表示的是万物的个性以及自然性

老子强调"道"的无限性,或说"无"是道的存在方式。那么,这一"无"所要表征的是什么意义,这是应该成为所有研究老子道家的学者要特别关注的问题。也就是说,不能只停留在对"无"的哲学和逻辑上的概念性阐释,而要对道之无性做进一步的提升。这里我要特别强调指出的是,道之无性所要彰显的是否定性的意义,即突显的是万物之间的"不同"之旨、"差异"之义。如是"同"了,那就是被"限定了"和"局限了"。而"无"正是在它的"无限性"。不同性和差异性就是"多样性"。结论是:道之无性所要表达的乃是事物的多样性、不同性、差异性。此"三性"要呼唤的是万物(当然包括人)的"个性"和"独立性"。

老子强调"道"的整体性和统一性,或说"一"也是道的存在方式。理解道家的"一"之概念,千万不能理解成万物都禀承了"道",因而万物都是一样的，或说道家是试图抹杀和消灭差别而达到万物一齐。正确的理解是，万物之性全是由道而赋予，这是"统一"的，不可能再由其他存在者赋予万物之性，包括上帝。再有一点，也是最重要的一点，此"一"是指万物所含的道性是"具足的"，且是本来、天生的具足。如上述，因为"道"有无限性的开放的时空，是一具有无限丰富性、创造性的存在，这一特性就体现在千差万别的事物之中，或者说，千差万别的事物正是体现"道"之"无"（无限的丰富性和创造性）性的。就其千差万别的每个事物本身来说，它所禀承的"道"性是全、备、齐、精、纯的，一句话，是具足的。所以，当你面对这些事物的时候，你要明白它本身即是"道"。在这个意义上的"尊道而贵德"就是尊重万物的个性和差异性以及它的本然性。因此，我们常说的尊重自然（"道法自然"）就是尊重事物的差异性和个性的代名词（准确地说代命题）。既然本性具足，当然不容后天的人为增减和损益，不容许人为的外在的强加和造作，包括人为主观制定所谓的什么标准来强制达到所谓的整齐划一。

老子强调"道"的自然性，或说自然性是道的自性。应该说，道家所谓自然性是要突出两点意味：一是它的自己性，即非外在性；二是它的本然性，即非附加性。自然性实际上是道的无限性和整体性及其差异性、个性、独立性等诸多特性的总汇处。也就是，道家道之自然性是包含着上面所述的所有属性，以及概括和抽象出的意义和价值的东西。

总之，道之无、道之一、道之自然诸性所要共同呈现和呼唤的是独立、自由、平等的精神。从反面说，道家之"道""无""一""自然"等概念所要表达的都是反对人们（包括社会集团、政府等）的一切造作、妄为，即强加、干涉、破坏等。"无"性就是要求人们"不要"限制；"一"性也是要求人们"不要"增减；"自然"性也是要求人们"不要"干涉。从这里我们可以清楚地看出老子思维方式的否定性的思想特征。而从正面来说，则是要求人们顺物之性、顺人之性；从反面来说，就是要求人们不要违反物之性和人之性。此乃构成道家思想的终的。而在道家看来，物之性与人之性皆为道性也。人性的最本质的存在和需求正是符合道性的独立、自由、平等。由此可见，在中国传统文化中从来不乏西方所标榜的那些精神。学习老子，包括整个道家思想也当将其精神实质揭示出来，并发扬光大。

3.6.3 道家的超越论、齐物论及自由观

在中国传统思想文化中，儒家专于经世，道家专于超世，佛家专于出世。古人称儒治世、道治身、佛治心。也就是说，追求世之安定、身之安康、心之安宁分别体现儒道佛三家思想的各自价值取向和主要功能。

儒道两家思想为中国所固有，尤其在以后漫长的中国社会里，儒道思想的相互对立、相互补充、相互融通对中国传统社会和人生产生极其深远的影响，共同构成了中国传统文化的主干，近人林语堂所谓的"道家及儒家是中国人灵魂的两面"一语经典地概括了这一情形。道家对中国传统文化以及社会人生的影响是以其"超世"的方式实现的，尤其是他们的自由观对中国人产生了极其广泛而深刻的影响。这一情况就决定了我们在探究中国传统文化诸问题的时候应重视道家超越论、齐物论和自由观。

3.6.3.1 超越论

我们已知，道家是先秦时期的重要学派，创始人是老子，集大成者是庄子。学术界习惯把老庄学派称为道家。道家《汉书·艺文志》说："道家者流，盖出于史官，历记成败、存亡、祸福、古今之道，然后知秉要执本，清虚以自守，卑弱以自恃，此君人南面之术也。"《史记·太史公自序》说："道家无为，又曰无不为……其术以虚无为体，以因循为用。"清人纪晓岚谓道家思想"综罗百代，广博精微"。

但正如上面论述儒家时强调的那样，虽然道家在以后几千年的历史发展中不断地被发展和改造，但只要被称为"道家""道学"的，那一定有其共同的最高范畴以及在此统摄下的价值观和思维方式。

而所有这一切的根底即在于道家思想的重要特点——超越性。这一超

越性是指超越经验、超越常识、超越对立和区分、超越社会间一切文明的规定。老庄道家思想正是在这一超越中实现着他们的自由观和逍遥观，从而展现着他们崇高的境界论。当然，正像所有思想家的境界论的形成都是要建立在其本体论基础之上一样，老庄道家的境界论也有着坚实的本体论作为基石，这一基石就是他们建立的"道论"。

由上可知，道家是将"道"视为宇宙之根、天地之始、万物之宗的存在；而此道是一个无穷无止的存在，是一个无处不有、无时不在的存在，是一个永恒不断的存在，相对于任何存在，道的存在都是"不为高，不为深，不为久，不为老"（见《庄子·大宗师》）的，凡一切存在都逃不出道的范围（这就是老庄"道泛存万物""道即万物，万物即道"的思想）。对于这样一个存在，怎能规定？怎能命名？（这就是老庄"道不可名""道常无名"的思想）它只是一个无限，而无限乃无名也。此"无"包括了空间的无限性和时间的无限性。所以，"道"的存在方式是"无"。道家之"无"并非是不存在，恰恰相反，它是一个"有情有信"（庄子语）的存在。宇宙间过去现在未来的一切"有"的存在形式，无一不是"道"的赋予和构成。

实际上老子和庄子的"道论"及其"无"的思想，乃是欲解决"至道""大道"的无分不二的自然圆融之境的问题，也就是通过超越对立和区分的思维方式来呈现这一境界和状态。如何实现这种超越呢？在老庄看来，就是要对人的主体，即心的状态提出符合道性的要求，并以此心来观万物，如此，万物之本然和真然之性无不自然明了起来，从而便实现了与最高本体之性合一的目的。

通观《老子》81章，上述之论是随处可见的。老子说："常无欲，以观其妙。"（1章）"是以，圣人之治，虚其心。"（3章）"常使民无知无欲。"（4章）"使夫智者不敢为也。"（同上）"不如守中。"（5章）"居善地，心善渊。"（8章）"能婴儿我乎？涤除玄览。"（10章）"吾所以有大患者，为吾有身，及吾无身，吾有何患？"（13章）"古之善为士（道）者，微妙玄通，深不可识。"（15章）"敦兮，其若朴，旷兮，其若谷，混兮，其若浊。"（同上）"致虚极，守静笃。万物并作，吾以观复。夫物芸芸，各复归其根。归根曰静，是曰复命，复命曰常，知常曰明。不知常，妄作，凶。知常容，容乃公，公乃王，王乃天，天乃道，道乃久，殁身不殆。"（16章）"见素抱朴少私寡欲。"（19章）"如婴儿之未孩。"（20章）"复归于婴儿……复归于无极……复归于朴。"（28章）"圣人去甚，去奢，去泰。"（29章）"不欲以静，天下将自定。"（37章）"歙歙为天下浑其心，圣人皆孩之。"（49章）"含德之厚，比于赤子。"（55章）"挫其锐，解其纷，和其光，同其尘，是谓玄同。"（56章）"与物反矣，然乃至大顺。"（65章）老子以上所有之论，皆是要使人心回归和保持在一个本然的状态之下。即致虚寂之心，守清静之心，存纯朴之心，复婴儿之智，归赤子之智，行玄同之智。此心智名虽有异，然其指一也。惟有心在这一无欲无私的"无为"状态下，才能观照到"道"的深妙之境，亦才能彻见到万物的纷扰之处。所以世间的亲疏、利害、贵贱这些有分有别的状况统统被超越。这也才有了老子的"不可得而亲，不可得而疏。不可得而利，不可得而害。不可得而贵，不可得而贱"（56章）的破分别之论。而庄子更是以其明了的语句，直谓无为之心，乃万物之本，天地之德，道德之质。庄子说："夫虚静恬淡寂寞无为者，天地之本，而道德之至……夫虚静恬淡寂寞无为者，万物之本也。"（《庄子·天道》）"夫恬淡寂寞虚无无为，此天地之本而道德之质也。"（《庄子·刻意》）"循天之理……虚无恬淡，乃合天德。"（同上）这也就是庄子著名的天人合德论。天人合于"虚无恬淡无为自然"之德。此德性即是宇宙的本体，其本旨在"一"也。所谓"一"就是无分，就是不二。以此心才能视见"道通为一"之境，亦才能观照万物有待之象。所以世间的成毁、大小、贵贱、寿夭、美丑、成败、生死、彼此、是非统统被超越。这也才有了庄子的"凡物无成与毁"（《庄子·齐物论》）、"以道观之，物无贵贱"的破分别之论。

因此，道家给人们提供了道路。如果要给这条道路起个名字，那就是"超越"。而惟有超越了功名利禄和私欲己见，人们才能真正享受到逍遥自在的生活。这就是老庄给人们指出的符合人性的生活道路。

由此可见，不管你在什么意义上对老庄道家进行研究，最能揭示他们思想本质和特征的地方一定要落实到"超越"与"逍遥"。超越的本质在于破除区分，消灭差别，突破对立，从而实现符合自然本性的真正一齐和平等。唯有如此，才能达到人生的真正逍遥的境界。然而，我们又深深知道，对道家超越论的正确理解，当要建立在对其所竭力主张的"齐物论"的正确理解的基础之上。

3.6.3.2　齐物论

在道家老庄思想中，庄子是明确主张"万物一齐"的。他说："天地与我并生，万物与我为一。""通天下一气耳。"把万物都整齐划一了，整齐划一了就等于没有区分，没有差别，没有对待了。所以说，庄子是主张取消一切事物的差别。果真能这样理解庄子，包括道家所有有关论述吗？答案是否定的。庄子没有简单到如此地步，恰恰相反，如果我们真正进入到庄子思想的实际，就会发现其思想的深邃无比。要确定这一点，我们还是需要回到老庄对"道"的认知上。道是一，一是原气（"炁"），后生出阴阳二气，二气相摩相荡而成三气，三气再运动而生出宇宙万物。老庄又以两个概念来归类万物。一是"天道"，一是"人道"。天、地、神、谷、万物为天道，侯王、万众为人道。老子曰："昔之得一者：天得一以清，地得一以宁，神得一以灵，谷得一以盈，万物得一以生，侯王得一以为天下正。"（39章）明明区分了"天道"与"人道"以及天道间万物的不同之性，怎么又将形形色色的万物"齐一"和"相同"呢？"齐"为何义？或者说，老庄，特别是庄子是在什么样的概念框架中来使用这个"齐"字的？此乃问题的关键。从根本的意义上说，万物都来源于"道"（"一"）、"炁"，这是万物"齐一"与"相同"的地方。然而，"道""炁"在生万物的过程中又是一个异常复杂的生存体系，不同"物种"分享、分得了"道""炁"身上和体内的一部分"基因"。这里要强调一下，任何时候都不要忘了，"无限性"是

"道"的本质属性。万物所分享、分得的正是"道"的这一无限性。通俗地说，分得了道的无限性，从而形成了整个宇宙的万象，形成了"天道"，又形成了"人道"。"天、地、神、谷、万物以及人"正是这一"无限性"的具体呈现而已。另外，不同万物，或说得更准确些，不同的"个体"，每个"个体"，在"得"了道之性的时候，那是"完满""全备"的获得。例如，树木花草、飞禽走兽等都"各足其性"而成"己性""个性"。不但"同种类"的树"各足其性"，而且，"不同属性"的树也"各足其性"。杨树与槐树同者是因为得了树性（种），异者是因为得了不同的树性（种）。如此，树木就与花草区别开来，更与鸟兽和人类区别开来。如果用哲学语言来表述的话，"树"是一般，杨树和槐树是特殊。而如果在一个更加广泛的范围来说，视"物"是一般，"树"又成为特殊了。我再用更为通俗的方式来说明这个道理。"道"是"总理"，"总理"下又有"经理"（即"分理"），"经理"下又有"主管"，"主管"下又有"员工"。而宋明理学则以"理一分殊"来说明这个道理。

实际上，道家老庄所讲的"道通为一"，其实质就是"理一"，归根结蒂就是"气一"。庄子的"通天下一气耳"就是在这个意义上确证。值得强调指出的是，"分殊"下实际上还是存在系列的、序列的一般与个别的关系。你离"道"（"气"）而主"异"，这就叫"离经叛道"；你离"德"而主"同"，这就叫"不伦不类"。前者谓之"无道"，后者谓之"无德"（缺德）。实际上这里是要告诉人们这样一个道理，不同种类之间不要比，同类中不同个体也不比。结论是：自己与自己比。所谓自己与自己比，是看"自己"是否完备和性足？我性已足，而与"他类"相比，有何意义呢？有何价值呢？一句话，有何必要呢？举个例子，如果我命百岁，也就是说我得全道了，天年为百岁，那你就要考虑如何尽你这个天年。通俗地说，活到极限。这对于我来说，是一件非常满足的事情了。如此，我又何劳与"神龟""仙人"去比寿年呢？同理，你也不要与遗传基因极好的长寿之人相比。俗话说，人比人，气死人。果真你这样攀比了，那不就是徒增烦恼和痛苦了吗？人与狗如何比漂亮？狗与猫如何比漂亮？男人与女人如何比漂亮？长短肥瘦、黑白高矮如何比漂亮？如果人人都"自足"了，人人都是宋玉笔下的邻家之女。正是在这个理念下，庄子明确指出："故为是举莛与楹，厉与西施，恢恑憰怪，道通为一。"（《庄子·齐物论》）意思是说，细小的草茎与高大的庭柱，丑陋的癞头与美丽的西施，世上千奇百怪的各种事物道使他们一体平等。

需要指出的是，准确理解庄子的"齐物论"，实际上关涉对老子与庄子所谓"道"与"德"的正确理解问题。前面提到，如果只看到"不齐"而看不到"齐"，此谓之"无道"；而如果只看到"齐"却看不到"不齐"，此谓之"缺德"。为什么这么说呢？因为在老庄看来，道主统（"齐"），德主分（"不齐"），而道与德是对立统一的不可断分的存在。正是在此意义上，我们又说，道是无，德是有；道是一，德是多；道是体，德是用；道是本，德是末；道是虚，德是因。由此可知，道家所谓的"道德"，实际上表征的是无与有、一与多、体与用、本与末等关系的一对范畴。正因为如此，我曾提出，老子的《道德经》可有多种不同的名称，也就是说，《道德经》即可叫《无有经》《一多经》《体用经》《本末经》等。这样一来，人们不仅会正确理解道家所谓"道德"二字的真正内涵，而且不至于将其错误地理解成"伦理道德"的那个"道德"。

把握老庄之齐物论，有两个关键词一定要注意，一是"自"，一是"足"。"大小"都是"自大自小"，"寿夭"都是"自寿自夭"。既为"道生、德畜、物形、势成"，一句话，既为"天定"，又何劳执着于"增减""垢净""生死"呢？已经"自足圆满"了，如果你增减一分，垢净一分，那还是"他"（它）自己吗？道家的"朴""自然"，佛教的"本来""如来"皆具此义。或者都是在申论着上述道理。也正是在这个意义上，我们常说老庄，还有佛教反对区分、分别、对立、比较、计较。也就是说，无分无别、平等无二理念都是建立在"自性具足"的理念之上的。用老百姓一句常用的话最能表达此义，即"这有什么好比的呢？""率性""合天""顺命"就好。"率性之谓道",此之谓也!

弄懂了这些,对人生有重大的启示和开导作用。人生如何得逍遥?通俗地说,人如何活得不累?老庄无疑给我们指明了"大道正途"——"率性""适性""合天""顺命""由道""据德"(合德)!

进一步说,无论如何解释"齐"字,它皆具有整齐划一、同样相同的意思。但如果你只注意到"齐"的这一层意思的话,那么你永远无法弄懂庄子的"齐物论"思想的意旨。然而,当我们将注意力放到"齐"的另外一种含义上时,实际上这个问题不能说马上就迎刃而解,但也可说找到了呈现庄子齐物论本旨的正确途径。"齐"的另外的意思就是指"完备""全"。"齐全"概念恰恰是"齐"的一个重要的含义。区分了"齐"的不同意旨,对准确把握和理解庄子的"齐物论"意义太重大了。

我一直这样认为,在庄子"齐物论"思想中,反映"同样相同"含义的思想是存在的。如上述,庄子认为,宇宙间的万物都是来源于一个"同样相同"的存在——"炁"。所以,在其根源上来说,万物都有相同的一面。但我们又要清楚地认识到,庄子的"齐物论"的重点和中心却不在这里。说得再通俗些,这不是庄子齐物论的本义所在。

那现在问题就很清楚了,庄子的"齐物论"本义是在向人们说明万物的"完备""齐全"的道理呢!万物的相同点只是表现在本原、本根、本体的发生论意义上,超出这个范围再来谈万物的相同性和一致性显然就是荒谬的了。如果研究者只是局限在"齐"的相同之义上,并将这一含义无限地扩大到对万物的始终认知上,那么所得出的结论一定是荒谬的。事实也最明白地告诉了我们,长期对庄子齐物论思想的研究上,正是犯了上述毛病,从而导致对庄子思想的误读。更为可悲的是,人们将这种误读反过来作为否定和批判庄子的正确观点加以宣扬。

现在的问题就是准确来理解并最终把握住"完备""齐全"之义了。庄子的齐物论是想告诉人们,宇宙间的每一个物,或说万物,都完备地、齐全地禀受了"道"性("炁"性)。但值得特别强调的是,万物在这一禀受中，或说"得道"中是存在不同性的。因为我们已经反复指出过，就"道"本身来说，它是无限性的存在，是有数不清、用不完的各种属性的，万物正是禀受这各种不同属性的过程中而形成形形色色、光怪陆离的景象。所以，庄子的齐物论的本义实际上是始终在强调这样两个关键理念：一是万物从"道"那里获取不同之性而成就不同的存在，即个体的存在；二是个体在从"道"那里获取的各自属性是"完备"和"齐全"的。用庄子的话说，就是每个个体"得道"时都是"自性具足"的。由此可见，前者倡导的是"不同"，后者同样倡导的是"不同"。

更为重要的是，庄子在倡导了上述两个观念以后，最终是想告诉人们什么道理呢？答案是：呈现每个个体的具足的本性，那是万物各自的最终任务。只要做到了"自性具足"，那就是完备，那就是齐全，那就是自然，那就是道，那就是逍遥，那就是最好！既然是如此之境了，那还有什么必要拿"自己"与"他者"相比较呢？我虽然"短"，虽然"丑"（实际上这里已经运用到人类社会判分以后的概念了。按道家老庄的观点，万物自身本没有美丑之分的，只要自性完满的存在，皆可称为美，而此美即"大美""至美"），但只要是"得道之全体""自性具足"，那就是真善美。换句话说，只要是"自性"的（自短自长、自寿自夭等等），就是可以了。如此理解后，你还能说庄子的"齐物论"的主旨是取消差别吗？你还能说庄子是相对论者吗？（尽管这一观点不乏深刻性）由此，也使我想起了章太炎曾经说过庄子的齐物论实际上主张"不齐之齐"，这句话虽然精辟，但语焉不详，它会使人自然想到如下意思：庄子是主张不同中的相同。

庄子齐物论有"齐"论，又有"不齐"论。章太炎谓之"不齐之齐"，而我却认为应改成"齐之不齐"。也就是说，庄子首先论述的是"齐"，这就是他的"道齐"论、"气齐"论，或称"道论"。庄子其次论述的是"不齐"，这就是他的"德不齐"论、"气禀不齐论"，或称"德论"。由此可见，庄子和老子一样，还是一以贯之地坚持"以虚无为体，以因循为用"这一道家思想的最重要特征。体是齐，体是一；用是不齐，用是多。守体反映万物的"统一性";显用反映万物的"多样性"。说到底,道家思想是在申论宇宙的"统一性"与"多样性"的统一。当然,道家这一"世界观"所要引出的"价值观"究竟是什么?这是研究问题的关键。当然,"不齐之齐"还有更为重要的"理念"需要申论:"万物"这个概念本身就表明事物的不同性和差别性,但为什么庄子又试图将它们"齐一"呢?问题的关键就出来了。实际上庄子是向人们表明这样一个观点:即万物,就其每一个个体而言,"它"都是"完备""整齐"地从"道"那里"获得其性"的,用庄子的话说,每个个体的"性分"都是"自足"的,既然如此,就每个个体而言都是有"齐性"的。更为重要的是,既然每个个体都具备"齐性"的条件,那么,每个个体皆应"满意"你的"齐备","呈现"你的"齐备","展现"你的"齐备","安止"你的"齐备",那就是"最好",那就是"上善"。庄子所有有关"寓言"都是在阐明这个道理。在庄子这里,只有"最好",没有"更好"。因为"最好"是与"自己"相较而表现出来的"状态",而"更好"是与"他者"相较而表现出来的"状态"。在庄子看来,每个自己最好的状态就是"逍遥"。由此可见,"齐物论"是论证"逍遥游"的理论基础和根据。所以庄子认为,不能在"性分自足"之上、以外,去定所谓是非、善恶、美丑的标准。如果是那样的话,这个标准一定是不确定的。而人类社会,或说利益集团恰恰喜好将"主观"确立的标准去用来评价不同万物的是非、好坏、善恶、美丑。人类的一切相争,都是起源这种"相分性"的价值判断。同理,人们产生的一切烦恼痛苦也都来源于这种"相分性的价值判断"。庄子和老子,包括佛教,全是基于他们的"性分具足"思想去坚决反对人类社会有违此"自然"之性而主观去确定的那些种种"相分性的价值判断"。

综上所述,老庄的所有理论,当然主要指"齐物论",其主旨就是一个字——"自",此其一;而在这个"自得"的过程中是"足"的,是"满"的,是"完"的,是"备"的,是"全"的,此其二;既然已经具足、完满、全备,那作为每个个体都应该是"最好的""至善的""上善的",此其三；"具足、完满、全备"意即完满无缺，"最好的、至善的、上善的"意即无以复加，因而对此就不能有所增减和损益，此其四；如若人们非要后天人为主观地去增减和损益的话，那就等于说你即破坏了这个自身"完满全备具足"之"最好至善上善"状态，此其五；破坏了的结果那当然是"中道夭折""不得终年"，最终也就违道、破齐，此其六。庄子通过不少寓言来说明上述道理，其中之一就说到"有用"与"无用"问题。例如，木材被人砍伐，其原因正在于它的"有用"。但庄子是在告诉人们，这一所谓的"有用"是完全依照人们的"有用"的需要，其结果是这一木材没等到"终年"就中道被杀。而那些所谓在人们看来是"无用"的木材，却得以享受了天年。由此可见，庄子在这里向人们提出了一个非常值得深思的问题，即"有用"好，还是"无用"好？庄子的答案非常明确："无用之大用"——大用就是"尽天年"。

庄子在《齐物论》中还通过一些令人费解的例子来说明的他的齐物论主旨，即"天下莫小于秋毫之末，而泰山为小……"。庄子这里究竟要表达一个什么样的道理呢？理解此意，需要多转几个弯子。第一，庄子仍然强调，"秋毫"与"泰山"皆有其性分，且是具足的性分，对于它们而言，其实都是完满的，无所谓"大小"之别（这里说的意思是基于价值判分以后的"大小"之别），如果你非要从"象"上、从"迹"上来看它们，从而分了大小，并进而大者以大者自居，遂看不起小者的话，庄子就要提醒这个大者，你不要"傲气""得意""得瑟"，宇宙间还有比你在象上、在迹上大得多的东西存在呢，与此大者相比，泰山立马就显出小者来了。同理，彭祖你虽然活到八百岁，但与更长寿的神仙相比，你属于短命的啊！于此，庄子要得出最终结论：只要守住自己，享受天年，呈现"自足"之态就好，不要看不起别的存在，不要以你的"自足"状态来比较他者"自足"的状态。要知道，所有存在都要"各正其位""各守其性"才是正道。不要自卑，不许骄狂，此乃不卑不亢之谓也！

在老子和庄子看来，是非、善恶、美丑、好坏等这些区分性的价值判断，其本身是没有意义的。通俗地说，事物本身是不存在这些分别的。正因为如此，庄子举了那么多例子，全是在向人们表明"美与丑"等"道通为一"。理解了这一点，我们再来理解宋玉之形容邻家之女的那些著名话语的时候，一定会有更加深刻地领会。简单地说，宋玉通过"增一分则肥，减一分则瘦"这句话是想告诉人们，实际上是无所谓美丑的，人人天生都是"最好的"，因而都可被称为"美女"。其根本原因就在于，最好的标准，最美的标准就是天然，就是自然，而天然、自然最本质的特征也就是在它们的"无法增减"性上。庄子还有"浑沌七日而死"之寓言，仍然想告诉人们天生如此、不容更改的道理。之所以出现"楚王好细腰，宫中多饿死""环肥燕瘦"的审美标准，那全是"人"在作怪、造作、选择、判分。反观现代人的审美观，不也是人为的结果吗？造成大量因为美容而毁容的事件，分析其原因，就是现代人太缺乏老子庄子道家自然思想和理念了。

3.6.3.3　自由观

对于任何中国传统文化思想的认识和把握，首先应该知道它所要追求的东西是什么。用现在最时髦的用语说就是"中华民族最深沉的精神追求"是什么？当然，儒道佛三家都各自有其精神追求，而我们说，个性自由是道家的精神追求。

个性与自由是任何一个民族和社会以及人类都向往和追求的境界和状态，但在世界文化历史长河中形成了不同性质和特质的自由思想，包括政治自由、道德自由、理性自由、实践自由、审美自由（精神自由）。这其中的审美自由恰是表征道家所宣扬的个性自由的形式，从而形成富有特色的精神追求。

"自由"的三个最显著特点就是：不受拘束；不受限制；独立自主。但只要人是社会和历史中的人，无论如何也是无法完全做到这三点的，所以一切自由一定是在一定规定范围内的自由。

当然，我们强调这一点并不是为了给道家自由观套上什么限制，恰恰相反，如此倒是违背了道家思想的本旨要归。我们的任务就是如何客观全面地呈现出道家的自由思想及其重要特征。

在正面论述这个问题之前，我们还是用另外的设问方式来提出问题。即哪些因素造成和导致了人的不自由？答案应该是：一是限制性给人带来的不自由；二是约束性给人带来的不自由；三是依附性给人带来的不自由；四是攀缘性给人带来的不自由；五是恐惧性给人带来的不自由。一句话，缺乏对"无限性"的认知和追求给人带来的不自由。分述如下：

第一，限制性、约束性、依附性给人带来的不自由。如果要问在中国传统文化中哪个学派或说哪个哲学家是最向往无限的存在，答案一定是道家学派的老子和庄子。而这个无限存在者，就被他们称作为"道"。

道是大，道是远，道是逝，道是返。对于这一不仅太大而且没完的"存在"，如果要给它一个称谓，你们会选择哪个"词"？唯一的答案只能是"无"。在老庄时代，"无"是表征一个无限性和开放性的存在，它无始无终，没完没了，不被限制，不能被规定，它是无数个体的总汇，是无数差别性的呈现，是自然天成的集合。只要你正确认识到"无"的真实意思，你就会明确两个认识。一是你会认识到，"道"不但不是不存在，而且是"多多的大大的存在"；二是你进而更加清楚地认识到道家所讲的"无"，不但不是没有，而且是"多多的大大的有"。

道是"无"就意味着宇宙间的一切有无限展开的时间和空间。有无限实现的可能。当你有如此认知的话，你难道不觉得有一种"不受限制"的自由意识吗？道是"无"就意味着道是"多"，既然是多，就说明是"不一样"（差异性），既然是不一样，就说明有不同的"个性"。大家注意这里的逻辑了：道之无性的获得是要确证万物个性的存在。而"尊道"就逻辑地转化成"尊重个性"了。当你有如此认知的话，你难道不觉得有一种超越了某种依附性而实现了"独立自主"的自由意识吗？老子的"独立而不改，周行而不殆"；庄子的"独与宇宙精神相往来""逍遥游"的境界正是一个"无待"的境界，所谓"无待"就是不依附和不凭借的意思。"游"

就是"化",化到哪里？化到一个完全不受限制、不受约束、没有依附的"地方"。此地超越了一切是非、美丑、善恶、生死，也就是说，此地没有了任何分别，"游于无有"，此之谓也。这个地方就是庄子所描述的"若夫乘天地之正，而御六气之辩，以游无穷者，彼且恶乎待哉！"（所谓"六气"是指天、地、春、夏、秋、冬），"游乎四海之外"（《逍遥游》），"游于无何有之乡""游于无有"（《应帝王》），"入于无穷之门，以游无人之野"（《在宥》），"游于无人之野"（《山木》），"游于无何有之宫"（《知北游》）；"藐姑射之山，有神人居焉，肌肤若冰雪，绰约若处子。不食五谷，吸风饮露。乘运气，御飞龙，而游乎四海之外"（《逍遥游》）。

第二，攀缘性给人带来的不自由。这是道家给人指出的最发人深省的警示。与人攀比造成了你的心理不平衡，与人攀比造成了你无节制的追求，与人攀比造成了你不知足不知止。当你处在这种状态下，你能轻松吗？如果不轻松你还奢谈什么自由？！因为你都被名与利缰住了锁住了，你都目盲了，耳聋了，口伤了，心狂了，行乱了，还能谈什么自由吗？老子说："五色令人目盲，五音令人耳聋，五味令人口爽，驰骋田猎令人心发狂，难得之货令人行妨。"（《老子》12章）在道家看来，不知足和不知止是生成人生危机和灾难的根源，是造成事业和成功不能长保的主要原因。老子说："祸莫大于不知足，咎莫大于欲得。故知足之足常足矣。"（46章）也就是说，对于人来说，没有比贪得无厌更祸害和过错的了。追求内在的清心自足，人生才能获得恒常的满足。老庄最为痛心的是，世人多将身外之物的财货名利看得愈多愈好，而且不知足，不知止，甚而明知有"害"有"困"，却乐此不疲。所以庄子尖锐地指出：世人"自以为得，非吾所得也。夫得者困，可以为得乎？"（《庄子·天地篇》）也就是说，庄子是向人们问这样一个问题，你认为那些表面、暂时以及通过无道不义等方式而"得"的东西，而且因为"得"了这些东西最终会给自己带来困扰和祸患的话，那么这种所"得"还能称得上"得"吗？什么是得，什么是失，更重要的是"得与亡孰病？"（44章），即占有与丢失哪一个更有害？连这个问题都弄不清楚，那是多么悲哀啊！世人真的应该好好领会老子庄子这一富有智慧性的告诫！

道家并不只是指出人生迷惑的原因，还指出了解决问题的方法。因此，道家给人们提供了道路，那就是"见素抱朴，少私寡欲"（9章），"圣人去甚、去奢、去泰"（29章），"知足不辱，知止不殆，可以长久"（44章）。也就是说，清静自然，减少私欲，去掉过分、奢侈、极端的生存方式和行为方式，如想不遭致困辱和危殆，如想事业和成功保持长久，那么你务必要知道满足，知道适可而止之理啊！

第三，恐惧性给人带来的不自由。对于人来说，最恐惧的事莫过于"死亡"了。死了意味着没有了，结束了。原来有的，而且那么多，那么好，最终都归于没有，这是一件多么不愿被接受的事啊！诚如庄子所说："一受其成形，不亡以待尽。与物相刃相靡，其行进如驰，而莫之能止，不亦悲乎？"（《庄子·齐物论》）意思是说，人一旦秉承天地之气而形成形体，就不能忘掉自身而等待最后的消亡。他们跟外界环境或相互对立，或相互顺应，他们的行动全部像快马奔驰，没有什么力量能使他们止步，这不也是可悲的吗？所以你只要囿于这种意识的束缚，你无法达观，无法萧洒，无法轻松，一句话，你就无法获得自由。所以庄子就提出"以生死为一条"，人从自然中来，最终又要回到自然中去，这是气化的结果。死并不意味着没有了、结束了，而是换了一种形式继续存在。这也是为什么庄子夫人死了以后，他会"鼓盆而歌"以及他让弟子们将他的尸体放置旷野的原因之所在。认识到生命是一个没完没了的自然过程以后，你还害怕和恐惧吗？那当然会轻松自在欢乐自由！这就是道家所崇尚的个性自由、追求的精神自由和向往的生命自由。

3.7　说佛

佛教是外来宗教，作为一种重心性、重智慧解脱的宗教文化，在传入中国以后，经过数千年与中国本土儒家和道家文化不断地碰撞、交流、融合，最终成为中国传统文化的一个有机的组成部分，并对中国的社会和人生产生了重大影响。

3.7.1 佛教

相传佛教为公元前6世纪到前5世纪古北印度迦毗罗卫国（今尼泊尔南部）净饭王的儿子悉达多·乔答摩（即释迦牟尼）所创立。释迦牟尼成道后，又被称为佛陀，或简称佛。佛陀，是梵文Buddha的音译，意译为觉或觉者，指圆满觉悟了宇宙人生真相从而获得彻底解脱的人或境界。佛教经典繁多，总称为经、律、论三藏。按经典的用语，佛教分为巴利语系佛教，汉语系佛教，藏语系佛教。按流传的区域，佛教分为南传佛教、汉传佛教、藏传佛教。按内容和风格，佛教分为大乘佛教、小乘佛教、密乘佛教。"乘"，指到达佛教所谓的最高境界的乘载工具。佛教将佛（教主）、法（教义）、僧（教团）称为"三宝"，其为佛教徒皈依信仰的对象。

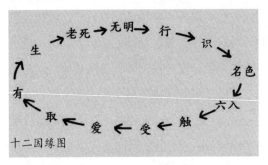

十二因缘图

释迦牟尼创立的原始佛教基本教义包括"四谛""缘起论""十二因缘法""三法印""中道观""慈悲观"等。"四谛"即苦谛、集谛、灭谛、道谛。佛教将此四谛视为四种真实不虚的道理，故又名"四圣谛"。苦谛指世俗世界的一切都是苦的。这是佛教对社会人生以及自然环境所作的消极的意义和价值判断。集谛指造成世间人生及其苦痛的原因，即佛教通常所谓的"业"与"惑"。灭谛指断灭世俗诸苦得以产生的一切原因，是佛教一切修行所要达到的最后目的和最高境界，亦称"解脱""涅槃"。道谛指超脱"苦""集"的世间因果关系而达到出世间之"涅槃"寂静的一切理论说教和修习方法。四谛所依据的思想基础是"缘起论"。缘起论是佛教一切教义的理论基石。"缘起"

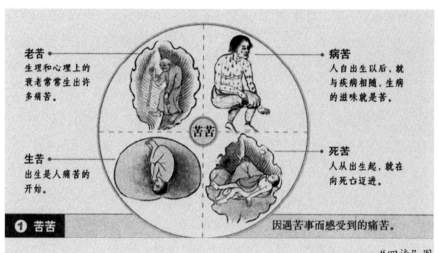

"四谛"图

是指宇宙间的一切存在都是依据一定的原因和条件而生起变化的，即所谓宇宙万有皆"因缘和合"而成。原因是因，条件是缘。缘起法则在佛经《阿含经》中被这样表述："此有故彼有，此生故彼生，此无故彼无，此灭故彼灭。"佛经说到缘起，多指十二因缘。"十二因缘"是从三世两重因果来谈人生种种痛苦及其最终的原因。即是由过去之惑业感现在之苦果，由现世之

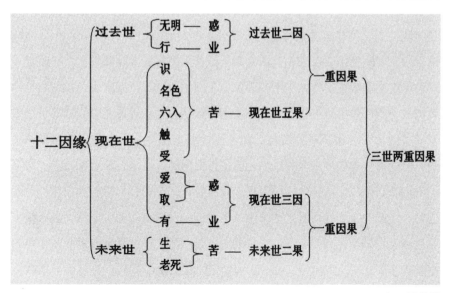

十二因缘图

惑业感来世之苦果。具体说来，就是从果求因、由因观果，将心受污染而导致苦果的因缘分为十二支连环：无明、行、名色、六入、触、受、爱、取、有、生、老死。佛教将人的无明，即不明白真理视为造成生死苦恼的总根源。而要由无明转向智慧，就要洞晓"三法印"。三法印是：诸行无常，诸法无我，涅槃寂静。诸行无常是指世间一切现象都处在永恒变化发展之中。诸法无我是指世间一切现象都是缘起相依的关系的存在，因而世间不存在所谓不相依而独立、自在的实体性的存在。涅槃寂静是指主观的心与本然的真实完全契合故而断灭一切烦恼的最高境界。如何观想和契合世界的如实本性呢？佛教是用一种独具的思维方法来观的，即"中道观"。中道观是指不落二端、不偏不依的思维方法。佛教要求通过所谓"三学""六度""八正道""三十七道品"的修行，从而实现明心见性、得道成佛的目的。佛教上述所有理论所要彰显的价值观落实到它的"慈悲观"。慈悲是指给予人快乐，解脱人痛苦。即所谓"与乐名慈，拔苦名悲"。佛教在社会人间倡导的是一种"诸善奉行，诸恶莫作"的伦理信条。

在公元前3世纪阿育王派遣使臣高僧出国传扬佛教时，佛教便传入中国西域。西汉末年，由于西域同中国内地的交往日益增多，印度佛教经西域传到内地。据《魏略·西戎传》记载，公元前2年（汉哀帝元寿元年），西域佛教国大月氏使臣伊存来朝，博士弟子景卢从伊存受《浮屠经》，一般是将这一年定为佛教正式传入中国的开始。东汉明帝的异母弟楚王英被认为是佛教传入中国后最早信仰者之一。东汉桓帝被认为是佛教传入中国后第一个信奉佛教的皇帝。根据现有资料，虽然不能断定佛教传入中国内地的确切时间，但把佛教的初传定在两汉之际还是有根据的，也是比较恰当的。

佛教自两汉之际传入中国以后，直至整个三国时代，佛教的流传都是微弱的、缓慢的，到西晋时才逐渐推及于民间。此时佛教的主要活动是译经，着重译出的是禅经和般若经。流传的主要是两派：一派是以安世高为代表的小乘禅学；一派是以支谶、支谦为代表的大乘般若学。前者偏重于宗教修持，后者则偏重于教义研究。由于东汉时代黄老学流行，中国人往往视佛教

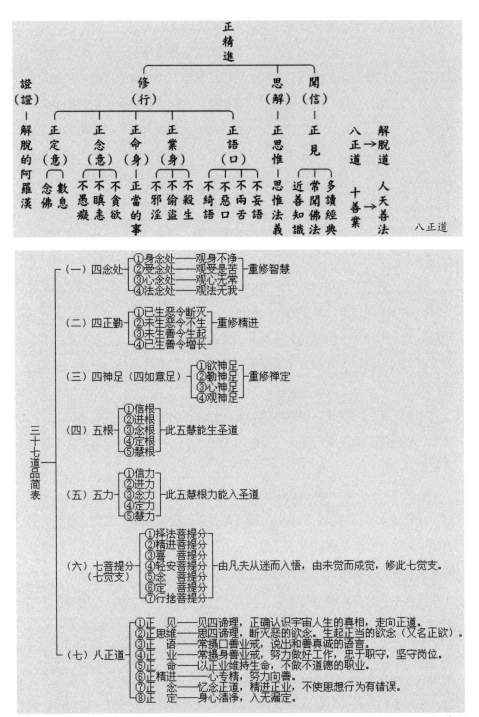

八正道

三七道品简表

（一）四念处
- ①身念处——观身不净
- ②受念处——观受是苦
- ③心念处——观心无常
- ④法念处——观法无我

重修智慧

（二）四正勤
- ①已生恶令断灭
- ②未生恶令不生
- ③未生善令生起
- ④已生善令增长

重修精进

（三）四神足（四如意足）
- ①欲神足
- ②勤神足
- ③心神足
- ④观神足

重修禅定

（四）五根
- ①信根
- ②进根
- ③念根
- ④定根
- ⑤慧根

此五慧能生圣道

（五）五力
- ①信力
- ②进力
- ③念力
- ④定力
- ⑤慧力

此五慧根力能入圣道

（六）七菩提分（七觉支）
- ①择法菩提分
- ②精进菩提分
- ③喜菩提分
- ④轻安菩提分
- ⑤念菩提分
- ⑥定菩提分
- ⑦行捨菩提分

由凡夫从迷而入悟，由未觉而成觉，修此七觉支。

（七）八正道
- ①正　见——见四谛理，正确认识宇宙人生的真相，走向正道。
- ②正思维——思四谛理，断灭恶的欲念。生起正当的欲念（又名正欲）。
- ③正　语——常摄口善业戒，说出和善真诚的语言。
- ④正　业——常摄身善业戒，努力做好工作，忠于职守，坚守岗位。
- ⑤正　命——以正业维持生命，不做不道德的职业。
- ⑥正精进——心专精，努力向善。
- ⑦正　念——忆念正道，精进正业，不使思想行为有错误。
- ⑧正　定——身心清净，入无漏定。

三七道品

和黄老之学为同类，禅学被看作学道成仙的方术之一。

东晋、十六国时代，南北分立，长期战乱，社会动荡不安，处于痛苦中的各族人民，极其渴望得到精神和心灵上的抚慰，这也就为佛教的滋长提供了肥沃的土壤。与以往的缓慢发展情况相反，此时佛教得到了空前的发展。佛典的大量翻译、中国僧侣佛学论著的纷纷问世、般若学不同学派的相继出现、民间信仰的日益广泛和深入，从而汇合成中国佛教的第一个高潮。佛教在此时期的发展，得到了统治者的大力扶持。西域高僧佛图澄（232—348）于310年来到洛阳，以道术感化后赵统治者石勒、石虎，由于二石对佛教极其尊崇以及大力提倡，所以中原人民竟相信佛。关中一带，在笃信佛教的前秦统治者符坚的护持下，佛图澄弟子道安（314—385）在长安统领僧众上千人，译经、讲法、制规，影响巨大。后秦统治者姚兴迎请西域高僧鸠摩罗什（344—413）到长安，从事佛经的翻译。《大品般若经》《大智度论》《法华经》《金刚经》《维摩经》等重要佛经都在此时期被译出，这对中国佛教的发展影响深远。当时四方僧徒聚集在罗什门下，著名高僧有道生、僧肇、慧远等。

东晋、十六国时代，佛教理论者不同程度建树的主要是道安和慧远，鸠摩罗什和僧肇。最重要的理论一是般若学的"空"论，一是因果报应论和神不灭论。

般若学"空"论思潮，集中地表现为"六家七宗"的形成和僧肇"不真空"论的建立。自东汉末年支谶传译《道行般若经》以来，西晋、东晋的佛教理论的主流是般若性空学说。由于《道行》《放光》《光赞》诸本般若经的文义并不十分畅达，而魏晋又盛行有无（空）之辩的玄学，以致佛教学者往往以玄学的观点去理解和阐释《般若经》以"空"的思想，并理解有异，遂形成了"六家七宗"。其中最著名的有三宗，即以道安为首的本无宗（以无为本，宅心本无），以支道林为首的即色宗（色不自色，不自有色，即色是空），以支愍度为首的心无宗（无心于万物，万物未尝无。即空心不空色，也即心无色有）。这些般若学派实际上是魏晋玄学不同流派的变相，般若学正是在与玄学的结合中得到广泛传播的。破诸家之说，立般若真义的当推僧肇。僧肇（384—414）著《不真空论》。在他看来，所谓"不真空"，就是说万物性空假有，实为不真，但作为假有也不是不存在。他的这种"非有非无"的"不真空"论既是对佛教般若学六家七宗的批判总结，也是对魏晋玄学的有无之辩的批判总结。

宣扬因果报应论和神不灭论的典型代表人物是道安的高足慧远（334—416）。他著《法性论》，明佛性说；著《形尽神不灭论》，明神不灭；著《明报应论》与《三报论》，明生死轮回报应说，由此丰富了佛教理论。

到南北朝，佛教进一步兴盛。南朝诸帝十分虔佛。宋孝武帝任用僧人慧琳参政，时称"黑衣宰相"。齐竟陵文宣王萧子良精通佛学。梁武帝萧衍在中国历史上以崇佛著称，曾四次舍身佛寺，僧尼不准吃荤就是由他规定。其子昭明太子萧统、简文帝、元帝等也都好佛。陈朝统治者也一样地尊佛。

竺道生

在佛教理论方面，此时最重要的是涅槃学，最著名的代表人物就是竺道生（355—434）。道生的学说主要有两方面：涅槃佛性说和顿悟成佛说。他认为，人人皆有佛性，人人皆可成佛。道生的这个观点是宣扬人在佛性面前是平等的，这就使佛教能为更多的人所接受，也更适应了中国封建统治阶级的需要。道生还提出"顿悟成佛"说。认为以不二的智慧观照不分的真理，豁然贯通，焕然冰释，谓之顿悟。这一直观、直觉思维对以后佛教思想和宋明理学都有深刻的影响。与南朝佛教重义理不同的是，北朝佛教以建寺造像成风。云冈、龙门、麦积山等大批佛教石窟和佛像都是在那时由北朝开凿。由于种种原因，北朝僧尼人数达到好几百万之众，佛教的过度盛行，终于激化了包括不同宗教在内的社会矛盾，导致北魏太武帝、北周武帝两次灭佛事件。虽然佛教遭此打击，一度被消弱，但没过多久又得以恢复。

佛教从东汉至南北朝在各方面都得到了很大的发展，在传译、研究印度佛学以及深深扎根中国社会的同时，也在积极开创富有中国文化特色的佛教学派和宗派。也就是说，佛教发展到南北朝时代，已开始了它的中国化历程。而将这一历程推向最高峰的当在隋唐时期，其标志就是中国佛教宗派的纷纷建立。

隋唐时期佛教的发展同样受到统治者的大力扶持。隋文帝杨坚自幼信仰佛教，即位后下令恢复支持被北周武帝破灭的佛教各项事务。其子隋炀帝同样崇奉佛教。唐代基本沿袭隋朝的佛教政策，至武则天和唐玄宗时期佛教发展到极盛，尤其是寺院经济扩张非常之快。也主要因为这一缘故，激化了佛教与统治者的矛盾，并最终酿成了唐武宗会昌（841—846）毁佛事件，致使佛教元气大伤。至五代，佛教在北方又遭后周世宗的毁灭。佛教经过这些法难以后就再没有迎来过高潮。

隋唐二代佛教形成许多宗派：天台宗、三论宗、法相唯识宗、律宗、华严宗、密宗、净土宗和禅宗。在这些宗派中，哲学色彩比较浓厚的是天台、三论、法相唯识、华严和禅宗。三论宗和法相唯识宗的基本理论分别搬自印度大乘中观学派和瑜伽行派，理论创造不多。由于脱离中国社会的实际，结果虽风靡一时，但不久就衰落下来。而天台宗、华严宗和禅宗则是中国化的佛教宗派。所以，这里就对这三宗的思想作些介绍。

天台宗　天台宗是中国佛教史创立最早的一个佛教宗派，它渊源于南北朝，初创于隋，兴盛于唐。以浙江天台山为传播中心，宗奉《法华经》，故又称法华宗。"三谛圆融"和"一念三千"是天台宗的两大理论支柱，也是天台宗区别于其他宗派的主要哲学思想。三谛即真谛、俗谛、中谛。认为一切事物都是缘起相依，无有自性，故而本性为空，此为"空观"，称为真谛；诸法虽"空"，却又"因缘"凑合而显现为假有，此为"假观"，称为俗谛；空即假，假即空，不执空、假，亦不离空、假，真假不二，此为"中观"，称为中道第一义谛。三谛并不存在于认识的先后过程之中，而是于一心中同时存在的，即空、即假、即中，彼此圆融，互不妨碍，完全统一，故称"三谛圆融"。"一念三千"是智𫖮根据《法华经》的"十如是"思想发挥而成的。一念，也称一心；三千，指三千世间，是对宇宙万有的总概括。

认为三千世间，既不是自生，也不是他生的，而是系于一念心。人们当下的每一念心，都圆满地具足一切诸法，此谓之"一念三千"。这一思想具有十分深厚的唯心主义色彩。

华严宗 华严宗的基本理论是法界缘起论。认为世界上一切现象都是"一真法界"随缘而生起。法界，谓总摄万有的唯一实在，称"一真法界"，即是"一心"，其内容分四重：一事法界，谓森罗万象，各有差别。二理法界，谓万有同一体性，即缘起性空之真如。三理事无碍法界，谓差别的现象和同一的真如体性圆融无碍。四事事无碍法界，因现象同一体性故，所以宇宙间的一切和各类关系都是圆融无碍，一即是多，多即是一，一即一切，一切即一。同一体性显现为各种各样的事物，是"一即一切"；千差万殊的事物归结为同一的体性，是"一切即一"。总之，事事圆融无碍，宇宙万物处于大调和、大统一之中。这是华严宗哲学理论的主要特色，它为现存一切的合理性提供了理论上的根据。

禅宗 因主张以禅定概括佛教的全部修习而得名。还因自称"传佛心印"，以觉悟所谓众生心性的本原佛性为主旨，故又名"佛心宗"。印度禅僧菩提达摩被尊为初祖，下传慧可、僧璨、道信，至五祖弘忍后分成慧能南宗和神秀北宗两派，时称"南能北秀"，前者主张顿悟，后者主张渐悟，于是有"南顿北渐"之说。后来慧能（638—713）的南宗取代了北宗，成为中国禅宗的主流。因此可以说，慧能是禅宗的实际创始人。慧能禅宗是中国佛教中流传时间最长、影响最大的宗派，同时也是中国化最为典型的中国佛教宗派。慧能禅宗的主要著作是《坛经》。它的中心思想是主张心性本净，佛性本有，强调自识本心，见性成佛。认为众生与佛的差别只在于自心迷悟的不同。迷悟是一念之差，因此，悟必顿悟，不假渐修，只需内证，不必外求。据此，慧能禅宗反对一切外在的形式化的修习，破除对读经、礼佛和坐禅的执著，主张不立文字，教外别传，把禅修融于行住卧的日常生活中。慧能南宗的心性本净、佛性本有、直指人心、见性成佛、不立文字、顿悟成佛等禅学思想，是佛教中国化的产物。它在坚持佛教基本立场、观点和方法的同时，还大量汲取了道家的自然主义和儒家的心性学说，从而才形成了其独特的禅学理论与修行方法，它使中国佛教发展到顶峰，并对以后中国文化产生了深远的影响。慧能以后的禅宗的发展分为湖南南岳怀让和江西青原行思两系。唐末，南岳一系分出沩仰、临济二宗，青原系下分出曹洞、云门、法眼三宗，此乃"一花开五叶"之说。

宋代统治者对佛教执行保护而又严格管理限制的稳定政策，佛教在宋徽宗时也曾一度遭压制，由于宋代的统治思想是以儒家思想为主兼综佛道思想的理学，从而使得佛教丧失了独立发展的条件。元代尊藏传佛教，但佛教禅宗也有流行。佛教在明末一度呈复兴之势，涌现了非常著名的莲池、紫柏、憨山、藕益四大高僧。清朝的佛教政策基本沿袭明代。顺治、雍正二帝都非常喜禅。自清末起，中国佛教徒发起了一场佛教复兴运动，开始了向现代转型。这场运动的开创者是杨文会，他于1907年在南京创办佛教学堂"祇洹精舍"，后在全国各地又陆续成立了数十个佛学院，问世了百余种佛教报刊，多家佛教书局印行了大量佛经和佛教读物，产生了一批有声望的佛教高僧。太虚法师更提出了"人间佛教"的主张，佛教复兴运动于20世纪二三十年代达到高潮。

3.7.2 论佛教的"空"

尽管佛教对其最高范畴"实相"的称谓有很多，但它们皆是指一切万法真实不虚的体相和本性。佛教喜用"虚空"等范畴来强化"实相"本体的无相、非相的无分、不二、不著之特性。而对佛教最高范畴"空"必须从不同的概念框架上加以把握，即从"真俗"二谛上来理解。佛教运用其否定性的思维方式，竭力主张要破除和超越万物的相待分别的状态，并在这一超越中实现他们的"大肯定"，从而形成他们的价值取向，即"破假显真"。

我们说，不管是印度的佛教还是中国的佛教，印度的禅学还是中国的禅学，不管是印度佛教诸宗还是中国佛教各宗，以及中国禅宗诸派，只要是被称为佛教的和禅学的，他们都应有其作为共同的最高范畴的"空"。确认这一点是研究佛教思想的前提，也是判定佛教是佛教而不是别的什么教的标准。我在这里打一个比方，佛教好比一个"大印"，而此印上的字只能是一个字，那就是"空"。但至于这个"空"字用什么样的字体来表示，则是代表不同时期、不同地区、不同派别的佛教发展状况而已。换句话说，不管你用篆、隶、行、草、楷何种书体来刻这枚印章，但你显现出的一定要是"空"字，而绝对不能是其他什么字。例如，法相唯识宗用篆书刻的"空"字，虽然比较难认，但总是"空"字，有水平的人当然会认出它来。华严宗和天台宗，也许用草书刻的"空"字，虽然也比较难认，但总是"空"字，有水平的人自然会认出它来。而禅宗和净土宗可能会选用楷书来刻"空"字，因为这样会被大多数普通人所认得。

篆书"空"

草书"空"

3.7.2.1 本体意义上的空

"菩提""般若""涅槃""佛性""法性""法身""如来"，凡此种种异名而同实的"实相"乃是佛教的最高范畴，修行和呈明这一诸法实相并与之相合正是佛教的最终目的。

楷书"空"

佛教各宗和有关经典，或以诸法皆空为诸法实相，或以涅槃为诸法实相，或以苦空无常无我为诸法实相，华严宗以一真法界为诸法实相，法相宗以圆成实性为诸法实相，三论宗以八不中道为诸法实相，成实宗以皆空为诸法实相，有部宗以苦空无常无我为诸法实相。天台宗更直言："诸法实相有种种名字，或说空或说毕竟空或说般若波罗蜜或名阿耨多罗三藐三菩提。"维摩经法供养品曰："依于诸法实相，明定无常苦空无我寂诚之法。"思益经二曰："诸法实相，即是涅槃。"佛藏经上曰："何等名诸法实相，所谓诸法毕竟空无所有。"可见，佛教所谓"实相"是指一切万法真实不虚的体相和本性。这一实相理体之性即在于它的真常不变，本来空寂，本自圆满。所以"实相"所要彰显的真义就是无相、无物、非相、无分、无别、不二。一句话，这是一个超越一切有限、对待、差别、相对的无限性和无规定性的存在。

佛教是用"虚空""清静"等概念规定实相本体的目的是让人们不要将此本体本身作实体化和对象化的理解。由此，在思维的逻辑层面、概念的框架层面对佛教"空"的意义和性质的辨析就显得十分重要。

首先应该确认的是，佛教在使用"空"这一个概念的时候是存在不同层次使用的问题，也就是说，在不同的概念框架层次上使用"空"，其意旨和意义以及价值取向是不一样的。如果用佛教自己的语言来说，对"空"的理解是存在"真"与"俗"二谛的层次问题。

第一，空是宇宙本体。佛教所要揭示和呈现的宇宙本体是虚空。这是在超越现实世俗世界层次和框架内使用的概念。虚与空者，"无"之别称也。虚无形质，空无障碍，故名"虚空"。此虚空有周遍、不动、无尽、永恒四性。惟其如此，佛教才将此虚空又称为"真空"。此实相之理体，远离一切迷情所见之相，超越"有""空"之相对。概言之，以其非假，故称"真"；以其离相，故称"空"。《金刚经》云："'须菩提。于意云何？东方虚空可思量不？''不也，世尊'。"《坛经》云："心量广大，犹如虚空，无有边畔，亦无方圆大小，亦无青黄赤白，亦无上下短长，亦无嗔无喜，无是无非，无有头尾。诸佛刹土，尽同虚空。世人妙性本空，无有一法可得。自性真空，亦复如是。……善知识！世界虚空，能含万物色像，日月星宿，山河大地，泉源溪间，草木丛林，恶人善人，恶法善法，天堂地狱，一切大海，须弥诸山，总在空中。世人性空，亦复如是。……心如虚空，名之为大，故曰摩诃。"（宗宝本《坛经·般若品第二》）由上可见，在佛教看来，虚空是一不可思量的存在，是一真实不虚的存在，它是万物的本体性存在。如将上述《坛经》"心如虚空，名之为大，故曰摩诃"一句与《老子》第21章和第25章有关表述作个比较，即可体味出彼此的相同旨趣，更能表征出佛教的最高范畴及其本体论思想的本旨要归。老子说："孔德之容，惟道是从。道之为物，惟恍惟惚。惚兮恍兮，其中有象；恍兮惚兮，其中有物；窈兮冥兮，其中有精；其精甚真，其中有信。"（《老子》21章）"有物混成，先天地生。寂兮寥兮，独立不改。……吾不知其名，字之曰道，强为之名曰大。"（《老子》25章）在老子看来，作为万物本体的道是一有信验和真实的存在，只是这一存在是"恍兮惚兮""窈兮冥兮""寂兮寥兮"的无形无象无声的存在。老子又将这一存在命名为"大"。所谓"大"即是无限，无限即是无象、无形、无状、无声。可见，佛教与老子对各自最高范畴和本体的规定，都是落实在对"无"（虚空）性的规定上。换句话说，佛教与老子都将"无"（无限性、无规定性）作为他们思想体系中的最高范畴，或说本体的存在方式。正像老子并不是把最高范畴的"道"规定为"无"以后，而就视其为是一种脱离万物的"虚物"，或说是一个"别有一物者"。佛教同样不是把最高范畴的"虚空"规定为"无"以后，而就视其为是一种"不存在"，而是一直强调它的真实不虚性。这里有必要指出的是，过去我们在评价"格义佛教"时，多认为他们把佛教的"空"译成和理解成老庄道家的"无"，那是对佛教"空"范畴的曲解，是有悖佛教思想原旨的。但我们要说，看你在什么意义上来使用"无"这个范畴的，如果是在无限性、无规定性上来解释，那么佛教之"空"与老庄道家之"无"是有其本质的一致性。说白了，佛教之"空"不是不能用"无"这一范畴来加以解释的。问题的关键是，你要对老庄之"无"作出正确的定义。

第二，如何显现和契合本体。佛教在承认了虚空本体真实不妄的前提下，必然要提出应如何显现和契合这一本体的问题。佛教通过他们的"菩提心"和"般若智"解答了这一问题。换句话说，佛教"得菩提心"和"行般若智"是要解决人的心的状态问题。《心经》《金刚经》《坛经》都是在正面的意义上明确主张"行般若智"和"得菩提心"。让我们看看这些经的有关论述吧："观自在菩萨，行深般若波罗密多时，照见五蕴皆空，度一切苦厄。……依般若波罗密多故，心无挂碍。……三世诸佛，依般若波罗密多故，得阿耨多罗三藐三菩提。"（《心经》）"佛言：……善男子，善女人发阿耨多罗三藐三菩提心，应如是住，如是降伏其心。……是故，须菩提，菩萨应离一切相，发阿耨多罗三藐三菩提心。不应住色生心，不应住声、味、触、法生心，应生无所住心。……以今世人轻贱故，先世罪业则为消灭，当得阿耨多罗三藐三菩提。……佛告须菩提：善男子、善女人发阿耨多罗三藐三菩提者，当生如是心。……是法平等无有高下，是名阿耨多罗三藐三菩提。以无我、无人、无众生、无寿者修一切善法，即得阿耨多罗三藐三菩提。"（《金刚经》）"菩提自性，本来清静，但用此心，直了成佛。"（宗宝本《坛经·行由品第一》）"善知识，菩提般若之智，世人本自有之。……一切即一，一即一切，去来自由，心体无滞，即是般若。……般若无形相，智慧心即是，若作如是解，即名般若智。……当用大智慧，打破五蕴烦恼尘劳，如此修行，定成佛道，变三毒为戒定慧。……以智慧观照，于一切法，不取不舍，即是见性成佛道。……故知本性自有般若之智，自用智慧，常观照故，不假文字。……智慧观照，内外明彻，识自本心。若识本心，即本解脱，若得解脱，即是般若三昧，即是无念。"（宗宝本《坛经·般若品第二》）"菩提只向心觅，何劳向外求玄。听说依此修行，西方只在目前。"（宗宝本《坛经·疑问品第三》）从上面引述中我们可以清楚地看到，包括慧能禅在内的佛教是明确肯定有一种存在和境界需要呈明和修行的。经中所提到的

"行""依""得""发""生""修""用""识""觉""照见""观照""修行"诸多动词不是最有力的证明吗？但问题的关键还在于，如对这一存在和境界的性质不能作出符合其自身性质的理解和把握，那就极有可能违反本体之性而走向其反面。佛教之所以称为佛教的最大特色也在此体现。这是应该引起我们高度重视的问题。具体来说，当《心经》《金刚经》《坛经》主张"行深般若""应生无住心""当生如是心""但用此心""当用大智慧""自用智慧"的"如此修行"时，他们反复指出，绝不能将"是心""此心"实体化、对象化、有形化、分别化。换言之，应避免将"是心""此心"有相化并加以执住的情况发生。《金刚经》反复告诫："佛说般若波罗密，即非般若波罗密，是名般若波罗密。……如来所得阿耨多罗三藐三菩提，于是中无实无虚。……须菩提白佛言：'世尊，佛得阿耨多罗三藐三菩提，为无所得耶？'佛言：'如是如是。须菩提，我于阿耨多罗三藐三菩提，乃至无有少法可得，是名阿耨多罗三藐三菩提。'……须菩提，发阿耨多罗三藐三菩提心者，于一切法，应如是知，如是见，如是信解，不生法相。"《坛经》反复强调："为是二法，不是佛法。佛法是不二之法。……无二之性即是佛性。"（宗宝本《坛经·行由品第一》）"般若无形相，智慧心即是，若作如是解，即名般若智。……般若之智亦无大小，为一切众生自心迷悟不同。"（宗宝本《坛经·般若品第二》）由此可见，这里佛教所强调的是不能把作为"实相"的菩提、般若转化成一个有相的存在。也就是说，佛教主张生的这个心，用的这个心，应是无住心，这是从正面说。从反面说，有了此心（无住心、不二心）就不应再生与此心相背的住心、分别心。此乃《金刚经》那句经典的话语"应无住而生其心"所要揭示的真义所在。"实相者，即是非相"（《金刚经》）当是佛教所谓最高范畴和本体的最本质特性，以此也才能最终观照出所有相的虚妄不真。诚如《金刚经》所说："凡所有相皆是虚妄。若见诸相非相，即见如来。""一切有为法，如梦幻泡影，如露亦如电，应作如是观。"

作为佛教真实不虚之实相本体（菩提、般若、涅槃、佛性、法性、法身、如来）的确立，其目的是为了用"它"来照见世界万物，或说"诸行""诸法""蕴之与界"之性的。换句话说，佛教是要用真实的"虚空"去"照"诸行诸法之性，以清静的"无为法"去"见"有为法之性。

《心经》开宗明义："观自在菩萨，行深般若波罗密多时，照见五蕴皆空，度一切苦厄。舍利子，色不异空，空不异色，色即是空，空即是色，受、想、行、识，亦复如是。"也就是说，修习践行深妙般若之智以后就能观照彻见由色、受、想、行、识五蕴构成的一切事物都是空的，而能了空那就可以度脱一切烦恼苦厄。而且，世间的诸行诸法（色）的本性是空，而空就是世间的诸行诸法的本性。色之性是空，空是色之性，所以色空相即不离不异。《坛经》亦云："当用大智慧，打破五蕴烦恼尘劳。"（同上）这里同样认为，要用深妙的般若大智慧打破五蕴之空，从而从烦恼尘劳中解脱出来。照见五蕴皆空也好，打破五蕴皆空也好，在这里都涉及对此处所谓"空"的理解。佛教是在什么概念框架层次内使用这一"空"的，这是一切研究佛教者都必须要弄清楚的。

第三，诸法意义上的"空"。佛教在诸法意义上来谈空，是就"有"而言"空"的，终的是欲使人们洞察、了悟包括人在内的宇宙一切存在之本质特性。也就是让人们如何去认识他们赖以生存的"法""有"的本性。在"观"宇宙、世界、价值、人生中来形成契合佛教所认定的真实，从而构成佛教自己的宇宙观、世界观、价值观、人生观。一言以蔽之，佛教"空"观，是其一切"观"的共同基础。

概括诸法"空"义，不离"因缘和合"四字。

因缘和合，它们要强调的是一切万有和存在都有其内在和外在的多重原因、条件，而且这些原因和条件都处于无时不变的状态之中。也就是说，一切存在的"有生有灭"皆是彼此相联的。经云："此有故彼有，此生故彼生；此无故彼无，此灭故彼灭"（《杂阿含经》卷十，《大正藏二册》）此之谓也。所以结论是：万物因为缘起，所以性空。如果我们到此为止，似乎并未能全面地揭示出佛教之空的内涵。我认为，玩味"和合"二字实为问题关键。也就是说，应从"众多"与"动变"两性中去理解"和合"的意蕴。而佛教正是具体通过"无自性"与"无有不变性"两个命题展开了此意。

其一，无自性。此义是由因缘和合之义推出的结论。所以，佛教就谓诸法为因缘生，故无一定之自性也。经云："一切法皆无自性"（《唯识论》九），此之谓也。除此之外，若要理解"无自性"，还要对"自性"有一明晰的诠释。所谓"自性"是指诸法各自有不变不改之性。可见，"自性"突出的是"自体""自有"之义。方立天先生在其《佛教哲学》一书中指出："'自性'是自己作、自己成、自己有的意思，是不从缘起的（独立的）、不变化的（永恒的）……自性是不依赖缘起的。"（方立天《佛教哲学》，中国人民大学出版社1986年版，第176—177页）以"不变不改"为性的"自性"当然就与"缘起"形成对立，而欲与"缘起"义合，必然得出"无自性"义。可见，"缘起"与"无自性"是可以互释的，所以佛教既说缘起性空，也说无自性故空。二者又都在"无独立"性意义上重合。所以，我们又说，佛教"三法印"之一的"诸法无我"，正是在没有独立的"主宰者"和"实体者"意义上突显着"缘起"与"无自性"所共同摄含的本义，即"无独立性"。

其二，无有不变之性，即通常佛教三法印之一所说的"诸行无常"。常住、永恒不变谓之"常"，无常即为"迁流""转变""变化"。实际上，"无常"就集中在两个字上，即"动"和"变"。佛教在这里实际上要补充揭示和说明因缘和合之"和合"的另一层涵义。也就是说，"和合"不但强调了"无独立性"乃是世间万有之"本性"，而且也强调"迁动变化性"同是世间万有之"本性"。如此，以无自性与无有不变之性为特性的因缘和合论所要引出的结论，即空。如果到此为止人们还不能了解佛教悟空的目的在哪里，佛教进而指出所谓"空"性就是虚假性，就是虚妄性，就是虚幻性，一句话，空性就是不真实性。所以才有了"缘起性空，性空假有""即空即假即不真""不真空"等说法，才有了上面所引过的《金刚经》的那段经典名句，即"一切有为法，如梦幻泡影，如露亦如电，应作如是观"，也才有了被称为"解空第一人"的僧肇的那个形象的比喻，即"诸法号不真，譬如幻化人，非无幻化人，幻化人非真人也"（僧肇《不真空论》）。佛教对"缘起性空假有"之间的内在联系性最清晰的表述当推印度高僧龙树在《中论》之中概括的"三是偈"。龙树说："众因缘生法，我说即是无（空），亦为是假名，亦是中道义。"（龙树《中论·观四谛品》）甚至可以说，诸佛说法，不出真世（俗）二谛。真世（俗）二谛，该摄一切之佛法。佛说此二谛，使众生依世谛而成方便，依真谛而得般若也。

当然，对万法之"有"空性和假性的揭示以后，就存在着如何认识它的问题。一般来说，当一个对象和存在被定性为空的情况下，人们通常会将此视为一个不存在的虚无。特别是"空"（无）这个概念，从字面义上极易产生这种认知。佛教为了避免这种情况的发生，就以"亦是中道义"来使人们认识到"假有""假名"的两种情况。第一，假有、假名不是不存在；第二，假有、假名虽然是存在的，但它不是真实的存在。所以，既不能把假有、假名视为什么都没有的虚无，也不能把假有、假名视为真切的实有。佛教称前者为"非无"，称后者为"非有"。而"非无"（不是没有）与"非有"（不是真有）就是对"空"所作出的两方面的认定。同时照应和认识了两个方面，那就合于"中道"之旨，若只照应和认识了一个方面，那就背于"中道"之旨。空以有为世谛，有以空为真谛，二谛相依相即也。可知空以有为世谛，则世谛即是假生假灭也。有以空为真谛，则真谛即假不生假不灭也。佛教又将背于"中道"之见叫做"边见"和"邪见"。简言之，佛教的"中道"观是对其"空"所持的态度。

从上面佛教对"空"的论述中，我们可以清楚地看到，此个"空"与"假"相联，是对一切现象世界本性的揭示。所以，这一"空"的概念框架的层次属于经验的层次，从而与我们前面所论述的"虚空"概念完全属于两个不同层次的概念框架。一是对真实本体的规定，一是对不真现象的规定。前者是佛教所要肯定和呈明的，后者是佛教所要否定和破除的。"破假显真"当是佛教所有教义的终的。包括佛教"中道观"，也有明确的价值取向。也就是说，不能将佛教的"不落两边"的"中道"思想仅仅从方法论意义上来理解。它虽然肯定了"假有"的存在，但最终目的是要破除"假有"。肯定"假有"的存在是为了否定"假有"。

实际上，佛教揭示出五蕴皆空（假、不真）的本性是为了实施对一切世俗之见的超越和批判。这一俗见主要指两种错误的认知。第一，人们会错误地把具有有限性、对象化性质的名相概念所指称的"存在"（概念范围下的存在）看成是"存在"本身，或说看成是"存在"的全部。佛教的"空"论当然要对这种"不真""虚假"的情况给予纠偏。第二，人们会错误地把具有表面性、平面化、静态化性质的人物事所显现的"存在"（经验常识范围下的存在）看成是"存在"本身，或说看成是"存在"的全部。佛教的"空"论当然要对这种"不真""虚假"的情况给予纠偏。佛教又习惯地称上述两种情况为幻化错觉。

我们之所以对佛教的最高范畴及其本体的特性以及他们对一切现象本质的揭示给予如此高度的关注，并对佛教在不同概念框架内所使用的概念给予详尽的辨析，其目的是要使人们明白佛教所具有的价值取向和思维方式，让人们清楚地认知他们所要肯定的是什么，否定的是什么。

第四，破假显真。由上可知，佛教是承认宇宙有一个本体的存在，并将此谓之"实相"（菩提、般若、涅槃、虚空、真空、佛性、法身等）。"实相"乃是一个真实不虚和真实信验的存在，它的体性在于它的"无"性。而佛教之"无"性都在无形、无象、无声、无相、非相、不二、无分、平等、圆融、寂静、无为诸性上得到具体彰显。"无"之诸性表征的是无限性和无规定性。佛教是要以"实相"去观照和彻见万物、诸行、诸法的相待性、相对性、有限性。在揭示了万物的二性后，佛教运用了其否定性的思维方式，竭力主张要破除和超越万物的相待分别的状态，并在这一超越中实现他们的"大肯定"，从而形成他们的价值取向，即"破假显真"。而这一"大肯定"的本体之"实相"又不能被转过来理解成为一个实体化、对象化和境界化的存在而加以执着追求，也成为佛教的忧患和告诫。总之，超越与否定一切对待和二分乃佛教的价值取向和思维方式。

第五，佛教之"空"的人生意义。

由上可知，由正反指向的佛教"空"论实际上反映的是佛教体认世界万有的一种思维方式。这一思维方式所要表征的是一个联系的流动的无限性、全体性（整体性）之世界万有的实相（本相、真相、本性、真性）。物（有）无定相，即谓"无相""无物"；物（有）无常相，即谓"无相""无物"。故，"空"非没有，而是"妙有"。只有当此"有"在无限性、整体性（全体性）的真性上被体认才配得上"妙有"之称。"空即色，色即空。空不异色，色不异空"惟有在这一思维方式下才能获得它的真义。

观宇宙、世界之真性以后而形成的宇宙观和世界观，必然要通过人的行为方式、价值取向、道德规范等方面而形成与之相合的人生观。

佛教的宇宙观、世界观就是空观，它所要呈现的是一个迁流变化、运转不居、相互联系、相互依待、相互作用、互为贯通、互为因果的大千世界的真性。由此，人生就应该树立如下的观念：

其一，既然一切存在都是相互联系的，那么你自然只能作为一个元素一个分子存在其中，所以你只是万有中的一员。有此认识，你就不应该惟我独尊，自以为是，自高自大，目空一切，老子天下第一。悟空以后，都应当摆正自己的位置，始终做到低调做人，谦逊待人。自己的一切无不在"有"这一广泛的关系之中。

其二，既然一切存在都是相互依存的，那么你当然应该明白你的存在和成长都与诸多诸重因素有着紧密不可分的关系。自然的生命要靠大自然中的一切提供于你，因此你就要对大自然亲近和敬畏，就应该热爱它、保护它，而不要破坏它。意义的生命要靠社会中方方面面的与你发生过关系的人的帮助和培养，你所取得的所有成就，都与他人有关。悟空以后，都应当对所有对象持有真挚的慈悲心和强烈的感恩心。自己的成就和快乐无不在"有"这一普遍的联系之中。

其三，既然一切存在都是因果相连的，那么你必须明白你所做的一切都会得到相应的反应和回报，因果相应和相报这是一条铁律，无人可以逃脱。好人有好报，恶人有恶报，在人生的长河中这是颠扑不破的道理。"诸善奉行，诸恶莫作"，此之谓也。悟空以后，都应该对你自己所做的作出正确的选择，对你所做的一切也要有强烈的责任感和敬畏感。在现实中多做好事，多说好话，多存好心，切莫因善小而不为，恶小而为之。自己的所作所为无不在"有"这一不断的因果之中。

其四，既然一切存在都是运动变化的，那么你必定懂得世界上是不存在永远不变的事情，你既不要为了你暂时的所得而欣喜若狂，也不要为了暂时的失去而郁郁寡欢。世界上任何事情不但会时刻变化，而且会经常转化的。切莫因为一事一时的得失而斤斤计较，宠辱若惊，一筹莫展，丧失自我。当构成和促成此事情的原因和条件都不存在了，都过去了，你就不要紧紧抓住不放，"放下"，此之谓也。悟空以后，都应该超越、淡然、潇洒地面对你经历的所得所失的一切，以自然又平常的心态应对你身处的这一变幻无常的世界。自己的一切无时不在"有"这一变动不居之中。

由上可知，佛教在诸法意义上所说的"空"，就是联系，就是发展，就是因果。既然是联系，怎么会是没有呢？既然是发展，怎么会是没有呢？既然是因果，怎么会是没有呢？由此可见，空就是有。"空即是色"，此之谓也。然而，佛教要告诉人们的是，了悟了联系，你就不会独有；了悟了发展，你就不会住有；了悟了因果，你就不会弃有。只要你独有，此有就是假有；只要你住有，此有就是虚有；只要你弃有，此有就是妄有。"妙有"是从联系、发展、因果之理中而显"有"，"假有"也是从联系、发展、因果之理中而现"无"。所要"提起"的是"妙有"，所要"放下"的是"假有"。了悟此空之理，可谓了悟现实人生矣。

最后值得指出的是：佛教之"空"的意蕴及其人生意义，绝非仅停留在世界万有的"有为法"层面，它所要追求的终的恰恰是脱离这一层面而进入更高的境界。佛教所以称为"教"，其理由就在于此。舍此本怀，佛教就不能称为佛教。